# L'ANTICIPATION

Rudolph Sock et Béatrice Vaxelaire (Eds)

# L'anticipation

À l'horizon du Présent

MARDAGA

OUVRAGE PUBLIÉ AVEC LES CONCOURS SUIVANTS :

Université Marc Bloch – Strasbourg 2
Programme «Cognitique» du Ministère de la Recherche ACT 1b – 2001/2003
Équipe d'Accueil Institut de Phonétique de Strasbourg - 3403
UFR des Lettres, Université Marc Bloch
Réseau Grand Est des Sciences Cognitives
Conseil Général du Bas-Rhin
Conseil Régional d'Alsace
Crédit Mutuel Enseignants
Association Francophone de la Communication Parlée

L'élaboration et la mise en forme de ce livre sont dues à Kofi Adu Manyah, Mélanie Canault, Fabrice Hirsch et Fabrice Marsac, que les éditeurs assurent de leur plus vive reconnaissance.

Photo de couverture : «Crocodiles qui se mordent la queue».
Aquarelle réalisée spécialement pour la couverture de cet ouvrage — et offerte aux éditeurs — par Viviane Schaeffer, à qui nous exprimons toute notre gratitude.

© 2004 Pierre Mardaga éditeur
Hayen 11 - B-4140 Sprimont (Belgique
D. 2004-0024-30

# Présentation

Rudolph Sock & Béatrice Vaxelaire
*en collaboration avec*
Véronique Ferbach-Hecker, Johanna-Pascale Roy, Fabrice Hirsch,
Kofi Adu Manyah, Aline Asci, Mélanie Canault & Cyril Dubois

«L'anticipation» est souvent définie comme *le fait d'exécuter avant le temps déterminé*. Comprendre *ce prendre-en-avant d'un «objet en construction» lors d'un acte*, relativement au processus de la génération du phénomène cognitif, c'est comprendre d'une part les mécanismes de préparation de ce phénomène, et d'autre part ceux relevant des modalités sensorielles et motrices, relatifs à la *rétention*.

Le présent ouvrage réunit des contributions de chercheurs issus de diverses disciplines des sciences cognitives, à savoir la parole, l'écriture, la sémantique, la biologie, la neurophysiologie, la psychologie et la philosophie. Ils tâchent de montrer comment les faits anticipatoires contribuent à la *construction* des entités cognitives apparaissant «au présent» et comment ils font dans le même temps partie intégrante de ce «présent» émergent.

*Victor Rosenthal* part de l'idée, courante dans la tradition phénoménologique mais audacieuse en psychologie, que la perception et l'action s'impliquent mutuellement — en veillant à ne pas réduire cette relation à une simple dépendance sensori-motrice, qui certes peut «fonder» un espace, mais sans doute ne permet pas de l'habiter. Il nous fait remarquer que l'*agir* implique une forme d'*anticipation* car il ne peut guère y avoir d'action autonome sans une orientation endogène et spontanée vers un *à-venir*; ou alors il ne peut s'agir que d'une *réaction*.

*Yves-Marie Visetti*, quant à lui, tente de montrer en quoi la tradition philosophique et scientifique de la phénoménologie peut intéresser le sémioticien ou le linguiste — et en l'occurrence le sémanticien — au moment de construire un cadre théorique et un programme de recherche. Selon l'auteur, on peut faire valoir plusieurs arguments en faveur d'une nouvelle reprise, ou plutôt d'une nouvelle *transposition*, du style phénoménologique dans la théorie linguistique et les analyses empiriques.

*Jean-Pierre Durafour* présente les principes épistémologiques et théoriques, ainsi que les résultats actuels de la théorie *phénoménologique* et *génétique* du sens durant l'acte de perception des signes d'un texte, qu'il appelle, depuis quelques années déjà, la *sémantique génétique*. Sa contribution est naturellement centrée sur l'opération subjective/intersubjective de l'anticipation et sur le rôle *constituant*, *régulateur* et *stabilisateur* que nous lui reconnaissons dans la dynamique de la psychogénèse du sens discursif global.

*Jean-Luc Petit* dresse et discute l'«état de la situation» des rapports entre le type d'approche des fonctions cérébrales pratiqué actuellement en physiologie *de l'action*, qui se caractérise de diverses manières : dynamisme, holisme, anti-réductionnisme, d'une part, et, d'autre part, un type de description *eidétique* des structures intentionnelles de la conscience (immédiate, pré-réflexive, antéprédicative), que chacun peut trouver dans la fréquentation des textes d'un philosophe oublié du précédent millénaire, fondateur d'une «science de la conscience» trop méprisée : Edmund Husserl, ancien professeur de l'Université de Fribourg.

*Marc Jeannerod*, traitant de l'anticipation dans les représentations d'action, montre que les *modèles internes* développés par l'intelligence artificielle ont les propriétés qu'on attend d'une représentation, puisqu'ils permettent de représenter une action (et ses effets) avant même qu'elle se soit manifestée. Il cite un modèle spécifique capable, à la fois, de simuler le déroulement d'un mouvement à partir d'une estimation de l'état instantané du système et d'une connaissance de la commande motrice et de simuler les réafférences sensorielles que provoquerait le mouvement simulé par le premier processus.

*Lilianne Manning*, dans une approche neuropsychologique, analyse l'anticipation dans la mémoire prospective, en soulevant quelques questions fondamentales, à savoir : Comment réalisons-nous une action qui est différée du moment de sa conception ? Quels processus cognitifs sont recrutés pour que l'anticipation devienne action ? Quels sont les soubassements neuroanatomiques de la mémoire prospective ? Elle répond à ces questions, parmi d'autres, au moyen de deux voies d'étude au sein de l'approche neuropsychologique : les données issues de la méthode anatomo-clinique et l'étude du sujet sain en imagerie cérébrale fonctionnelle.

*Frédéric Alexandre* défend le principe que la capacité d'anticipation dépend de la capacité de se construire des représentations (modèles internes) du monde et de savoir les exploiter pour anticiper les conséquences d'un acte ou d'une décision. En se demandant alors comment un modèle de réseau neuronal d'inspiration biologique peut supporter une telle construction, il est amené à évoquer les points suivants : a) la description (schématique) de l'architecture cérébrale ; b) les indices pour mieux cerner les informations nécessaires et suffisantes pour construire de tels modèles internes ; c) les travaux en modélisation robotique de la coordination visiomotrice, mais également ceux sur l'émergence d'un protolangage.

*Jean-Pierre Orliaguet* nous rappelle qu'une des particularités du système moteur est de pouvoir réaliser des séquences motrices de façon continue, sans que n'apparaissent de pauses entre les différentes composantes de la séquence. Ainsi, le système moteur est capable d'anticiper pendant le mouvement la programmation des composantes suivantes. Cette anticipation motrice se traduit par des modifications spatio-temporelles affectant notamment la trajectoire, le temps de mouvement et l'allure du profil de vitesse. L'auteur montre, sur le plan perceptif, que : a) le système visuel peut utiliser ces informations spatio-temporelles pour anticiper l'identité des mouvements suivants ; b) cette anticipation perceptive ne relève pas uniquement d'un apprentissage visuel mais dépend en partie des compétences motrices du sujet (simulation intériorisée).

*Rudolph Sock* et *Béatrice Vaxelaire*, en collaboration avec leurs collègues du «Groupe de Réflexion Anticipation», tentent de déceler et de révéler les efficiences perceptives, audibles et visibles des gestes anticipatoires en production de la parole, particulièrement dans la phase anticipatoire ou *protentionnelle*, localisée quelques millisecondes avant l'émergence de sa cible. Malgré l'intérêt qu'ils portent aux phases infinitésimales d'avant le surgissement de la forme acoustique et visuelle en relief, les auteurs insistent sur la nécessité, tout de même, d'appréhender l'émergence des entités phonologiques dans leurs contextes d'apparition, mot, énoncé, interaction..., où leurs propriétés sémiotiques et sémantiques prennent toute leur valeur.

*Pascal Perrier* et ses collègues soulèvent la difficile tâche qui consiste à déterminer, dans les patrons temporels d'anticipation gestuelle, ce qui est le résultat d'un contrôle «anticipant», c'est-à-dire planifiant les gestes en fonction des tâches à venir, et ce qui relève d'une interaction physique entre gestes planifiés séquentiellement.

*Catherine Fuchs* explique comment le sujet parlant (énonciateur), lorsqu'il *produit* une séquence textuelle, doit procéder à la linéarisation des éléments linguistiques qu'il sélectionne pour exprimer son intention de signification. La langue, en tant que système de signes, offre à l'énonciateur tout un ensemble de marqueurs lui permettant précisément de baliser sa production textuelle. Ces marqueurs assurent, les uns une articulation cohérente avec le co-texte antérieur, les autres une visée prospective *anticipatrice* du co-texte ultérieur (annonces cataphoriques, énumérations sérielles, etc.). Néanmoins, la stratégie planificatrice de l'énonciateur connaît parfois certains ratés; il en va de même pour le récepteur.

*Catherine Schnedecker* analyse les SN anaphoriques nominaux ou pronominaux ordinaux et explique comment ils sont exploités différemment selon le genre de discours où ils apparaissent. Elle montre quelles conséquences en découlent quant à la distribution de ces unités anaphoriques, et comment les stratégies d'anticipation sollicitées pour l'interprétation de ces formes corrélées, selon des principes sémantiques qui seront détaillés, varient en fonction du genre discursif.

*Anne Theissen* examine le cas de la cataphore, qu'elle définit classiquement comme une *anaphore par anticipation*, c'est-à-dire comme une configuration où l'expression demandant à être saturée référentiellement (l'expression cataphorique) précède et ne suit pas l'expression qui la sature (l'antécédent ou source).

*Georges Kleiber* prolonge ici ses recherches sur l'anticipation en linguistique. Il avait déjà abordé la question de l'anticipation sous un angle très général, en essayant de mettre en relief les principales dimensions qu'elle comporte, avec comme objectif la mise sur pied d'une typologie raisonnée des anticipations linguistiques articulées sur les dimensions où elles se manifestent. Une des conclusions auxquelles il est arrivé est que la diversité des phénomènes qui se laissent regrouper sous le large chapeau onomasiologique de l'anticipation nécessitait, pour ne pas la priver de toute pertinence, des analyses particulières précises des différentes expressions et constructions ainsi rassemblées.

*Jean-François Bonnot* et *Dominique Keller* remontent jusqu'au XVIIe siècle et montrent, dans le cadre de la description des registres stylistiques, comment grammairiens et rhétoriciens accordent une place importante à la variabilité de la parole et, plus spécifiquement, au *concept d'anticipation*. Alors que certains traitent la question du point de vue de l'assimilation, d'autres auteurs s'inscrivent dans une perspective délibérément *phonétique*. Quelques savants s'interrogent déjà, de façon étonnamment moderne, sur les rapports de la *syllabe* avec l'enchaînement séquentiel des articulateurs, prenant en compte la désynchronisation des structures et leur agencement en fonction du temps.

*Claude Traunecker* nous livre un exemple d'anticipation dans la pensée de l'Égypte antique. Il rappelle que la pensée mythologique, en particulier orientale, est souvent considérée par les penseurs occidentaux comme une approche irrationnelle de la réalité, sympathique, intéressante mais n'apportant pas grand-chose aux débats actuels. L'auteur signale, toutefois, qu'il est des exceptions remarquables : les anciens Égyptiens ont su porter très loin la suite des «pourquoi» et la chaîne des «comment», apportant des réponses faisant parfois référence à un imaginaire foisonnant, mais explorant parfois les ressources et mécanismes de l'humain.

# PREMIÈRE PARTIE

# PHILOSOPHIE ET ANTICIPATION

# Chapitre 1
# Perception comme anticipation : vie perceptive et microgenèse

Victor Rosenthal

**ILLUSION ET RÉALISME**

Au titre de ce chapitre on objectera peut-être que si la perception était vraiment une figure de l'anticipation, cela voudrait dire que nous ne faisons que confondre nos rêves et nos désirs avec les données des sens. Soit. Mais il faudrait alors expliquer comment ces rêves et ces désirs peuvent satisfaire — ou du moins ne pas se heurter — aux conditions objectives de l'existence. Expliquer comment cette perception, dénoncée comme une fiction, commande pour une part de ne pas douter de la fiabilité du monde des sens, et pour une autre ouvre sur l'incertain et l'inattendu de notre rencontre avec le monde environnant.

Un tel débat qui voudrait forcer à prendre pour critères la réalité et l'illusion, afin de statuer sur une perception sans laquelle ces critères mêmes ne sauraient être conçus, risque fort de tourner court. Après tout, le lieu commun dit bien que la réalité dépasse la fiction, si bien que la vérité doit être pour le moins invraisemblable. Commençons donc par d'autres questions, presque aussi traditionnelles, mais plus modestement ambitieuses : comme celles de savoir dans quelle région de l'expérience situer la couche du vécu où se déploie l'objectivité la plus élémentaire — serait-elle fictive; quel est le statut de la perception dans l'économie de la cognition; enfin s'il y a, ou peut y avoir, une coupure, une discontinuité, un abîme, entre percevoir et faire sens[1]? Disons pour l'instant sans autre forme de procès que le problème de l'*auto-antécédence* des formes de l'expérience n'est pas immédiatement justiciable d'une réponse de bon sens (ou alors, au risque de se transformer en une obstruction épistémologique majeure), et qu'il est au cœur même de ce qui constitue la *vie perceptive*. Car si vie il y a, elle est perceptive avant d'être digestive, reproductive, inductive, contemplative...

Il est vrai que dans la vie il y a des façons d'affronter les problèmes en les niant. Pourquoi donc ne pas récuser toute possibilité d'une auto-antécédence des formes de l'expérience, en considérant la perception comme un simple supplétif sensoriel d'une cognition souveraine, et qui, par définition, ne peut, de lui-même, faire sens ; ou en soutenant que ce qui paraît relever de l'anticipation n'est qu'une *illusion* liée à la mise en œuvre des couplages sensori-moteurs qui nous font percevoir. La première position, qui est celle du cognitivisme logico-symbolique, a perdu récemment beaucoup de terrain, en tout cas dans les milieux spécialistes de la perception. La seconde position, qui reconduit une forme de réalisme naïf, a au contraire gagné du terrain. On part alors de l'idée — que nul d'ailleurs ne semble plus vouloir contester — que la sensation et une certaine motricité qui lui est dédiée s'impliquent mutuellement, *refondant* ainsi sur des bases naturalistes une phénoménologie de la perception (visuelle et/ou tactile) réduite aux relations contingentes entre la perception et le mouvement. L'espace tridimensionnel que je perçois ne serait rien d'autre que le produit «topologico-dynamique» d'une série de dépendances sensorimotrices (O'Regan & Noë, 2002). Tout le problème est qu'entre l'espace ainsi reconstruit et le champ perceptif, il y a un abîme que la théorie rend infranchissable en l'ignorant : l'espace ne fait pas le champ, il le présuppose et se constitue à partir de lui[2]. Et quand on en vient à disqualifier tout ce qui ressemble à une variable qualitative (forme, sens, organisation), à dénoncer comme illusion ce qui fonde la qualité du percevoir (et qui fait donc sens), on jette par-dessus le bord ce que la théorie était censée expliquer — la perception. Car, dès lors, il ne reste plus rien pour tenter de comprendre, par exemple, l'organisation du champ en figure et fond, ou plus généralement la non-homogénéité originaire de l'espace sensible ; rien non plus pour reconnaître le sens qui s'annonce à même le champ perceptif. Non seulement la figure thématisée fait sens (mais comment ai-je choisi ce segment du champ pour en faire la figure), mais le fond lui-même n'est pas muet, et recèle des configurations possibles ou latentes qui font ou feront sens. Le couplage sensorimoteur, qui repose sur une motricité *aveugle*, peut bien complaire à une intuition quelque peu mécaniste de la géométrie : mais il ne fera pas percevoir. Et quand bien même il suffirait pour «reconstruire» un espace, il ne permettrait pas de l'habiter (*cf.* Rosenthal & Visetti, 2003a).

Car concevoir l'espace *ne fait pas voir*. «On ne voit que ce qu'on regarde. Que serait la vision sans aucun mouvement des yeux, et comment leur mouvement ne brouillerait-il pas les choses s'il était lui-même réflexe ou aveugle, s'il n'avait pas ses antennes, sa clairvoyance, si la vision ne se précédait en lui» (Merleau-Ponty, 1964, p. 17). C'est que tout en précédant la perception proprement dite de l'objet, le mouvement est par avance adapté et «sait» l'objet. La perception est pour ainsi dire déjà «préfigurée» dans le mouvement qui est à son service : ma main épouse immédiatement la forme complexe de l'objet qu'elle explore, et son mouvement va immédiatement imprimer la vitesse adéquate à la saisie de la texture qu'elle *permettra* percevoir[3].

Reconnaître l'imbrication profonde de la perception et de l'action motrice (qui n'est pas seulement celle de répertoires sensorimoteurs) ne transforme donc pas l'auto-antécédence des formes de l'expérience en une illusion. Au contraire, l'on est immédiatement conduit à reconnaître que tout *agir* implique *ipso facto*, nécessairement, une forme d'*anticipation*, car il ne peut guère y avoir d'*action autonome* sans une orientation *endogène* et *spontanée* vers un *à-venir*; ou alors il ne s'agit que d'une *réaction*. Cette forme d'anticipation ne correspond pas à des attentes spécifiques ou des prophéties; elle se fonde sur une dynamique *génétique* d'orientation vers un *à-venir*. Ou plus exactement, vers un *à-venir qui fait sens*.

## DU PARADOXE DE MÉNON À LA CIRCULARITÉ GÉNÉTIQUE

On demandera probablement comment ce qui n'est pas encore advenu, et qui ne correspond pas à une attente spécifique, peut ainsi par avance faire sens? Il s'agit en fait d'une figure du paradoxe de Ménon selon lequel nous ne pouvons connaître (ou apprendre) que ce que nous connaissons déjà. Dans le célèbre dialogue de Platon, Ménon pose la question suivante : «Et comment t'y prendras-tu, Socrate, pour chercher une chose dont tu ne connais pas du tout ce qu'elle est? Parmi les choses que tu ignores, laquelle te proposes-tu de chercher? À supposer même que, par une chance extraordinaire, tu tombes sur elle, comment sauras-tu que c'est elle, puisque tu ne l'as jamais connue?» Ce paradoxe forme une obstruction épistémologique majeure pour un «constructivisme assembleur», dans la mesure où il fait dépendre l'acte de connaître ou de percevoir d'un prérepérage — ce qui est par définition impossible dans une théorie où le processus d'assemblage «ignore» jusqu'au bout de quoi il est assemblage[4]. Voilà en tout cas un premier exercice sur le thème de l'auto-antécédence.

Il est plaisant de s'apercevoir, en examinant cette friandise empoisonnée, léguée par Platon à l'épistémologie des sciences cognitives, qu'un même paradoxe de l'anticipation se transpose et affecte tout aussi bien la connaissance, l'action, la perception et l'apprentissage. Comme toujours dans des cas de cet ordre, l'aporie se nourrit de présupposés ordinaires de la science, parmi lesquels l'on pourrait citer en vrac : le postulat cartésien d'un statut souverain du « je pense », cherchant à se frayer un accès au monde, celui d'un savoir toujours fondé sur une connaissance explicite (sinon explicitable), celui d'une prétendue antériorité ontologique du discret par rapport au continu, du local par rapport au global, celui de l'indépendance de la forme et du sens, et j'en passe... Comme toujours dans des cas de cet ordre, il faut un antidote épistémologique pour pouvoir savourer la friandise sans désagréments excessifs pour l'entourage. Proposons comme première recette de :

i) poser, avec les psychologues de la Gestalt, le principe d'un *primat de la perception*, c'est-à-dire d'une perception vue comme une modalité générale de la cognition, et qui s'entend toujours comme une donation immédiate de sens. Cette proposition apparaîtra en filigrane tout au long de notre parcours ; pour une présentation plus détaillée, le lecteur pourra se reporter à notre reconstruction avec Y.M. Visetti de la Gestalt berlinoise, et notamment de la contribution de Wolfgang Köhler (Rosenthal & Visetti, 1999, pp. 181-187 ; Rosenthal & Visetti, 2003b, chap. 3) et au chapitre de YMV dans cet ouvrage.

ii) *abandonner* l'idée que tout savoir renvoie forcément à une *connaissance explicite* et — idéalement — *exhaustive*. Partir au contraire de l'idée d'un *savoir incarné*, à l'œuvre dans cette couche du vécu où se déploie *l'objectivité la plus élémentaire*; un savoir perceptif donc, mais qui n'est jamais détaché de l'horizon sémiotique qui l'englobe et avec lequel il fait sens. Cela implique, soit dit au passage, l'inscription dans l'agenda scientifique d'une herméneutique de l'expérience. Questions récurrentes dans ce qui va suivre, traitées également dans les textes cités ci-dessus, ainsi que dans plusieurs articles de Y.M. Visetti (Cadiot, Lebas & Visetti, 2004 ; Visetti, 2004a ; Visetti, 2004b).

iii) poser le principe de la *circularité génétique* de l'expérience : c'est uniquement dans le cadre d'une dynamique développementale qu'une unité peut avoir des antécédents qui ne lui sont pas identiques, et qui ne correspondent pas davantage à ses éléments. Tel est le cas, en effet, de la théorie microgénétique de la perception, définie comme un processus développemental de *différenciation progressive* et de *catégorisation dynamique* (Rosenthal, 2004) : cette théorie soutient l'idée d'une structure anticipatrice de la perception sans retomber dans l'aporie de l'auto-anticipation du savoir. C'est le thème principal de ce chapitre.

## MICROGENÈSE

Le concept de *microgenèse* désigne le développement à l'échelle du temps présent d'un percept, d'une expression, d'une pensée ou d'un objet d'imagination. Il définit le surgissement de l'expérience immédiate comme un phénomène dont les antécédents directs procèdent d'une certaine dynamique de différenciation génétique. Tout processus de perception, d'expression (orale, écrite ou gestuelle), de pensée (dans ses différents modes et formats) ou d'imagination, qui tient dans le creux du temps présent est alors un processus microgénétique de *différenciation* et de *développement*, au sens génétique de ces termes.

La description microgénétique se substitue à la représentation usuelle de ces processus en termes de transformation (du flux physique ou de l'information) et d'intégration (de différents types de données ou de composants primitifs). Elle rétablit l'expérience immédiate dans la structure dynamique du présent, dans le déploiement *progressif* mais *immédiat* du sens; elle lui restitue également son organisation *thématique* et ses dimensions *culturelle* et *herméneutique*. Ainsi, chaque antécédent ou précurseur de l'expérience immédiate (d'un visage perçu, d'une image anticipative, d'une pensée verbalisée) porte en germe ce dont il y aura expérience et dont la teneur s'annonce en lui d'une façon latente, bien qu'encore mal différenciée et insuffisamment déterminée. Ce déploiement progressif ou ce développement de ce qui fait l'objet d'expérience se caractérise par un parcours *catégoriel* du général et indéfini vers le spécifique et défini dont se saisit en définitive la *thématisation* de l'expérience, pour le porter à la conscience comme cette chose perçue ou cette pensée pensée. La théorie de la microgenèse décrit l'émergence de l'expérience immédiate (c'est-à-dire de la perception, pensée, expression, imagination) comme un développement : au même titre que tout organisme biologique suit son parcours d'ontogenèse, toute expérience immédiate suit son parcours de microgenèse ou de *micro-développement*, mais à l'échelle du temps présent.

À l'origine, le terme *microgenèse* a été créé par Heinz Werner en 1956 pour qualifier le caractère «génétique» de l'expérience immédiate et, plus généralement, pour indiquer la structure dynamique de tout processus psychologique, qu'il soit normal ou pathologique (Werner, 1956). Ce faisant, Werner entendait donner rétrospectivement un contour théorique à la part la plus «cognitive» du «paradigme génétique» qu'il avait forgé dans les années 1920 et 1930 à Hambourg, tout en y intégrant les travaux de Friedrich Sander et de la *Ganzheitspsychologie* de Leipzig, dont Sander fût le principal théoricien. Il ne s'agit pas tant de revenir ici sur les aspects historiques de la microgenèse[5] que de présenter une (re)construction théorique qui se veut avant tout une relance des problématiques microgénétiques dans un contexte renouvelé des sciences cognitives ; et cela me conduit d'ailleurs à quelques infidélités par rapport à la formulation originale[6]. Les écoles de Hambourg et de Leipzig où furent tout d'abord esquissés les principes de la microgenèse étaient contemporaines de la *Gestalttheorie* berlinoise, dont elles partageaient l'orientation phénoménologique et une partie des postulats majeurs. Tous par exemple développaient une vision continuiste du champ de l'expérience, et s'accordaient à l'idée fondamentale de la transposabilité des formes. L'infidélité de ma (re)construction tient d'abord à la présentation de la microgenèse comme une actualisation et une rectification du programme gestaltiste en tenant pour acquise son infrastructure générale de l'ordre par stabilisation au sein d'un système dynamique. Le versant rectificatif de ma présentation concerne en particulier la *dynamique temporelle* de l'expérience immédiate, le temps *historique* du développement, l'*homologation catégorielle des percepts*, le caractère d'*être vivant* du sujet, la fonction *symbolique*, le *langage*, l'approche des pathologies *neuropsychologiques* et *psychiatriques*. D'ailleurs, l'idée que tout processus psychique doive être considéré comme un développement a été formulée pour la première fois à propos de la perception[7] : ce qui préfigure de façon synthétique l'approche ultérieure de la microgenèse et l'idée gestaltiste du primat de la perception.

L'essor récent des modèles dynamiques en sciences cognitives, le retour marqué des problématiques gestaltistes et culturelles, l'inscription au premier plan de l'agenda scientifique des questions de la perception, de l'action et de l'expression (y compris celle des émotions) rendent, me semble-t-il, toute son actualité à une théorie de l'expérience immédiate, pensée comme une théorie du développement dynamique des formes sensibles. En reprenant à son compte l'idée köhlerienne d'ordre par stabilisation au sein d'un système dynamique, la nouvelle théorie microgénétique paraît sans doute plus naturalisante que n'étaient les versions historiques de Werner et Sander, mais elle y gagne une ouverture aux domaines de la modélisation et aux neurosciences. Elle prend ainsi appui sur les concepts mathématiques et physiques d'instabilité et la théorie des systèmes complexes pour penser la modélisation des principes topologiques et dynamiques qui sous-tendent les concepts microgénétiques de différenciation, déroulement, anticipation/catégorisation, germe de croissance. Dans le contexte des neurosciences, elle s'intéresse aux dynamiques du fonctionnement cérébral susceptibles de représenter certains modes d'anticipation, de stabilisation ou de différenciation. Se dessine ainsi la possibilité d'une alliance inédite entre, d'une part, une science génétique et phénoménologique de l'expérience et de la culture, et, d'autre part, les neurosciences et la modélisation, notamment celle fondée sur les théories de l'instabilité et les systèmes complexes. Rapprochement inédit, en effet, et invitation à *re-phénoménologiser* et *re-sémiotiser* la nature de l'homme.

## FORME, SENS, VALEUR

En tant que procès de constitution dynamique des formes, la microgenèse relève de la dynamique psychogénétique d'un processus biologique qui peut durer une fraction de seconde (par exemple dans le cas de la perception), voire quelques heures ou quelques jours (s'il s'agit par exemple de la résolution d'un problème). C'est un processus vital (*living process*) dont la dynamique crée un couplage *structurant* entre un être vivant et son environnement, et sous-tend une relation de connaissance entre cet être et son monde de la vie (*Lebenswelt*). On dira de cette relation de connaissance qu'elle relève d'une *disposition enactive*[8], et qu'elle a de ce fait une valeur et une signification pratiques. Ainsi, la microgenèse instancie une forme originaire de processus cognitif : un processus dynamique d'anticipation enactive de ce qui fera sens. Faire sens c'est tout simplement réussir à paraître et se définir dans le champ, en respectant une certaine cohérence globale qui est en jeu dans tout acte de percevoir, c'est donc réussir à s'incarner dans une forme au sein du champ de l'expérience. Or, la constitution des formes est elle-même un procès *graduel* dont les dynamiques de différenciation et de stabilisation *se déploient dans le temps*. La constitution graduelle des formes dans le temps, avec ses dynamiques enactive et anticipative[9], est ainsi un *développement*, à l'échelle du Présent.

Ce développement est toujours soumis à la tension d'une *thématique* à l'œuvre dès l'origine du champ et quel qu'en soit l'état d'instabilité ou d'indifférenciation. Les dynamiques micro-temporelles de stabilisation et de différenciation du champ sont de ce fait solidaires de l'organisation thématique qui s'y déploie en tant que donatrice de trame signifiante. Toute organisation du champ de l'expérience est porteuse — ou synonyme — d'une organisation thématique. L'organisation de type figure/fond en est une illustration paradigmatique.

Il faut toutefois garder à l'esprit qu'aucune organisation du champ, aussi impérieuse qu'elle puisse paraître, n'est univoque ou prédéterminée : toute stabilisation du champ est temporelle et relative ; et la tension qui s'y maintient peut toujours servir de support d'un remaniement thématique, et faire basculer vers une organisation neuve. Si la «figure» incarne le thème focal dont se saisit le rayon de l'attention, le «fond» n'est jamais sémantiquement ou phénoménologiquement muet ou inarticulé. La thématisation est une figure portée au devant du champ dont elle fait partie et qui la supporte, mais dont le sujet n'ignore ni la présence ni les dynamiques qui, d'une façon latente, annoncent en lui les figures à venir[10]. L'organisation *thématique* du champ de la conscience, décrite par A. Gurwitsch dans la *Théorie du champ de la conscience* (1957), semble incarner le principe organisateur du champ de l'expérience, valable dans une pluralité des champs qui vont de l'organisation perceptive à la constitution des formes sémiotiques dans une culture (*cf.* Cadiot & Visetti, 2001).

Mais revenons à l'émergence des formes. Une forme se constitue au sein d'un champ qui est non seulement spatial (lieu d'accueil des morphologies) et *temporel* (déploiement d'un Présent épais) mais également *pratique*, en tant que support d'un intérêt propre, de modes d'accès, de motifs d'agir, de médiations instrumentales pour l'action en cours[11].

On comprend alors la signification doublement qualitative de la notion de forme : une forme peut certes renvoyer à une morphologie sensible, mais, vue sous l'angle de sa dynamique de constitution, elle incarne une couche première de donation de sens, qui est en même temps expression d'anticipations praxéologiques et de valeurs émotionnelles. Forme, sens et valeur n'ont pas ici statut d'entités ou propriétés distinctes qui seraient fondamentalement étrangères les unes aux autres. Une forme n'est pas cette coquille vide des théories associationistes et de leur descendance cognitiviste, censée accueillir, en temps voulu, le sens qui lui sera associé, mais auquel elle restera intrinsèquement étrangère. Ici réside un véritable point de rupture par rapport aux théories cognitivistes[12] : tout ce qui acquiert le statut phénoménologique de forme individuée acquiert *ipso facto* sens et valeur.

Ce qui ne veut pas dire que toute forme soit porteuse d'une signification propre, encore moins qu'elle fasse forcement l'objet d'une focalisation thématique et attentionnelle. L'émergence des formes est un processus continuellement modulé par la tension thématique du champ; et il n'existe pas de critère absolu pour dire où doit s'arrêter le procès de *formation* ou quelle unité en cours de stabilisation se verra placée en position figurale. La structure continue de la microgenèse va donc se traduire par une modulation continue des formes et une individuation variable d'unités dans le champ — étant entendu par ailleurs que toute stabilisation est relative et temporaire. Et c'est en rapport à un tel mouvement continu, au perpétuel inachèvement du procès de formation, qu'il faut comprendre l'idée que ce qui prend forme, incarne une valeur et fait sens.

## CATÉGORISATION COMME ANTICIPATION

Cette solidarité entre forme, sens et valeur procède des conditions de leur propre genèse : le sens accompagne le développement de la forme qu'il signifie et qui le révèle, et il emprunte son parcours de différenciation du général et sous-déterminé vers le spécifique et défini. La différenciation graduelle d'un percept, d'un concept ou d'un objet d'imagination suit donc un parcours général du global au local : dans ce parcours, l'organisation « sémantique » du champ est solidaire de son organisation perceptive et cognitive, l'ensemble évoluant progressivement du vague et général en direction du plus spécifique et mieux défini. Cette dynamique de *catégorisation directe* et en même temps *progressive* est une caractéristique essentielle du développement microgénétique. La catégorisation introduit la dimension de l'identité qui fait de son objet la cible d'une visée qui reste identique à travers les variations ou fluctuations. Cette dimension de l'identité permet à la multiplicité des apparitions d'être toutes des instances d'une même catégorie, en somme d'identifier des unités prises chacune dans un champ différent, et ainsi accomplir l'une des transitions les plus élémentaires de la pensée (*cf.* Gurwitsch, 1966, pp. 54-55 ; Rosenthal & Visetti, 1999, pp. 184-185). Mais cela vaut également pour la dynamique de catégorisation progressive du procès formateur lui-même, en tant qu'elle confère une continuité identitaire aux formes en cours de constitution, et stabilise *ipso facto* le champ de l'expérience. C'est ainsi que chaque précurseur direct de l'expérience peut annoncer en lui d'une façon latente ce dont il y aura expérience. Et c'est ainsi également que le développement microgénétique anticipe dans son mouvement ce qu'il fera voir, comprendre, entendre...

La catégorisation directe, dès les phases les plus précoces de la microgenèse, place donc d'emblée le champ sous la tension d'un sens « générique », d'une signification en devenir, qui conditionne la différenciation et l'identification des formes. On dira qu'à travers la circularité génétique qui s'y déploie, la catégorisation dynamique « naturalise » le principe herméneutique de l'auto-antécédence du sens (toute compréhension se fonde sur une précompréhension), en le transposant sur le terrain de la « génétique » des formes. Incidemment, cette circularité génétique fait échapper à l'aporie de l'auto-anticipation du savoir.

La catégorisation dynamique réunit donc dans un seul mouvement génétique la constitution des formes et le déploiement du sens. Mais elle ouvre également un *horizon d'action*, fait de dispositions enactives dont il était question précédemment et qui forment la trame d'une anticipation «active» de ce qui fera sens. Le propre de la catégorisation dynamique est que son procès anticipe toujours son propre «résultat». Cette auto-antécédence des formes de l'expérience signifie que la perception «agit sous la présomption» de la cohérence de notre *Lebenswelt*, qu'elle entend en somme qu'il fasse sens, que tout ce que nous rencontrons ait une structure et fasse sens. Percevoir c'est donc découper le tissu holistique de la réalité *en anticipant* une organisation (en l'imposant même) et des structures (objets) qui feront sens, c'est rechercher un ordre et se saisir du premier repérage catégoriel, forcément très grossier, pour l'affiner progressivement en fonction des objectifs de l'action en cours et de l'horizon qu'il ouvre[13].

## TEMPS ET MICROGENÈSE

L'expérience a donc nécessairement une *structure temporelle*. Le modèle microgénétique de la constitution de l'expérience comporte en effet une certaine logique génétique de progression dans la différenciation, une *gradation* sémantique et phénoménologique qui tranche avec les dichotomies usuelles (conscient *vs* non conscient, accès ou non au sens) qui dominent toujours la pensée psychologique. Car le modèle *continuiste* qui régit le cours de l'expérience — et cela même lorsqu'il y a des discontinuités structurelles du point de vue biophysique[14] — s'applique également à la conscience qui n'admet pas davantage qu'une chose soit ou bien consciente ou non consciente. Si les précurseurs directs de l'expérience s'effacent au surgissement de cette dernière (comme dans les expériences tachistoscopiques l'amorce du stimulus est occultée par le pattern-mask), ils ne sont pas dépourvus d'un caractère phénoménologique susceptible de se manifester à la conscience. Toute la tradition des travaux de type *Aktualgenese*[15] en témoigne et c'est d'ailleurs la capacité des sujets de décrire leurs impressions concernant les stades intermédiaires de l'expérience perceptive ou cognitive qui a grandement motivé le concept de microgenèse[16].

Revenons donc à la dynamique progressive de la constitution de l'expérience. L'optique, l'acoustique, la chimie, la géométrie, et les métaphores technologiques du domaine du cinéma, de la photographie, de la télévision, ou des dispositifs d'enregistrement, ont tout au long du siècle dernier éclairé et inspiré les théories scientifiques de la perception. Dans leur empressement à transposer sur le terrain psychologique les principes reconnus de la physique, des générations de psychologues et de biologistes ont perdu de vue le caractère phénoménologique de la réalité perceptive, le fait en somme que l'on ne peut expliquer la perception dans quelque modalité que ce soit sans expliquer en même temps la structure de cet étrange et spacieux Présent qui l'accueille. Pourquoi le présent de l'expérience n'est-il pas infiniment bref et évanescent, pourquoi ce que j'éprouve n'est-il pas une succession kaléidoscopique d'instants individuels à me donner le tournis, mais continuité et présence ?

Modalité originaire de l'expérience, la perception est la première à incarner ce présent épais qui d'un côté retient la participation du passé et, de l'autre, ouvre sur le futur immédiat. Que l'on songe qu'à défaut de cette capacité du temps de «s'étirer» vers l'avant, tout en maintenant la «présence» de ce qu'il englobe, une succession de notes ne saurait jamais devenir une mélodie. Pour les gestaltistes, il s'agissait-là d'un fait constitutif de la conscience, dont la perception fournissait le premier modèle avec le mouvement apparent étudié par Wertheimer, l'intégrité d'une mélodie, ou la saisie de la causalité dans les célèbres expériences de Michotte[17]. Pour la théorie de la microgenèse, ce fait constitutif de la phénoménalité met en évidence le caractère *structurant* de la dynamique temporelle dans le déroulement de l'expérience.

Or, le temps dont il est question ici est, par sa direction intrinsèque, par son pouvoir de dilatation, lui-même constitutif de l'expérience. Ce temps *autochronique* est interne au sujet, au sens qu'il lui est endogène et se confond avec le cours de sa vie. Le concept d'*autochronie* désigne l'autogénération du temps propre au sujet qui tire son origine du statut d'être vivant de celui-ci, c'est-à-dire un être porteur d'une dynamique développementale unidirectionnelle (Rosenthal, 1993). L'autochronie, qui est à la fois un concept biologique et phénoménologique, confère au temps sa direction intrinsèque, sa périodicité et son amplitude globale propres à chaque espèce. La direction intrinsèque représente l'indexation du temps à l'écoulement de la vie (ce qui détermine le sens de la «flèche du temps»), la périodicité correspond aux variations temporelles pertinentes pour l'espèce et l'amplitude globale délimite le parcours de la flèche. L'autochronie semble indispensable pour concevoir l'autonomie du vivant en tant qu'elle est la source endogène de l'impulsion initiatrice[18].

Avec ce temps autochronique, on conçoit le caractère dual de la dynamique de l'expérience qui en même temps se déploie et se déroule. Le *déroulement* concerne la succession développementale des phases intermédiaires de l'expérience en cours, tandis que le *déploiement* renvoie au fait que toute forme a une extension temporelle : le temps qu'il faut pour se déployer dans l'expérience. Si l'on peut dire d'un point qu'il surgit dans le champ et qu'il représente par conséquent un instant infiniment petit, toute forme, tout motif, toute action *se déploient* dans le temps. Car toute forme est d'emblée temporelle, intrinsèquement faite d'un temps lui-même organisé. Et tout déploiement est celui d'une organisation, d'une structure dynamique incarnée en cours de stabilisation. Ainsi, un antécédent de l'expérience n'est pas un fragment, une courbe, un bout de trajectoire parmi d'autres, dont il faudra le moment venu faire la synthèse : tout antécédent direct de l'expérience déploie à sa façon ce qui fera l'objet d'expérience et dont seul le *déploiement* définitif se dévoile brutalement à la conscience, en occultant au passage ceux qui l'on précédé. Mais il y a aussi *déroulement* dans la mesure où l'on peut discerner des étapes successives ou des phases intermédiaires qui ont normalement vocation à s'effacer au surgissement de l'expérience. Ces phases sont néanmoins palpables dans des conditions extrêmes (par exemple de présentation tachistoscopique à la limite du perceptible), dans certaines pathologies neuropsychologiques et peuvent être mises en évidence indirectement à partir des propriétés de l'expérience normale.

## GRADUALITÉ ET EXPÉRIENCE

Cette dynamique duale du développement microgénétique où le déroulement de l'expérience passe par la différenciation graduelle et les déploiements successifs de figures intermédiaires, dont chacun tend à occulter ses prédécesseurs (mais sans pour autant escamoter cette «perception interne» que l'expérience en cours a une histoire de formation), confère au présent une dimension d'intériorité et de persistance dynamique. L'expérience a une profondeur et une consistance car *elle se sait* constituée, au fil du temps, par esquisses successives, et cela alors même qu'il nous est usuellement[19] impossible de convoquer ses déploiements primitifs car ils sont occultés par l'occurrence courante.

La gradualité cachée de l'expérience immédiate incite évidemment à poser la question de savoir s'il est possible de remonter le cours du développement et externaliser ces déploiements primitifs, ces *Vorgestalten* comme disait Sander, qui ont normalement vocation à s'effacer derrière le déploiement final. Cette question se confond en fait avec l'origine même du courant microgénétique auquel elle a offert la condition initiale de sa validation expérimentale. Si chaque précurseur de l'expérience immédiate porte effectivement en germe ce dont il y aura expérience et dont la teneur s'annonce en lui d'une façon latente, s'il comporte en somme le potentiel de développement auquel la microgenèse doit ou peut donner lieu, nous disposons là d'un puissant critère *qualitatif* d'évaluation expérimentale. Car c'est tout de même autre chose que de pouvoir reconnaître spontanément dans un déploiement intermédiaire la physionomie du déploiement final, que de devoir montrer par raisonnement qu'un trait, un fragment, une courbe, constitue l'élément primitif d'un assemblage final. La microgenèse historique a trouvé dans cette question et dans les explorations qualitatives auxquelles elle conduisait la trame initiale de son développement. Deux voies majeures d'exploration se sont imposées dès l'origine du courant, dont seule la première nous concernera ici[20].

La méthode de *réalisation génétique* (*Aktualgenese*) déjà mentionnée a été conçue par Sander dans le but d'externaliser le cours du développement microgénétique de manière à éliciter des réponses «primitives» (*i.e.* précoces sur le plan de la microgenèse) qui sont normalement occultées par l'expérience définitive[21] (Sander, 1930; Werner, 1956). Dans le domaine de la perception visuelle, il s'agissait de présenter d'une façon répétée des stimuli très brefs, mal éclairés ou de taille miniature, et d'augmenter graduellement le temps d'exposition, améliorer l'éclairage, ou laisser le stimulus grandir à la taille «normale». Les sujets, ou plutôt les *observateurs*, comme on le disait, devaient décrire simplement ce qu'ils percevaient et ressentaient au fur et à mesure du déroulement de l'expérience, fournir en somme leur témoignage de première main sur l'apparaître et les caractéristiques des précurseurs des gestalts finales. Dans ses analyses, Sander notait que «les constructions perceptives émergentes ne sont nullement des versions imparfaites ou vagues de la figure finale [...] mais des métamorphoses caractéristiques dotées d'une individualité qualitative, des prégestalts (*Vorgestalten*)» (*ibid.*, p. 193). Le développement du percept n'y apparaît pas comme une succession d'améliorations où chaque déploiement correspondrait à une version plus élaborée par rapport à son prédécesseur et plus proche du percept final. Les développements observés mettent au jour une dynamique structurale caractéristique de la perception. «La formation des phases successives, dont la transition s'accomplit usuellement par soudains bonds, présente une certaine tonalité d'inachèvement; les déploiements intermédiaires n'ont ni la stabilité ni la composition des formes finales; ils sont fluctuants, agités, pleins de tensions, comme dans un état de plasticité du devenir.» De plus, «cette dynamique structurale qui [...] (est) l'un des facteurs déterminants du processus perceptif lui-même, envahit notre expérience immédiate sous la forme de qualités dynamiques de "l'état d'esprit" général, de tonalités qualitatives émotionnelles» (p. 194).

## ORGANISME ET INTERSENSORIALITÉ

Mais une fois admise cette gradualité de l'expérience immédiate, reste à savoir ce que l'on gagne à assimiler le procès microgénétique à un régime spécifique du développement biologique. Car c'est la notion de développement qui fait de la microgenèse autre chose qu'une simple succession d'étapes dans un micro-temps. Les éléments ne se développent pas. Le développement biologique concerne l'évolution qualitative et quantitative d'une *totalité* organisée qui pourvoie à son propre maintien tout en se différenciant en permanence de son milieu. Cette totalité agissante, en prise permanente sur son environnement, n'est donc rien d'autre que l'*organisme tout entier*. En tant que développement, la microgenèse s'inscrit dans la dynamique d'un procès psychophysique où le corps actuel et le champ de l'expérience s'impliquent et se constituent mutuellement. Et c'est ainsi que le développement d'un percept, d'un objet d'imagination, d'une pensée, et même d'un récit d'événement vécu, requiert la participation d'une sensorialité corporelle totale, d'une dynamique kinesthésique-émotionnelle et de gestes internes.

Werner voyait dans cette participation la manifestation de la *couche originaire du sentir* qui, dans la dynamique du parcours microgénétique, est antérieure à la division des sens. «Les perceptions objectives, soulignait-il, sont pour ainsi dire le terme d'un processus de développement qui commence dans la couche subjective synesthésique et qui, partant de ce sensorium commune, se différencie dans les diverses sphères sensorielles» (Werner, 1934, p. 201). Cette couche originaire du sentir est intersensorielle en tant qu'elle procède du schéma corporel, lui-même incarnant l'unité du corps[22]. La constitution du champ est donc toujours synesthésique, et cela alors même que notre attitude consiste à thématiser les percepts comme émanant d'une modalité sensorielle particulière. Cela signifie que les différentes modalités sensorielles ont nécessairement une constitution intersensorielle[23]. Par exemple, il y a dans la vision plus que la vision. «On voit la rigidité et la fragilité du verre et, quand il se brise avec un son cristallin, ce son est porté par le verre visible. On voit l'élasticité de l'acier, la ductilité de l'acier rougi, la dureté de la lame dans un rabot, la mollesse des copeaux. La forme des objets n'en n'est pas le contour géométrique : elle a un certain rapport avec leur nature propre et parle à tous nos sens en même temps qu'à la vue. La forme d'un pli dans un tissu de lin ou de coton nous fait voir la souplesse ou la sécheresse de la fibre, la froideur ou la tiédeur du tissu. Enfin, le mouvement des objets visibles n'est pas le simple déplacement des taches de couleur qui leur correspondent dans le champ visuel. Dans le mouvement de la branche qu'un oiseau vient de quitter, on lit sa flexibilité ou son élasticité, et c'est ainsi qu'une branche de pommier ou une branche de bouleau se distinguent immédiatement. On voit le poids d'un bloc de fonte qui s'enfonce dans le sable, la fluidité de l'eau, la viscosité du sirop. »[24]

## DE L'EXPRESSION À LA SÉMIOSIS

La dynamique synesthésique du développement microgénétique, la gestualité interne du corps et ses dynamiques kinesthésiques-émotionnelles donnent à la vie perceptive son caractère *physionomique*. Objets, scènes, configurations, paysages sont ainsi perçus comme manifestant une intériorité animatrice, au même titre que les physionomies, les expressions faciales, les gestes, et plus généralement les conduites des êtres vivants, sans que cette expressivité spontanée soit le fait d'une intentionnalité anthropomorphique. Loin de relever d'une projection empathique en direction de l'objet, ou de la saisie d'une analogie[25], ces caractères expressifs procèdent des dynamiques de constitution des configurations perceptives qui font de l'expérience *l'expression de son propre processus de constitution*. Une dynamique expressive peut donc se présenter avec toute unité figurale perçue ; elle se manifeste préalablement à toute stabilisation des unités — qui d'ailleurs en dépend. Les formes perçues ne sont donc pas des simples configurations statiques, mais des déploiements dynamiques dont la tonalité expressive fait partie intégrante de l'expérience perceptive (et c'est ainsi que nous percevons le mouvement dans une image statique d'un cheval au galop, d'un oiseau, d'une flèche...). De cette saisie expressive provient également la non-différenciation des qualités des personnes et des objets : les personnes peuvent être dures, les voix tranchantes, les objets menaçants, oppriments, tristes, fatigués.

La vie perceptive est expressive dans la mesure où elle se fonde sur une dynamique *génétique* d'orientation vers un *à-venir* qui se fait explicitement lisible dans le mode même de présentation des figures — jusqu'à les doter éventuellement d'animation et d'intériorité. S'ouvre alors la possibilité d'une complexification sémiotique de l'auto-antécédence des formes de l'expérience, marquée par la médiation incontournable de systèmes sémiotiques socialement partagés. Ces systèmes, au lieu d'être conçus comme des assemblages d'unités préobjectivées, devront être compris à partir de leur intégration au mouvement de la microgenèse, la sémiosis elle-même se comprenant comme un développement et une différentiation de nature microgénétique[26].

## Références bibliographiques

Andreewsky, E. & Rosenthal, V. (1986). Les avions ne sont pas des modèles des oiseaux, cependant... In C. Bonnet, G. Tiberghien & J.-M. Hoc (Eds), *Psychologie, Intelligence Artificielle et Automatique* (pp. 110-117.). Bruxelles : Mardaga.

Bachmann, T. (2000). *Microgenetic approach to the conscious mind.* Amsterdam : John Benjamins.

Bruner, J.S. & Goodman, C.C. (1947). Value and need as organizing factors in perception. *Journal of Abnormal Social Psychology, 42,* 33-44.

Cadiot, P., Lebas, F. & Visetti, Y.M. (2004). Verbes de mouvement, espace et dynamiques de constitution. *Histoire, Epistémologie, Langage, XXVI* (1).

Cadiot, P. & Visetti, Y.M. (2001). *Pour une théorie des formes sémantiques.* Paris : Presses Universitaires de France.

Caramazza, A. (1986). On drawing inferences about the structure of normal cognitive systems from the analysis of patterns of impaired performance : the case for single-patient studies. *Brain and Cognition, 5* (1), 41-66.

Caramazza, A. & Martin, R. (1983). Theoretical and methodological issues in the study of aphasia. In J.B. Hellige (Ed.), *Cerebral hemisphere asymmetry : Method, theory and application* (pp. 18-45). New York : Praeger.

Catán, L. (1986). The dynamic display of process : Historical development and contemporary uses of the microgenetic method. *Human Development, 29,* 252-263.

Coltheart, M. (1987). Functional architecture of the language processing system. In M. Coltheart, G. Sartori & R. Job (Eds), *The cognitive neuropsychology of language* (pp. 1-25). London : Laurence Erlbaum Associates.

Conrad, K. (1954). New problems of aphasia. *Brain, 77* (4), 491-509.

Gurwitsch, A. (1957). *Théorie du champ de la conscience.* Paris : Desclée de Brouver.

Gurwitsch, A. (1966). *Studies in Phenomenology and Psychology.* Evanston : Northwestern University Press.

Katz, D. (1925). *Der Aufbau der Tastwelt.* Leipzig : J.A. Barth.

Marcel, A.J. (1983). Conscious and unconscious perception : an approach to the relations between phenomenal experience and perceptual processes. *Cognitive Psychology, 15* (2), 238-300.

Marcel, A.J. (1993). Slippage in the unity of consciousness. *Ciba Foundation Symposium, 174,* 168-80.

Merleau-Ponty, M. (1945). *Phénoménologie de la perception.* Paris : Gallimard.

Merleau-Ponty, M. (1964). *L'œil et l'esprit.* Paris : Gallimard.

O'Regan, J.K. & Noë, A. (2002). A sensorimotor account of vision and visual consciousness. *Behavoral and Brain Sciences, 24* (5), 939-973.

Palmer, S.E. (1999). *Vision Science : Photons to Phenomenology.* Cambridge, MA : The MIT Press.

Polanyi, M. (1962). *Personal knowledge : Towards a post-critical philosophy* (2nd ed.). Chicago : The Chicago University Press.

Polanyi, M. (1965). The structure of consciousness. *Brain, 88,* 799-810.

Rosenthal, V. (1993). Cognition, vie et... temps. *Intellectica, 16,* 175-207.

Rosenthal, V. (2004). Microgenesis, immediate experience and visual processes in reading. In A. Carsetti (Ed.), *Seeing, Thinking and Knowing : Meaning and Self-Organisation in Visual Cognition and Thought* (pp. 221-243). Amsterdam : Kluwer.

Rosenthal, V., Parisse, C. & Chainay, H. (2004). A critical-letter effect in reading. (soumis).

Rosenthal, V. & Visetti, Y.M. (1999). Sens et temps de la Gestalt. *Intellectica, 28,* 147-227.

Rosenthal, V. & Visetti, Y.M. (2003a). Gestalt Bubble and the genesis of space. *Behavioral and Brain Sciences, 26* (4), 424.

Rosenthal, V. & Visetti, Y.M. (2003b). *Köhler*. Paris : Les Belles Lettres.

Sander, F. (1930). Structures, totality of experience, and gestalt. In C. Murchinson (Ed.), *Psychologies of 1930* (pp. 188-204.). Worcester, MA : Clark University Press.

Semenza, C., Bisiacchi, P. & Rosenthal, V. (1988). A function for cognitive neuropsychology. In G. Denes, P. Bisiacchi & C. Semenza (Eds), *Perspectives on cognitive neuropsychology* (pp. 3-30). London : Lawrence Erlbaum Associates.

Shallice, T. (1988). *From neuropsychology to mental structure*. Cambridge : Cambridge University Press.

Valsiner, J. & van der Veer, R. (2000). *The social mind : Construction of the idea*. Cambridge : Cambridge University Press.

Visetti, Y.M. (2004a). Constructivismes, émergences : une analyse sémantique et thématique. *Intellectica, 39* (à paraître).

Visetti, Y.M. (2004b). Le continu en sémantique : une question de formes. *Revue de Praxématique* (à paraître).

Werner, H. (1934). L'unité des sens. *Journal de Psychologie Normale et Pathologique, 31*, 190-205.

Werner, H. (1956). Microgenesis and aphasia. *Journal of Abnormal Social Psychology, 52*, 347-353.

Werner, H. (1957). *Comparative psychology of mental development* (Rev. ed.). New York : International Universities Press.

Werner, H. & Kaplan, B. (1956). The developmental approach to cognition : its relevance to the psychological interpretation of antropological and ethnolinguistic data. *American Anthropologist, 58*, 866-880.

Werner, H. & Kaplan, B. (1963). *Symbol formation : an organismic-developmental approach to language and the expression of thought*. New York : Wiley.

## Notes

[1] Et puis, il faudra revenir sur ce que cela fait que de vivre dans un monde investi par les langues et le langage, d'accomplir des gestes dont la langue a déjà fixé les contours, de côtoyer des choses découpées dans un nom. Nul ne connaît aujourd'hui de monde perceptif hors langage ; certes, il ne manque pas de scénarios de l'origine du langage où l'on imagine un état pré-langagier du monde des sens, mais cet exercice reste fort limité, à défaut de pouvoir réellement préciser la physionomie d'un tel monde. A contrario, on peut aussi légitimement considérer que les structures de notre monde perceptif sont largement co-constituées par le langage (et plus généralement par la culture dont il est l'incarnation).
[2] Voir à ce sujet Y.M. Visetti (2004b).
[3] Ces observations ont déjà été faites par Katz (1925).
[4] Un exemple type est celui de la bonne vieille théorie «mosaïque» de la perception selon laquelle percevoir une forme implique essentiellement la *reconstruction* de cette forme à partir de la mosaïque *inorganisée* de ses composants (ou traits) élémentaires et la projection de l'ensemble ainsi reconstruit sur l'écran interne de l'esprit (représentation interne). Une formulation équivalente consiste à dire que le percept est *reconstruit* au niveau des structures corticales supérieures à partir de la mosaïque inorganisée des sensations élémentaires produites sur la rétine et acheminées (ou projetées) jusqu'à ces mêmes structures corticales par les voies rétinofuges. Cette vision assembliste de la perception est souvent présentée sans une moindre réserve (*cf.* Palmer, 1999). La formule «constructivisme assembleur» est de Y.M. Visetti (2004a). On l'opposera à un constructivisme génétique.
[5] Pour cela, le lecteur pourra consulter Catán (1986), Conrad (1954), Rosenthal (2004), Sander (1930), Valsiner & van der Veer (2000), Werner (1956 ; 1957), Werner & Kaplan (1956 ; 1963).
[6] Ajoutons cependant que la microgenèse historique est restée largement à l'état d'esquisse, en tout cas n'a pas existé sous la forme d'un corps de doctrine bien défini, comme c'était le cas de la Gestalt berlinoise. L'article très programmatique de 1956 de Werner est resté sans suite, sans donner lieu ultérieurement à une thématisation spécifique. La reconstruction présentée ici, tout en s'inspirant des idées originales de Werner, n'est donc pas une reproduction mise au goût du jour.
[7] Le psychologue russe Nikolaï Lange a postulé autour de 1890 que la perception est un développement dont les différentes étapes récapitulent la succession des capacités perceptives de l'espèce au cours de son évolution biologique. Du point de vue qualitatif, le développement perceptif, disait-il, passe, dans l'ordre, par les étapes d'évolution phylogénétique mais dans un temps très bref de l'expérience perceptive (d'après Bachmann, 2000). Il est peu probable que Werner et Sander connaissaient les travaux de cet auteur qui a si finement anticipé leurs propres idées. Lange a notamment été le premier à souligner les similitudes entre la phylogenèse du système visuel et le développement microgénétique du percept, rapprochement également fait par Werner. Il observait par exemple, qu'au cours d'un acte perceptif, les formes les plus primitives de la conscience sont graduellement et continuellement remplacées par des formes qualitativement «supérieures» (ou mieux différenciées), de telle sorte qu'à la fin du processus, les prédécesseurs sont occultés par leurs successeurs, et ainsi perdus pour la mémoire et l'attention.
[8] J'emprunte ici le célèbre mot de Varela pour traduire par «disposition enactive» le concept de «*readiness for action*» (Rosenthal, 2004) ; on notera que les anticipations liées aux actions potentielles font de tout champ d'expérience directe un champ d'action.
[9] À tous les niveaux : de la motilité fondamentale du corps au mouvement effectif, en passant par la saccade oculaire.

[10] Cette subsidiarité du champ de la conscience par rapport à la figure ou thème focal a donné lieu a plusieurs élaborations théoriques dont celles de Gurwitsch (1957) et de Polanyi (1962; 1965) sont les plus connues.

[11] Les gestaltistes, Köhler le premier, ont fort bien décrit l'inscription praxéologique de l'organisation perceptive, même s'ils n'ont pas toujours su rester conséquents à cet égard (*cf.* Rosenthal & Visetti, 2003b).

[12] Pour les théories cognitivistes, les processus perceptifs, sémantiques, émotionnels et motivationnels sont intrinsèquement étrangers les uns aux autres : ils opèrent sur des «données» incommensurables. Tout est donc affaire d'architecture cognitive adéquate pour permettre à la représentation d'une forme perçue d'accéder en temps voulu au sens «qui lui correspond» dans la mémoire sémantique (un formidable dispositif dépositaire de la culture standard et agréablement modulé par l'histoire individuelle), ou pour autoriser une interaction en amont du processus perceptif entre ce dernier et le système sémantique. Et on évoque en effet l'idée d'une interaction pour expliquer par exemple cette observation classique que la taille perçue d'une pièce de monnaie est fonction de sa valeur (Bruner & Goodman, 1947). Cette évocation reste toutefois gratuite tant qu'on n'a pas expliqué comment l'on fait interagir des processus structurellement et fonctionnellement indépendants qui opèrent sur des données incommensurables. Toute théorie qui sépare forme, sens, valeur, motif d'agir, et conçoit la perception comme une (re)construction de formes abstraites, à partir de traits élémentaires dépourvus de sens (pour ne découvrir qu'en fin de parcours leur identité et sens) est confrontée à cet égard à des paradoxes insurmontables. Si l'accès au sens est postérieur à la reconnaissance morphologique («Je ne peux savoir à quoi j'ai affaire avant de l'avoir reconnu», dit Fodor), la sémantique ne peut affecter la reconstruction morphologique, et même si la sémantique est concomitante avec cette dernière, comment peut-elle influencer le procès morphologique avant de «savoir» de quoi il retourne? Enfin, si le sémantique et le morphologique de la perception sont effectivement incommensurables, comment les faire coopérer sans faire appel à la médiation d'un troisième processus doté d'une polyvalence que l'on a justement refusé aux deux précédents (ce qui ou bien est en contradiction avec le postulat de la séparation et de l'indépendance de la forme et du sens, ou s'apparente à l'évocation d'un homoncule)?

[13] Ce qui expliquerait d'ailleurs pourquoi la perception et la cognition ne sont pas infaillibles. Si la microgenèse est globalement viable, son caractère anticipatoire et directement catégorisant renferme ses propres conditions d'échec. L'observation de ces échecs devient alors une source inestimable de renseignements sur la microgenèse. De même, la résistance obstinée des «erreurs perceptives» à l'évidence du contraire illustre le «coût» du caractère anticipatoire et directement catégorial de la différenciation microgénétique.

[14] Par exemple dans le cadre de la vision entre les propriétés de la saisie parafovéale et fovéale des mêmes structures.

[15] Voir plus loin.

[16] Cela étant, il existe par ailleurs différents modes d'engagement par rapport à l'expérience. Marcel (1993) a montré par exemple que si l'on introduit trois modes de réponses censés être équivalents (cligner des yeux, appuyer sur un bouton, ou répondre verbalement), les sujets à qui l'on demande s'ils détectent une lumière ou un changement d'intensité lumineuse à tel moment précis ne donnent pas les mêmes réponses suivant le mode utilisé (même lorsqu'on exige simultanément les trois modes!). En somme, ces trois modes qu'une approche fonctionnaliste aurait traités comme des variantes purement conventionnelles, des «synonymes» stricts du même type fonctionnel, s'avèrent exprimer des modes différents d'engagement du sujet vis-à-vis de sa propre expérience.

[17] Voir Rosenthal et Visetti (2003b, pp. 64-78) pour plus de détail. On notera que cette même structure du présent est à l'œuvre dans plusieurs modalités traditionnelles : à côté

de la mélodie (audition) et du mouvement (vision), on trouvera dans le domaine tactile l'expérience classique de Benussi de la stimulation successive le long du bras (sans nécessairement respecter toujours la direction du parcours) qui sera ressentie comme si une bête sautillait le long du bras.

[18] Ce qui veut dire par ailleurs que le temps autochronique ne peut pas être représenté par une droite. L'autogénération du temps ne peut se produire que par à-coups.

[19] Néanmoins, il nous arrive parfois un sentiment fugitif de saisir ces «esquisses» évanescentes mais qui échappent à toute thématisation, quel que soit l'effort pour les ramener à la conscience.

[20] L'autre méthode consistait à étudier qualitativement le comportement pathologique de patients porteurs d'une lésion cérébrale (alexiques, aphasiques ou agnosiques). On supposait que, sur le plan fonctionnel, ce comportement résulte d'un arrêt prématuré du processus microgénétique, analogue à celui provoqué artificiellement au cours de l'*Aktualgenese* (ou de la vision subliminale). Et, en effet, de nombreux exemples sont venus corroborer cette analogie (Andreewsky & Rosenthal, 1986; Conrad, 1954; Marcel, 1983; Werner, 1956) qui plus que jamais reste d'actualité. L'auteur de ces lignes a tenté en vain pendant une longue décennie à opposer la démarche microgénétique en neuropsychologie à la théorie soustractive dominante dont la logique repose sur la recherche de dissociations censées mettre en évidence des processus (modules) spécifiques et autonomes, et susceptibles d'être atteints d'une façon sélective c'est-à-dire sans que le fonctionnement d'autres processus en soit affecté (Caramazza, 1986; Caramazza & Martin, 1983; Coltheart, 1987; Semenza, Bisiacchi, & Rosenthal, 1988; Shallice, 1988).

[21] À vrai dire, l'*Aktualgenese* correspond tout simplement à la version la plus élaborée d'un ensemble de méthodes dont plusieurs ont été mises en œuvre par Werner et ses collaborateurs dès les années 1920.

[22] Ce qui faisait dire à Merleau-Ponty : «Avec la notion de schéma corporel, ce n'est pas seulement l'unité du corps qui est décrite d'une manière neuve, c'est aussi, à travers elle, l'unité des sens et l'unité de l'objet» (Merleau-Ponty, 1945, p. 271).

[23] L'expression «intersensorielle» pourrait créer ici un malentendu en laissant croire qu'il existerait une coupure entre le domaine sensoriel et la motricité. Comme l'a souligné Werner : «Ces qualités synesthésiques ont précisément pour caractère d'être des qualités dynamiques; elles ont leur racine dans le dynamisme de la réaction corporelle où le fait purement sensoriel et le fait purement moteur ne sont pas encore différenciés» (*ibid.*, p. 204).

[24] Merleau-Ponty (1945, p. 265).

[25] Pour une discussion, voir Rosenthal (2004, pp. 228-230) et Rosenthal & Visetti (2003b, pp. 176-191).

[26] L'espace imparti ne me permettait pas d'illustrer la microgenèse avec des recherches actuelles, notamment sur la lecture (*cf.* Rosenthal, 2004; Rosenthal, Parisse, & Chainay, 2004), dont l'exposé aurait nécessité des développements trop longs, je me suis donc limité à des exemples classiques plus simples à résumer.

# Chapitre 2
# Anticipations linguistiques et phases du sens

Y.M. Visetti

**INTRODUCTION**

Comme annoncé par son titre, la note qui suit s'attache à présenter une notion *d'anticipation linguistique*, qui soit solidaire d'une diversité de *phases* simultanément déployées au sein de *dynamiques de constitution* du sens. Un concept-clé, dans cette perspective, est celui de *forme sémantique*, dont on entend seulement indiquer ici quelques motivations et caractéristiques.

L'influence déterminante au plan philosophique est celle de la *phénoménologie*, parcourue le long d'un axe allant de Husserl à Merleau-Ponty en passant par Gurwitsch. Mais ses « versions » scientifiques — celles, notamment, de l'école gestaltiste de Berlin et des écoles de la *microgenèse* — ne sont pas moins importantes. On doit prendre garde, toutefois, que le cadre théorique résumé ici, s'il ne se comprend pas hors d'une prise en compte de ces sources essentielles, se conçoit plutôt comme une reprise libre, une forme de transposition, d'ailleurs critique ou novatrice sur plus d'un point. C'est en réalité une combinaison singulière des traditions phénoménologiques et herméneutiques qu'il faudrait envisager : mais on devra se contenter ici de brèves allusions.

De fait, la phénoménologie est *utilisée* en l'occurrence comme un discours *objectivant* d'un type particulier, qui fait jouer à *l'Être-au-Monde*, ainsi qu'à certaines structures du champ de conscience (formes et champ thématique), le rôle d'un « modèle » général, partout transposable. Ce privilège — non exclusif — de descriptions inspirées de celles de l'Être-au-Monde corporel, pratique, intersubjectif, ne signifie pas que la question du sens linguistique doive être réduite à celle de conditions corporelles anté-linguistiques, comme l'ont suggéré Lakoff et Johnson avec leur concept d'*embodiement*. L'Être-au-Monde allégué ici n'est pas une origine naturelle, ni même (pour ce qui concerne la sémantique) une strate phénoménologique première, mais un *emblème*, un «modèle» générique indéfiniment transposable, car lui-même originairement marqué de transpositions et de transactions instituées par les cultures et leurs langues. L'expérience du corps, si elle doit être évoquée en sémantique, ne renvoie pas à une pré-détermination causale, mais au foyer sensible, pratique, et toujours déjà linguistique, des gestes et des pratiques sociales donatrices de sens.

Ainsi, le développement d'une *théorie des formes sémantiques* ne procède, ni d'une entière prise de parti philosophique (en dépit d'un tropisme indéniable pour la phénoménologie), ni à l'inverse d'un programme réductionniste, mais de la possibilité de *transposer* d'un registre à l'autre les mêmes modalités théoriques et descriptives.

Une telle orientation implique de dégager une notion de *forme* qui ne soit pas nécessairement sensible, sans pour autant relever de la formalité logique[1]. On peut dire, plus précisément, que la problématique a deux volets étroitement liés : l'un porte sur l'entrelacs entre langue, activité de langage et expérience, l'autre sur le parcours et la constitution de formes proprement linguistiques, dans le sillage de la phénoménologie, de la Gestalt, de la sémiotique, et de sémantiques textuelles comme celle de F. Rastier (*Sémantique Interprétative*). On se tient ainsi dans le passage à double sens entre une *phénoménologie* conçue d'emblée comme *herméneutique*, et une *herméneutique linguistique* développée dans un style phénoménologique, la théorie des formes sémantiques faisant fonction de pivot ou de médiation. Le débat en est facilité avec des linguistiques de factures diverses (cognitives, énonciatives, référentielles), à propos de problèmes centraux de la sémantique (polysémie, sens figurés, tropes, dénomination, grammaires et schématismes).

Le présent article ne fait qu'introduire des thèses et des analyses qui ont été développées dans les années récentes aux plans linguistique et épistémologique avec P. Cadiot, et pensées, au plan épistémologique encore, mais aussi dans leur relation à l'histoire de la psychologie, avec V. Rosenthal[2]. Il est demandé au lecteur de bien vouloir excuser le style télégraphique, voire abrupt, de cette présentation, qui prend souvent la forme d'un résumé de thèses. Dans les limites présentes, cela permet du moins de composer une version de notre propos qui soit plus étroitement rattachée au thème central du présent ouvrage, à savoir l'*anticipation*.

## 1. UN STYLE PHÉNOMÉNOLOGIQUE POUR LA THÉORIE SÉMANTIQUE

En quoi la tradition philosophique et scientifique de la phénoménologie peut-elle intéresser le sémioticien ou le linguiste — et en l'occurrence le sémanticien ? Jusqu'à quel point peut-il en reprendre le style, ou la facture discursive (mais non sans doute les méthodes), au moment de construire un cadre théorique et un programme de recherche ? On sait qu'à l'exception remarquable d'auteurs comme A. Gurwitsch, M. Merleau-Ponty ou A. Schutz, la *philosophie* phénoménologique de filiation husserlienne a souvent différé de reconnaître le «terrain» sémiotico-linguistique — et, plus largement, tout ce qui mettrait en jeu la diversité culturelle, le fait social, la technique ou l'institution. La postérité de Heidegger a fait pour ainsi dire un choix inverse : elle a placé ces dimensions au premier plan, mais récusé en leur nom la perspective objectivante des sciences.

Pourtant, on peut faire valoir plusieurs arguments en faveur d'une nouvelle reprise, ou plutôt d'une nouvelle *transposition* du style phénoménologique dans la théorie linguistique et les analyses empiriques. Une synergie pourrait même s'avérer possible avec les travaux de plus en plus nombreux qui se rattachent à ces mêmes problématiques en sciences cognitives. Parmi bien d'autres arguments, on mentionnera, compilés de façon syncrétique :

– L'*epoche* phénoménologique, ou suspension de l'attitude naturelle (position et croyance de l'existence du monde); plus généralement, la mise à distance de toute ontologie constituée, la récusation de tout genre de donation dans sa prétention à l'exclusivité.

– Le principe d'un *primat de la perception*, décrite comme donation immédiate d'un *sens perceptif*, en sorte que les continuités, les analogies — en fait la co-constitution — entre *semiosis* et construction du sens, d'une part, action et perception, d'autre part, en deviennent pensables.

– La structure phénoménologique du Présent, faite de protentions et de rétentions, qui par là-même comprend des *anticipations* ou des *horizons* qui ne sont pas de l'ordre du programme ou de la prédiction.

– La non-distinction initiale entre *intériorité* et *extériorité*, qui permet de se focaliser, soit sur l'expérience intersubjective (et l'on enchaîne alors sur une problématique cognitive), soit sur la construction de parcours objectivés, qui soient liés à des normes, à des méthodes, à des instruments, eux-mêmes explicitement articulés à une interaction sociale (et l'on rejoint de cette façon les herméneutiques propres aux sciences des textes, de la culture, de la société).

– La *constitution* de l'expérience — du *champ de conscience* — à travers *diverses strates* dynamiquement *co-données* au sein d'un *champ de formes*, qui est toujours en même temps un *champ pratique* — idées affines à celles que l'on retrouve dans certaines problématiques constructivistes contemporaines.

– Enfin, à la suite de A. Gurwitsch[3], les structures fondamentales du champ thématique, avec notamment les aspects suivants : (i) l'articulation fondamentale du champ de conscience en *thème, champ thématique*, et *marge*, (ii) la contextualité inhérente au champ thématique, (iii) la *pertinence* ou *relevance*, ensemble de principes régulant la continuité thématique, spécifiques aux grands « ordres » ou aux grands « domaines » de thématisation, et (iv) la constitution des thèmes comme des effets de *procès d'identification* solidaires de systèmes de *transformations*, permettant d'en esquisser et intégrer des profils à travers des parcours de thématisation (autrement dit, un thème ne s'identifie qu'à travers un ensemble de transformations qui le *définissent*, tout autant qu'elles ne l'affectent).

Nous avons adopté avec P. Cadiot un certain « style phénoménologique » de théorisation en sémantique. En quels sens cela peut-il s'entendre, qui soient en bonne résonance avec les rubriques tout juste mentionnées?

– À l'*epoche* phénoménologique, ou suspension de l'attitude naturelle, correspond dans notre travail la mise à distance des emplois dénominatifs, physiques, spatiaux, ou concrets, privilégiés par les sémantiques cognitives ou référentielles.

– Que l'ouverture primordiale soit dénommée *flux* (Husserl), *champ* (Gurwitsch), ou *Être-au-Monde* (Merleau-Ponty) ne change rien au fait capital que, pour ces auteurs comme pour nous, espaces et temps ne sont pas des cadres a priori de la présentation, comme ils le sont chez Kant, mais doivent être constitués (reste à savoir si et comment l'activité de langage intervient dans cette constitution, et réciproquement y trouve certains de ses fondements).

– Le primat de la perception doit être phénoménologiquement compris comme le primat d'un *sens perceptif*, qui fait immédiatement droit, en lui, à l'idéalité complexe qui le traverse : d'où notre ré-analyse des prétendus « sens spatiaux » de certaines unités (par ex. prépositions, verbes), qui en fait voir l'inextricable richesse qualitative, et récuse les tentatives d'isolation d'un niveau « schématique » (réduit, par ex., à du topologique et du cinétique purs), supposé tenir lieu de base explicative.

– Pareillement, en sémantique nominale, nous avons refusé tout rabattement sur un niveau catégoriel homogène, supposé valoir comme sens premier, ou comme sens propre : la polysémie des unités — nous préférons parler de leur transposabilité — ne s'explique pas en repartant de types, ou de prototypes, comme ceux invoqués par les sémantiques conceptuelles, ou référentielles. À l'opposé de ces approches, nous avons tâché, avec P. Cadiot, de faire voir la nécessité d'engager la description lexicale (tout comme celle des grammèmes) vers la saisie de *motifs linguistiques* : principes génériques non domaniaux, contribuant en premier lieu, non au regroupement d'objets ou de connaissances (comme dans les sémantiques référentielles ou dans les sémantiques des types), mais à celui de modes de saisie ou de donation, constitutifs de l'expérience même de la parole. Quant aux « objets » eux-mêmes, mieux vaut les concevoir comme des *thèmes*, et se donner ainsi la possibilité d'y voir des *figures*, ou des *emblèmes*, de relations passant par diverses strates historiquement sédimentées de l'activité de langage[4].

– Si l'expérience phénoménologique est ressaisie en deçà de la distinction entre intériorité et extériorité, il doit en aller de même pour le champ sémantique, de façon à déconstruire l'opposition entre *forme intérieure* et *forme extérieure* de la langue (ou, si l'on préfère, à questionner la séparation entre langue, usages, et innovations ; et, de même, la séparation entre langue, et structures discursives/textuelles).

– Pour construire les idéalités, la méthode phénoménologique procède par réflexion, et non par spéculation : ceci correspond, par exemple, dans notre cas, au fait que les *motifs* associés à telle ou telle unité ne sont pas (uniquement) des construits théoriques, mais sont censés se présenter, être promus et perçus sous diverses guises, liées à certaines conditions de thématisation.

– Nous reprenons l'idée d'un *parcours de constitution* à travers des *strates* : en vue d'une objectivation, certes, mais en connivence essentielle avec toutes les perspectives du sens, donc en réinscrivant cette constitution dans une *circularité herméneutique*. Le tableau d'ensemble est celui d'une interaction immédiate et *bi-directionnelle* entre les strates les plus « instables » et les plus « intérieures » de la langue ou du lexique, et les développements mieux stabilisés et dissociés du niveau thématique, aucune des « strates » co-existantes dans le mouvement de thématisation ne se développant de façon autonome.

– La temporalité, la continuité du flot, la dynamicité, sont essentielles, et du reste sont constitutives de notre concept de *forme sémantique*.

– Les questions du corps, de l'affect, de l'intersubjectivité, postes de première importance dans le développement de la phénoménologie, le sont aussi dans notre approche, qui considère le « corps », par exemple, comme un des *emblèmes* de la sémantique. Nous avons souvent eu l'occasion de critiquer les approches purement spatialistes et/ou topologistes de l'expérience, qui n'en appréhendent que certains effets, isolés à tort, souvent au motif d'en cerner les dimensions les plus génériques. Quitte à insister sur l'expérience corporelle, nous préférons mettre en avant son caractère auto-centré, synesthésique et anticipateur. Sur le plan des corrélats sensibles, il faut précisément s'attacher à ces caractéristiques synesthésiques, et non pas seulement morphologiques, telles qu'elles sont instituées par les langues, et se révèlent, en français par exemple, dans toute une série de verbes, comme : toucher, résister/céder, (re)serrer, maintenir, rompre, insérer, ajuster, enterrer, noyer, recouvrir, camoufler, se débarrasser de, coller, (dé)bloquer..., ou de substantifs, comme : douceur, fluidité, rudesse, rugosité... Il s'agit donc d'un cercle herméneutique : puisque ce qui semble être dans un rapport intime de constitution/institution réciproque avec les langues est un *Lebenswelt* social et culturel, qui renvoie à un *corps fictif*, à des pratiques sociales, à un *être-au-monde culturel*, qui ne sauraient exister, se fixer, évoluer, sans une pratique linguistique concomitante.

– Nous conservons bien sûr une relation forte avec la phénoménologie scientifique des gestaltistes, ainsi qu'avec leur théorie des formes, complétées toutefois par un volet *microgénétique* qui particularise le cadre dynamiciste que nous proposons, parmi les quelques-uns apparus depuis une trentaine d'années, le plus souvent dans la suite des travaux fondateurs de R. Thom[5].

**Remarques sur les décalages entre herméneutique linguistique et phénoménologie**

On n'entrera pas, ou guère, ici, dans l'examen des divergences entre tel ou tel projet phénoménologique historiquement attesté, et la théorisation linguistique, telle que nous la concevons à partir d'un certain équilibre de composition avec des *themata* propres à des traditions herméneutiques bien distinctes. Néanmoins, quelques mises en garde peuvent s'avérer utiles[6]. Elles visent encore une fois à éviter toute réduction du sens linguistique à des conditions que l'on pourrait dire pré-linguistiques — voulant dire par là que ces conditions ne seraient pas elles-mêmes déjà affectés, à leur propre niveau, par la médiation linguistique. Ainsi, ni la phénoménologie husserlienne, ni celle de Gurwitsch, ni même celle de Merleau-Ponty, ne sauraient nous tenir lieu ici de *fondation*. C'est que la relation de la linguistique avec toute description de l'expérience qui feindrait de ne pas la connaître dès le début comme sociale et langagière, ne peut qu'être des plus problématiques. Il n'y a pas en tout cas de sens, tel qu'il nous préoccupe ici, qui s'identifierait simplement à un trait de vécu, ou un acte intime de la conscience. On ne peut rendre compte du sens, même comme sens «perçu», au moyen d'un tel acte de la conscience, si, par «conscience», on entend une instance subjective douée d'une spontanéité antérieure à tout être-au-langage, et pourtant réputée suffire à déterminer l'activité et les formes du langage. Il en va de même, bien entendu, pour les problématiques phénoménologiques rivales de l'Être-au-Monde, tant qu'elles omettent de penser cet Être-au-Monde comme primordialement Être-au-langage, et Être-au-monde-culturel.

En opposition également à une grande partie de l'œuvre de Husserl, il ne saurait y avoir pour ce qui nous concerne de problématique de la *fondation*, ni, dans une perspective plus contemporaine, de problématique de l'*ancrage* du langage. C'est l'activité de langage qui fonde et ancre, si besoin est : on ne peut donc revenir sur elle, pour la fonder à son tour de l'extérieur. Tout ce qui semble possible, et adéquat à l'objet de l'enquête, c'est un relevé, toujours mouvant, des *traces* de l'activité de langage, qui anticipent possiblement sur des reprises futures, en particulier sous les formes canoniques explicitement sanctionnées par les institutions. D'où l'importance d'un point de vue *génétique* sur les objets, qui implique aussi bien reprise passive des stéréotypes, que dérive et innovation. Le terme même de *génétique* pourrait d'ailleurs prêter lui-même à confusion, s'il faisait oublier les dimensions proprement historiales, philologiques, archéologiques, technologiques, etc., qui sont constitutives des questions de sens.

On ne saurait trop insister non plus sur les risques de dérive de problématiques sémantiques trop unilatéralement promues sous le slogan d'un *primat de la perception*. La perception et l'action en cause ne peuvent exister en effet que par le langage : sur leur versant sensible et pratique, elles doivent par conséquent s'approcher à partir d'un point de vue *sémiotique*, qui les inscrive dans la continuité d'une problématique culturelle des *formes symboliques* dans les recherches sur le langage et dans la psychologie (Cassirer, Werner, Vygotsky, Bruner). Si l'on tient à importer en sémantique le principe d'un primat de la perception — et c'est bien l'option que nous entendons explorer —, ce doit être en un sens qui, en définitive, ne distingue pas cette perception d'une *fiction* entièrement socialisée.

Résultat paradoxal : une théorie linguistique qui voudrait reposer sur une analogie, ou même sur le postulat d'une continuité effective entre construction du sens, d'une part, perception et action dans le monde sensible, d'autre part, ne doit surtout pas traiter les emplois «concrets» ou «spatiaux» des unités linguistiques comme des sens propres ou premiers, mais seulement rechercher à travers eux ce qui annonce une capacité de ces unités à *se transposer*, que ce soit pour profiler d'autres relations spatiales (*marcher un kilomètre, monter l'escalier*), ou, tout aussi bien, des relations qui ne sont plus que faiblement, voire plus du tout, indicatrices de spatialité (*il m'a bien fait marcher, il a monté un joli coup*). Une telle orientation s'inscrit bien dans la continuité du principe husserlien qui place la fiction à la source de toutes les idéalités[7] : mais à la condition d'en radicaliser la portée, de façon à réaliser le lien constitutif qui existe entre la généricité linguistique et, par exemple, l'impression de sens figuré ; et au-delà, de façon à inscrire au cœur de cette singulière «abstraction» la possibilité de l'innovation, qui heurte de front les conceptions transcendantalistes historiquement adoptées par une majorité de travaux phénoménologiques.

## 2. ANTICIPATIONS ET ÉNONCIATIONS

Dans un cadre théorique dont le mode de fabrication emprunte largement à la tradition phénoménologique, la question des anticipations se pose tout autrement qu'en invoquant la donnée préalable de représentations. On part au contraire du principe qu'il faut décrire des modes de donation ou d'apparition, et plus précisément les *formes* d'un apparaître, sans les rattacher a priori à une objectivité sous-jacente — consistant par exemple en représentations. C'est qu'en effet toute objectivité doit être elle-même *constituée*, à partir de modalités d'accès qui lui sont spécifiques. Connaître une objectivité, c'est d'abord décrire ses modalités de constitution et d'accès dans un champ où elle apparaît. Ce qui s'impose alors à une problématique scientifique inspirée par cette démarche, c'est l'idée de *dynamiques de constitution*, à travers lesquelles les formes caractéristiques de tel ou tel champ de phénomènes se *différencient* et *s'individuent*. On théorise de cette façon une *activité* transformatrice d'un champ, une activité orientée par une «attitude», transitoirement centrée sur des «thèmes» qui la dépassent — puisqu'ils ne sont pas immanents à l'activité qui les suscite — mais ne peuvent en être détachés.

Le problème de remonter jusqu'à des représentations pré-objectivées, qui seraient par elles-mêmes déterminantes des constructions à venir, s'efface alors devant celui de caractériser des *anticipations*, et des *médiations* actives au sein de ces parcours de constitution. Le premier problème est celui de la *présentation*, de la mise en présence, et de l'individuation — toujours en cours — des formes et des conduites. Une telle problématique, dans ses traductions scientifiques, est clairement dynamiciste et émergentiste; elle peut entraîner des différences considérables dans la façon de stipuler les diverses modalités d'anticipations, en tant que conditions dynamiques intervenant dans la formation des présentations[8]. Ces présentations, du reste, ne sont pas elles-mêmes des structures achevées ou closes, mais d'une certaine façon encore des anticipations, suffisamment différenciées et développées toutefois pour circonscrire un foyer thématique, et caractériser la situation dans les registres temporels et modaux (déterminant ainsi cela qui est envisagé, possible ou impossible, passé ou à suivre, selon la perspective en cours).

Une telle approche suppose que l'on trouve, ou que l'on postule, à la clé des phénomènes étudiés, des dynamiques de différenciation et d'individuation de formes. Pour ce qui nous concerne, il s'agit de construction du sens à travers l'activité de langage : nous prenons donc l'option de comprendre ces constructions comme des constructions de formes — de formes du sens, si l'on veut — pour une part qui ne pourra être déterminée que chemin faisant.

C'est ainsi un *appareillage dynamique* qu'il faut théoriser : du moins certaines composantes, ou *phases*, de cet appareillage, qui pourront être décrites sans que leur synthèse exacte au sein d'un éventuel processus ne soit elle-même déterminée. C'est qu'en effet on ne dispose ici d'aucun temps de référence valant pour tous les phénomènes corrélés :

– Ce ne peut être le temps des sciences physiques, ou le temps discrétisé du calcul informatique, qui nous installeraient d'emblée dans une perspective naturalisante et/ou modélisante.

– Ce ne peut être non plus un temps subjectif, qui serait celui d'une conscience intime, puisqu'une théorie linguistique, ainsi que nous l'avons dit plus haut, ne doit traiter l'intentionnalité des énonciateurs que comme un plan de détermination parmi d'autres, qui renvoient d'abord à une circulation sociale, et à l'histoire.

– Ce ne peut être non plus un temps intersubjectif, à moins de le définir circulairement en passant par la médiation de certaines institutions et discours, eux-mêmes inextricablement dépendants des cadres génériques de la construction des formes linguistiques : qu'il s'agisse de temps cosmique, de temps chronique ou calendaire, de temps biographique, ou enfin d'un temps de l'énonciation et des tours de parole.

On conçoit bien que tous ces temps aient leur importance pour une étude de l'activité de langage. Toutefois, aucun ne peut entièrement déterminer les autres, si bien que la notion d'anticipation avancée ici se tiendra en quelque sorte en-deçà de leurs registres concurrents. Notre point de vue sera davantage *systémique* : nous cherchons en effet à décrire les conditions de la mise en œuvre d'un système distribué sur plusieurs niveaux d'anticipations, en passant par un cadre théorique dynamiciste, qui ne privilégie aucune de ces temporalités, et d'ailleurs n'en suppose aucune déjà constituée. Ce sont alors les liens entre les anticipations systémiques, qui relèvent d'ailleurs d'une pluralité de «systèmes», et les «occurrences» qui en dépendent, et transforment en retour ces anticipations, qui sont placés au cœur de notre préoccupation : étant entendu que lesdites anticipations se répartissent suivant des gradients d'internalisation, de différenciation, de transposabilité, de spécificité, de complexité — en allant du texte au morphème, à travers la phraséologie, le lexique, les constructions.

Il faut donc comprendre le concept d'anticipation plus largement et profondément que par rapport aux divers temps constitués. De même que, par exemple, le mouvement ne doit pas être uniquement compris comme un déplacement *dans* l'espace, mais d'abord comme un mouvement *vers* l'espace, en d'autres termes comme une façon d'investir et de topologiser un espace toujours à reconstituer, de même l'anticipation, au sens que nous privilégions ici, n'est pas anticipation déjà positionnée *dans* le temps, mais anticipation *vers* un temps, *vers* une expérience et des formes à constituer. L'anticipation étant ce qui rend possible la présentation, en même temps que tout possible qui se manifeste au sein de cette présentation, il faut, dans le cas du langage, décliner ces possibles selon leurs divers «états de phase» caractéristiques, laissant ouvert le problème de savoir lesquelles de ces phases seront valorisées par telle énonciation ou interprétation effective.

On ne cherche donc pas à décrire les mouvements de thématisation et d'énonciation dans une temporalité «effective», mais dans leur *composition* faite de *phases* co-existantes, s'anticipant les unes les autres, sans qu'aucune ne puisse en général se développer de façon autonome. Chacune de ces phases, même les plus intérieures, est susceptible d'être affectée par sa mise en œuvre. Sur un plan plus méthodologique, cela implique que chaque problème linguistique se redistribue sur les différentes phases de cette dynamique, et que chaque «unité» se comprenne dans sa participation multiple à ces diverses phases.

Tout, dans ce schéma, est donc anticipé et anticipant. Le présent est lui-même constitué, c'est-à-dire anticipé dans sa facture intime à partir de divers «systèmes», parmi lesquels ceux qui sont plus étroitement liés à l'activité de langage. Ce qui s'y actualise est encore et toujours anticipation — mais anticipation temporalisée et modalisée pour une large part, déictiquement ancrée, et inscrite simultanément dans les grands registres temporels qui encadrent la thématisation. À ce stade, mais à ce stade seulement, certaines de ces anticipations peuvent prendre la valeur d'une prévision, ou d'une planification.

Autrement dit encore, l'anticipation, ici linguistique, est assimilée à une phase de la différenciation sémantique, qui anticipe elle-même sur d'autres phases du déploiement des formes sémantiques, perceptives et/ou pratiques[9]. Pour donner à cette approche sa plus grande cohérence, il convient alors de s'écarter de certains présupposés concernant l'énonciation, en tant qu'elle serait censée mettre en rapport «l'intériorité» et «l'extériorité» du langage.

Que l'on cherche en effet à défendre l'idée d'une sphère spécifiquement linguistique du sens, séparément accessible (linguistiques énonciatives), ou au contraire qu'on veuille asservir entièrement la signification à quelque monde conceptuel ou référentiel indépendamment déterminé (sémantique des types, ou sémantique référentielle), le résultat procède du même postulat de séparation ontologique de la langue et du monde. Pendant que les uns cherchent à reconstituer une sphère linguistique pure intervenant avant la sortie vers l'extériorité, les autres ne voient de sens que dans l'accès à une extériorité indépendamment déterminée. Dans le premier cas, l'énonciation semble procéder d'un premier état purement linguistique. Dans le second, elle s'appuie au contraire à une pré-détermination entièrement a-linguistique de son objet. Le «résultat» de l'énonciation — la thématisation accomplie — est ainsi considéré dans tous les cas comme une «sortie» complète du langage[10].

Il faut opposer à cela que l'énonciation n'est pas une sortie du langage, et qu'elle n'est pas non plus préparée depuis une réserve linguistique autonome. Elle ne se comprend pas comme un acte isolé, mais comme une action, qui consiste en une modification de la composition et du positionnement dans le champ thématique des «phases» langagières en activité. La thématique reste donc l'objet nécessaire de la linguistique, sans s'y réduire, évidemment, ni s'y égaler. La langue n'apparaît pas seulement comme un système ou un répertoire de formes, mais comme une *activité formatrice*, et un *milieu* constitué, jusqu'en ses couches les plus «internes» ou les plus «fonctionnelles», par une nécessaire reprise à travers des mises en place thématiques. Celles-ci ne se réduisent pas à des suppléments conceptuels, encyclopédiques et/ou pragmatiques déliés des langues, mais se présentent comme des formations inextricablement langagières et sémiotiques : formations qui sont anticipées par la langue et le lexique à des niveaux très variables de spécificité et de stabilité, différemment sensibles donc aux innovations sémantiques, et aussi différemment susceptibles de les enregistrer. Cela implique de comprendre les langues, non seulement comme des puissances formatrices de représentations, mais aussi comme des capacités singulières de se laisser déplacer, de se transformer immédiatement de par leur activité même. Cette non clôture radicale du jeu linguistique signifie en même temps son intervention jusque dans la constitution de la référence elle-même[11].

## 3. VERS UNE THÉORIE DES FORMES SÉMANTIQUES

La diversité des modes d'anticipations, caractéristiques de diverses «phases» microgénétiques du sens, joue un rôle capital dans notre théorie des *formes sémantiques*[12]. Nous avons proposé de distinguer trois «phases» ou «régimes de sens», appelés *motifs*, *profils*, et *thèmes*, qui co-existent dans l'organisation sémantique et l'activité interprétative. Les *motifs*, principes de facture morphémique engagés dans la formation des unités lexicales et grammaticales (ainsi qu'à d'autres paliers d'organisation), apparaissent comme des germes de signification chaotiques et/ou instables. Les *profils* renvoient aux dynamiques de stabilisation différentielle des lexèmes, qui s'interdéfinissent sur le fond de champs ou de domaines sémantiques, et corrélativement par détermination réciproque dans une syntagmatique (partiellement enregistrée, qu'il s'agisse de grammaire ou d'idiomaticité). Ces dynamiques de stabilisation dépendent constitutivement d'un parcours de *thématisation* inextricablement langagier, sémiotique et situationnel (indiciel), à travers lequel elles s'effectuent, sans toutefois s'y résorber nécessairement.

Il s'agit donc d'un cadre exclusivement dynamique pour la construction de *formes sémantiques*. La théorie est bien de filiation gestaltiste, mais :

– augmentée d'une phase microgénétique intégrant divers concepts d'instabilité ou de stabilité complexe

– placée sous l'horizon déterminant d'une macrogénétique (textes, genres)

— permettant ainsi une interaction immédiate et *bi-directionnelle* entre les «phases» les plus instables et les plus «intérieures» de la langue ou du lexique, et les développements mieux stabilisés et dissociés du niveau thématique[13]

— renvoyant à l'expérience subjective, aux pratiques sociales et discursives instituées, aux thématiques déjà disponibles

— définissant une dynamique inséparable de l'*activité* des *sujets*, de ses *objectifs*, de son *milieu sémiotique*.

Cette théorisation de l'activité de langage rejoint les problématiques de *systèmes complexes*. La construction des formes sémantiques s'apparente à une microgenèse, comprenant *simultanément* des «phases» plus ou moins stables, et donnant lieu d'une phase à l'autre à différenciation, stabilisation, développement.

La question de la polysémie devient alors celle d'une distribution des anticipations, et des effets de l'usage, sur les différentes «phases» du sens postulées. Elle ne se sépare pas de celles des sens figurés et de la phraséologie (idiomaticité, proverbes), ni plus généralement de celle des tropes, étant entendu que l'innovation sémantique, et la diversification des genres de discours, peuvent venir affecter *tous* les niveaux dégagés par l'analyse. La question des formes sémantiques ne peut donc être dissociée de celle des formes textuelles et de l'interprétation (*cf.* Rastier, 2001).

La place manque ici pour donner un résumé même des aspects les plus simplement lexicologiques de la théorie. Pour faire sentir au moins l'originalité de la notion de *motif* placée au centre de notre théorie, rappelons l'exemple de la préposition du français «sur», qui ouvre sur un principe de définition-délimitation de deux «segments» ou «phases» par le biais de leur «mise en contact». En voici quelques illustrations : *les enfants jouent sur le trottoir, Pierre travaille sur Paris/sur cette question, une menace plane sur la ville, condamner sur de faux témoignages, payer l'impôt sur le revenu, fixer son regard sur quelqu'un, être sur le départ, agir sur un coup de tête/sur le champ*, sans oublier la valeur d'enchaînement dans *sur ce, il disparut à jamais*. Au lieu de traiter les emplois directement spatiaux comme premiers (*le livre est sur la table*), au lieu également de rechercher une caractérisation schématique de facture purement topologique, on s'attache plutôt à expliciter, dans leur variété, les dimensions principales qui entrent en coalescence au sein d'un *motif prépositionnel* qui soit disponible en langue commune, et situé par définition en deçà des profilages particuliers — à vrai dire en nombre indéfini — de la préposition en emploi. Il est évidemment bien difficile d'expliciter un tel motif : en deçà ou au-delà de sa valeur pleinement dynamique, il comporte bien la possibilité d'un acquis statique qui en est comme un effet de bord ou une variante stabilisée (localisation, assise, support) ; mais il est fondamentalement un motif aspectuel et intentionnel de visée et d'approche, en même temps qu'un motif d'exploitation, de valorisation du contact par un certain travail (appui, rebond, perlaboration entre les deux «phases» qui restent cependant extérieures l'une à l'autre) : d'où les valeurs d'objectif, d'imminence, d'atteinte, d'incidence, d'enchaînement. Son expression configurationnelle, lorsqu'elle est pleinement déployée, comporte sans doute un repérage «axial» de la dynamique d'élan, un autre repérage «transversal» pour la zone de contact, et l'extériorité maintenue des deux «phases» ainsi délimitées. Il va de soi que les termes mobilisés par ce travail d'explicitation («support», «visée», «élan»...) sont à prendre avec toute l'ouverture de sens possible, leur polysémie restant ici suspendue, et surtout pas résolue (il ne s'agit absolument pas d'un métalangage!).

Il en irait de même pour l'analyse d'un verbe comme «monter»[14]. Loin de privilégier les sens dits spatiaux du verbe (*monter une valise/au grenier/sur une chaise*), on prêtera tout autant attention à ceux où l'espace n'intervient qu'en arrière-plan (*monter la mayonnaise/une maquette*), voire s'absente entièrement (*monter un projet/un coup/le son*). On discernera ainsi des dimensions principales de profilage plus ou moins valorisées par chaque emploi, telles que : mouvement ascendant, embarquement, accroissement, assemblage, combinaison, artifice. Un motif — principe d'unification complexe, non fixiste, non essentialiste — pourra alors être proposé, consistant en une requalification de la visée de l'élévation selon l'axe de l'activité orientée et organisée du sujet : anticipation d'un terme, état polarisé «haut», devenir agencé, trajectoire séquentialisée et cumulative.

Donnons enfin quelques exemples en sémantique nominale. Récusant là encore les stratégies visant à dégager un sens propre ou premier, de nature dénominative et référentielle, on recherche, bien en amont des logiques de classification de référents, ou de catégorisation d'appartenance, des motifs conçus comme des modes d'accès génériques, ou des complexes relationnels transposables[15]. Ainsi, «clé» (*mot-clé, clé des champs, clé du mystère, clé de voûte*) met-il en coalescence accès exclusif, (dé)blocage, précision de l'impact. «Mur» (*mur de Berlin, de haine, d'indifférence*) anticipe sur une perspective praxéologique et agonistique, solidaire de barrer, s'élever, séparer, défendre, se heurter, construire/détruire. «Table» (*table des matières, des éléments, de la loi*) intègre visibilité, mise à disposition, plan ou support d'activité.

Le type de généricité invoqué au niveau des motifs est donc tel que rien ne s'oppose, à leur niveau, à une reprise au sein d'emplois dits fonctionnels ou abstraits (la montre *marche*, la couleur est bien *sortie* sur ce fond, tu *tombes* bien), voire figurés (*tomber* amoureux, *tomber* dans les pommes). Au contraire, peut-être, ces emplois révèlent ce qu'une unité comporte de plus transposable, donc de plus générique au plan du sens. Mais c'est à la condition de s'affranchir des conceptions uniquement domaniales de la généricité, tributaires de la donnée préalable d'un domaine sémantique (au sens de l'encyclopédie : marine, cuisine, mathématique, musique, etc.). Et c'est à la condition également de se prémunir contre des formulations de cette même généricité qui se voudraient «abstraites», et qui s'avèrent toujours trop schématiques et parcimonieuses, poursuivant l'illusion d'un invariant à trouver — inévitablement mis à mal par la réalité des textes et des discours. Considérons par exemple le lexème «fleur», au-delà de son emblème floral, auquel on pensera peut-être en premier lieu. On trouvera : *fleur de lait, fleur de l'âge, fine fleur, à fleur de peau, à fleur d'eau, faire une fleur, arriver comme une fleur*. Ne faut-il pas, pour comprendre ces transpositions mémorisées en lexique, jouant chacune sur une *transposabilité* toujours ouverte sur de nouvelles requalifications, prêter attention aussi à des verbes comme *affleurer* ou *effleurer*, qui incluent le même morphème «fleur», et, à la faveur de ce rapprochement, saisir, dans un motif de «fleur» disponible en langue commune, la mise en coalescence de modalités singulières de surgissement et de contact (de ce qui est fin, délicat, exposé)?

Un tel dispositif banalise radicalement, et en même temps diversifie, le phénomène de la polysémie. On peut ainsi associer à chacune des «phases» sémantiques postulées un certain type d'anticipations privilégiées : *affinités* pour les motifs, *horizons* pour les profils, jusqu'aux enchaînements et transformations constituant les *types thématiques*, éventuellement mémorisés en lexique.

Ce que nous appelons «mot» n'est donc qu'une formation de compromis, un faisceau d'anticipations s'étageant entre le statut de morphème et le statut de lexème, et allant jusqu'à celui d'identificateur thématique en discours. Si donc l'on veut absolument continuer de penser le lexique en termes d'enregistrements stockés, ce doit être au moins à la condition de ne pas l'isoler des différentes stratifications ou phases énonciativo-discursives. Une *entrée lexicale* n'est alors qu'un regroupement plus ou moins concordant de divers régimes d'anticipations, qui ne peuvent se déduire les uns des autres en fonction de quelque mécanique universelle posée a priori.

Les logiques d'appartenance et de classification, les emplois dénominatifs, les propriétés intrinsèques des référents, se comprennent alors en fonction des strates situées les plus en « aval » dans ce mouvement de reconstruction. Du reste, toutes les anticipations envisagées ici autorisent des déplacements immédiats (quoique d'une nature différente selon les « phases » envisagées) : cela en accord avec une conception non immanentiste de l'activité de langage, aux termes de laquelle la possibilité de l'innovation doit être constituante du système linguistique lui-même.

Sur la voie d'une théorie véritablement textuelle des formes sémantiques, l'analyse des sens dits figurés s'est avérée être un relais décisif dans la mise en évidence de ce que nous appelons *motifs linguistiques* : non seulement parce que, bien souvent, leur entour phraséologique révèle, en les lexicalisant, certaines dimensions du motif linguistique ainsi promu[16], mais aussi en raison de la structure des thématiques, faites alors de strates plus ou moins hétérogènes, dont la perception, elle-même plus ou moins « dissociée » suivant les moments et les locuteurs, peut conditionner l'impression de sens figuré.

Tout cela engage une conception complexe, non fixiste, non essentialiste des anticipations linguistiques. Plus précisément, une conception :

– qui transpose, dans son ordre propre, le type de coalescences déjà postulé par les écoles gestaltistes, ou par celles de la microgenèse, dans le cadre de leurs théories unitaires de la perception, de l'action et de l'expression (avec, par exemple, les synesthèses et kinesthèses, ou la transposabilité intermodale de *qualia* comme la douceur, la clarté, la rugosité, la rigidité);

– qui se rattache à une notion de *phase de différenciation* et de *stabilisation* au sein de dynamiques de constitution;

– qui ne conçoive pas seulement les anticipations en cause comme un réseau interne au système de la langue, mais aussi comme un plan de travail déployé en discours.

De ce fait, il convient de récuser tout enfermement du jeu d'anticipations dans l'immanence d'un « système », pour concevoir les dynamiques de constitution comme fondamentalement liées au contraire à la possibilité du glissement et de l'innovation, donc à un dépassement de l'opposition entre langue et discours.

Cela implique également d'accepter que « l'abstraction » linguistique, si on la rapporte aux champs de l'expérience plus directement sensible qu'elle peut signifier, puisse apparaître aussi bien comme une *condensation* de qualités que comme une *schématisation*. Une *schématisation* est, par définition, ouverte sur la construction de modèles, aussi génériques que pourrait l'être la spatialité qui les soutient. Une *condensation* de qualités ne tire pas sa généricité potentielle d'une semblable généralisation de l'espace, mais plutôt d'une idéalisation sémiotiquement régulée du corps propre. Elle ne peut donc avoir de modèle au même sens : seulement, dirons-nous, des *motifs*. On comprendra alors que de notre point de vue, les tentatives de fonder l'étude des organisations fondamentales de la grammaire ou du lexique — même d'une seule langue — sur des répertoires finis et homogènes de traits, de schèmes, ou de diagrammes, semblent à peu près vaines.

### Références bibliographiques

Brandt, P.A. (1986). *La charpente modale du sens*. Thèse de Doctorat d'État, Université de Paris 3.

Cadiot, P. (1997). *Les prépositions abstraites en français*. Paris, Armand Colin.

Cadiot, P. (1999a). «Principe de conformité et génération analogique en sémantique nominale». *Verbum, 31* : 383-407.

Cadiot, P. (1999b). «Espaces et prépositions», *Revue de Sémantique et pragmatique, 6* : 43-70.

Cadiot, P. (2002a). «Schemas and Motifs in the Semantics of Prepositions». *Prepositions in their syntactic, Semantic and Pragmatic Context*, S. Feigenbaum and D. Kurzon (Eds), Amsterdam, John Benjamins, pp. 41-57.

Cadiot, P. (2002b). «La métaphore, ou l'entrelacs des motifs et des thèmes», in revue *SEMEN*, ed. M. Bonhomme, Actes du *Workshop* de Besançon, pp. 41-59.

Cadiot, P. (2003). «Du lexème au proverbe : pour une sémantique anti-représentationnaliste», in *Variation, construction et instrumentation du sens*, M. Siksou (ed.), Hermes Sciences, Lavoisier, Paris, pp. 25-46.

Cadiot, P., Lebas F. (Eds) (2003). «La constitution extrinsèque du référent». *Langage*, 150.

Cadiot, P., Lebas, F., Visetti, Y.M. (2004). «Verbes de mouvement, espace et dynamiques de constitution». À paraître dans *Histoire, Epistémologie, Langage*, XXVI, 1.

Cadiot, P., Visetti, Y.M. (2001a). *Pour une théorie des formes sémantiques — motifs, profils, thèmes*. Paris, Presses Universitaires de France.

Cadiot, P., Visetti, Y.M. (2001b). «Motifs, profils, thèmes : une approche globale de la polysémie». *Cahiers de Lexicologie*, 2001-2, 5-46.

Cadiot, P., Visetti, Y.M. (2002). «Motifs linguistiques et construction des formes sémantiques. Schématicité, généricité, figuralité». In *Representations du Sens linguistique*, LINCOM Europa, LINCOM Studies in Theoretical Linguistics (D. Lagorgette, P. Larrivee (Eds)).

Cadiot, P., Visetti, Y.M. (2004). *Motifs et proverbes*. À paraître.

Gurwitsch, A. (1957). *Théorie du champ de la conscience*, Paris, Desclée de Brouwer.

Gurwitsch, Aaron (1966). *Studies in Phenomenology and Psychology*. Northwestern University Press.

Husserl, E. (1950-1913). *Idées directrices pour une Phénoménologie*, Paris, Gallimard (Édition originale : *Ideen zu einer reinen Phänomenologie und pänomenologischen Philosophie*, 1913. Husserliana, III-IV).

Husserl, E. (1982-1952). *Idées directrices pour une Phénoménologie II : Recherches phéno. pour la Constitution*, Paris, Presses Universitaires de France (texte publié en 1952 chez Martinus Nijhoff : *Phänomenologische Untersuchungen zur Konstitution*).

Husserl, E. (1970-1954). *Expérience et jugement*, Paris, Presses Universitaires de France (texte original : *Erfahrung und Urteil — Untersuchungen zur Genealogie der Logik*, 1954, Hamburg, Claassen & Goverts).

Lassègue, J. & Visetti, Y.M. (2002). «Que reste-t-il de la représentation?». *Intellectica*, *35*, pp. 7-25.

Lebas, F., Cadiot, P. (2003). «*Monter* et la constitution extrinsèque du référent». *Langages*, *150* : 9-30.

Merleau-Ponty, M. (1945). *La phénoménologie de la perception*, Paris, Gallimard.

Merleau-Ponty, M. (1969). *La prose du monde*, Paris, Gallimard.

Merleau-Ponty, M. (1988). *Résumés de cours à la Sorbonne, 1949-1952*, Paris, Cynara.

Petitot, J. (1985). *Morphogenèse du sens*, Paris, Presses Universitaires de France.

Petitot, J. (1991). «Syntaxe topologique et grammaire cognitive», *Langages*, 97-127.

Piotrowski, D. (1997). *Dynamiques et structures en langue*, Paris, Éditions du CNRS.

Rastier, F. (1987). *Sémantique interprétative*, Paris, Presses Universitaires de France.

Rastier, F. (2001). *Arts et sciences du texte*, Paris, Presses Universitaires de France.

Rosenthal, V. (2001). *Approche microgénétique du langage et de la perception*. Document de synthèse présenté pour une Habilitation à diriger des recherches, Université de Paris 5. Disponible sur le site http ://www.revue-texto.net/

Rosenthal, V. (2004). «Microgenesis, immediate experience and visual processes in reading». In A. Carsetti (ed.), *Seeing, Thinking and Knowing*, p. 221-243, Kluwer Academic Publishers, Dordrecht.

Rosenthal, V., Visetti, Y.M. (1999). «Sens et temps de la Gestalt». *Intellectica*, *28* : 147-227.

Rosenthal, V., Visetti, Y.M. (2003). *Köhler*, Paris, Les Belles Lettres.

Salanskis, J.-M. (1998). *Husserl*, Paris, Les Belles Lettres.

Thom, R. (1974). *Modèles mathématiques de la morphogenèse*, Paris : Union générale d'édition (10/18).

Victorri, B., Fuchs, C. (1996), *La polysémie — Construction dynamique du sens*, Paris, Hermès.

Visetti, Y.-M. (2002). *Formes et théories dynamiques du sens*. Mémoire présenté pour une Habilitation à diriger des recherches, Université de Paris 10-Nanterre. Disponible en avril 2004 sur www.revue-texto.net; version pdf à http ://lattice.linguist.jussieu.fr/rubrique.php3?id_rubrique=11.

Visetti, Y.-M. (2004a). «Language, Space and the theory of Semantic Forms». In *Seeing, Thinking and Knowing*, A. Carsetti (ed.), p. 245-275, Kluwer Academic Publishers, Dordrecht.

Visetti, Y.M. (2004b). «Le Continu en sémantique — Une question de formes». À paraître dans la *Revue de praxématique*.

Visetti, Y.M. (2004c). «Constructivismes, émergences — Une analyse sémantique et thématique». À paraître dans *Intellectica*.

Visetti, Y.-M., Cadiot, P. (2000). «Instabilité et théorie des formes en sémantique — Pour une notion de motif linguistique». *TLE (Théorie, Littérature, Enseignement)*, *18* : 137-169, Vincennes/Paris, Presses Universitaires de Vincennes.

Visetti, Y.-M., Cadiot, P. (2002). «Instability and Theory of Semantic Forms». *Prepositions in their syntactic, Semantic and Pragmatic Context*, S. Feigenbaum and D. Kurzon (Eds), pp. 9-39, Amsterdam, John Benjamins.

Wildgen, W. (1982). *Catastrophe Theoretic Semantics. An Elaboration and Application of René Thom's Theory*, Amsterdam, Benjamins.

## Notes

[1] Voir notre travail de reconstruction de l'école gestaltiste de Berlin, avec V. Rosenthal (1999, 2003); également sa reconstruction des problématiques liées de la *microgenèse* (voir sa contribution ici même; et Rosenthal, 2004).

[2] *Cf.* Cadiot (1999a, 1999b, 2002a,b), Cadiot & Visetti (2001a,b; 2002), Visetti (2004a,b), Visetti & Cadiot (2000, 2002). Voir aussi Cadiot, Lebas & Visetti (2004).

[3] Suivant A. Gurwitsch (1957, et dans le recueil de 1966, pp. 175-286, un texte de 1929 : «Phenomenology of Thematics and of the Pure Ego : Studies of the Relation between Gestalt Theory and Phenomenology»).

[4] Ainsi, un simple énoncé comme *ce chien est un vrai chat* peut être analysé à trois niveaux (au moins) en interaction (Cadiot & Visetti, 2004, à paraître) : (i) celui des *motifs* morphémiques (en l'occurrence celui de «chat») qui s'élaborent en situation, sans qu'aucune incongruité ne soit en cause, puisque aucune catégorialité pré-fixée n'intervient à ce niveau; (ii) celui des figures ou acteurs, liés au folklore, ou à la doxa, où *chien* et *chat* sont des sortes d'antagonistes inséparables, emblématisés par les espèces éponymes et leurs traits figuratifs; (iii) celui d'un certain monde pratique, technique ou savant, fortement codifié, où les chiens par exemple ne sont que des chiens, et où chaque espèce se compare aux autres à partir d'un catalogue taxinomique de type genre/espèce, toujours fonction du langage, mais dans une strate évidemment plus contrainte (dénominations, catégorisations, références, élaborées au sein de transactions spécialisées).

[5] Il ne peut être question de parcourir ici à nouveau l'ensemble des travaux auxquels nous avons emprunté dans nos études précédentes. On pourra se reporter aux travaux cités en notes 1 et 2. Pour une présentation de modèles sémantiques fondés sur la Théorie des Catastrophes, on pourra se reporter à R. Thom lui-même; à P.A. Brandt, J. Petitot & W. Wildgen; enfin, plus récemment, et avec des orientations linguistiques différentes, à D. Piotrowski ou à B. Victorri & C. Fuchs.

[6] Pour plus de détails, voir Cadiot & Visetti (2001a, note pp. 65-66, ainsi que la conclusion pp. 219-225). Egalement Visetti (2002, pp. 72-89, 130-137).

[7] «La fiction constitue l'élément vital de la phénoménologie comme de toutes les sciences eidétiques; la fiction est la source où s'alimente la connaissance des vérités éternelles» (*Ideen I*, p. 226).

[8] Pour une reconstruction de la question de la représentation, à partir de l'histoire des sciences cognitives, *cf.* Lassègue & Visetti (2002). Sur l'intrication des problématiques constructivistes et émergentistes, *cf.* Visetti (2004c).

[9] Il va de soi qu'une problématique authentique de la sémiosis linguistique doit aussi prendre en charge les plans de l'expression — phonétiques, graphiques, gestuels. Une extension du montage proposé ici pour la sémantique, en une théorie véritablement *sémiotique* des formes linguistiques, reste donc à tenter.

[10] L'idée que l'on puisse déterminer une sphère purement linguistique du sens (ou, à l'inverse, un référentiel a-linguistique déterminant le sens linguistique) s'origine sans doute dans le fait de croire que les mots sont déjà donnés avec les ingrédients exacts de leur *signification*, avant même que l'on commence à parler. De ce fait, on dissocie langue et thématisation, sens et situation, au lieu de les comprendre à partir d'une *co-générativité*, où chaque terme participe à la génération de l'autre, et subsiste en lui comme en filigrane.

[11] Se pose ainsi le problème du *voir comme*, consistant en ce que nous *voyons* les choses comme nous les *nommons* — si bien que la diversité des désignations conditionne des différences dans la perception, et ne se réduit pas à un étiquetage différent d'entités laissées intactes par ailleurs. Pour des avancées dans cette direction, *cf. The 2nd Annual Language and Space Workshop*, University of Notre Dame, June 23-24, 2001 (L. Carlson, E. van der Zee (Eds)). Avec notamment les articles de Smith; Richards & Coventry;

Tversky & coll. Sur la constitution sémiotique du référent, et son anticipation linguistique, voir Cadiot & Lebas (Eds) (2003).

[12] Rappelons quelques critères de conformité aux approches microgénétiques (*cf.* V. Rosenthal, 2004, et dans ce volume) : orientation phénoménologique, concept de champ, ordre par stabilisation, caractère intrinsèquement valué et transposable des formes, gradient de différenciation, discontinuités dans la différenciation (co-existence de phases hétérogènes), diversité qualitative des anticipations (perceptives/pratiques, domaniales, ou de genre textuel ; mais aussi généricités non domaniales : grammaires et motifs linguistiques).

[13] Soulignons que les phase dites «intérieures» (ou «en amont») ne seraient pas nécessairement actives les premières, s'il fallait convertir en processus cette composition en «états de phase».

[14] Pour une analyse détaillée, *cf.* Lebas & Cadiot (2003). Reprise partielle dans Cadiot, Lebas & Visetti (2004).

[15] Pour une présentation détaillée de ces distinctions, voir Cadiot (1999a). Repris dans Cadiot & Visetti (2001a, ch. 3 et 4).

[16] Par ex. pour *tombe*, on recueillera : *muet comme une tombe, creuser une (sa propre) tombe, avoir un pied dans la tombe, être au bord de la tombe, ça sera ta tombe.*

# Chapitre 3
# De l'hétérogénéité et de l'adventicité du sens. Anticipation téléologique en sémantique génétique

Jean-Pierre Durafour

Mettre épistémologiquement en perspective mon propos, c'est, en effet, le sens qu'il convient de donner à la référence à Kant et à la notion de téléologie qui apparaît dans la «Critique de la Faculté de juger». Je traiterai plus tard d'anticipation téléologique dans la psycho et la chronogénèse du sens en raison du rôle non seulement opératoire, mais aussi constitutif et stabilisateur de la cause holiste et finale (finalité interne, harmonisante, *zweckhaft*) que j'attache à l'anticipation dans et pour la génèse des divers «objet sémantiques inexistants encore à créer» que la conscience vise dans l'acte de la constitution du sens durant l'expérience de la perception des signes d'un texte (voir la notion d' «inexistence intentionnelle» chez Franz Brentano). De ces «objets sémantiques inexistants encore matériellement et sémantiquement à créer», nous retiendrons plus particulièrement les sens propositionnels p et les actes de perception-réénonciation qui les promeuvent chronologiquement à l'existence durant l'événement global de la perception des signes d'un texte. À chacun de ces actes effectifs de la perception propositionnelle aux divers temps t de l'expérience s'attache donc respectivement, selon la dynamique de la conscience, un moment t-1 d'anticipation et de simulation de la trajectoire sémantique propositionnelle qui guide globalement et localement la production du sens et son expression matérielle. Amené à chaque temps t-1 par la cohérence du discours antécédent (et d'une certaine manière, subséquent), ce sens p global anticipé, dont nous aurons à définir la nature, constitue par rapport à l'acte effectif de perception ce que l'on pourrait appeler une avance de phase. À la suite des travaux de M. Jeannerod (1998) sur le mouvement du bras, d'A. Berthoz (2003), sur la locomotion, il peut être ainsi affirmé qu'il existe une similarité génétique et de contrôle entre non pas les lois, mais les règles (non déterministes) de ces derniers mouvements et celles du mouvement de l'acte d'énonciation-réénonciation.

Dans un article de 2002 intitulé *Critique et Dialectique. La critique de la faculté de juger dans les traces d'Aristote* paru dans le numéro 75 de la revue «Philosophie», Pierre Huneman écrivait : «Qu'en est-il alors du jugement simplement réfléchissant selon Kant? Le jugement téléologique advient là où le jugement déterminant fait défaut, autrement dit là où la réalité naturelle excède les lois de l'entendement. Tel est le cas des êtres organisés, particulièrement en ceci qu'ils s'auto-produisent : cette spontanéité productrice par laquelle chaque partie sécrète le tout en produisant d'elle-même les autres *selon l'image anticipée du tout*, excède la compréhension propre à l'entendement, à notre entendement discursif, pour lequel le tout doit procéder des parties (§ 77 de la CFJ). Là où il y a vie, notre faculté de connaître est impuissante, puisqu'elle doit pour comprendre une totalité donnée dans l'intuition, la reconstruire. L'envers de cette impuissance, c'est le jugement téléologique qui pose en principe de connaissance (*Erkenntnisgrund*) qu'en lui, chaque partie est à la fois cause et effet du tout (§ 65 de CFJ). Dans la mesure où un tel jugement déroge à l'usage déterminant du jugement, il ne saurait produire ce qu'on nomme une science (ou plus tôt, le produire seul)».

Kant prend acte dans sa troisième Critique de l'altérité ontologique qui existe entre le monde non vivant, pour lui, celui de la physique newtonienne, et le monde vivant naturel ou culturel (monde du goût, de la littérature). Notamment dans le monde du vivant culturel, le concept logique n'est opérant ni en tant qu'unité fondatrice de la connaissance objective, ni comme garant, en raison de son universalité, de la compréhension mutuelle. Cherchant à remplacer la conceptualité logique comme moyen de la compréhension des œuvres littéraires, Kant parle alors d'une «généralité subjective a priori», qui évoque la notion d'altérité de la conscience et du langage dont je parlerai plus bas. Kant vise à fonder cette généralité subjective a priori, sans être, selon moi, convaincant. Dans les paragraphes cités de la CFJ, Kant laisse entendre, certes négativement, que les deux régions ontologiques des mondes du non vivant et du vivant relèvent de deux mondes épistémologiques différents, de deux *épistémè* : à l'étude scientifique du monde de la matière inerte convient le mode de connaître que symbolise le jugement déterminant, et ses propriétés logiques, universelles et nécessaires, génétiquement élémentaristes et reconstructivistes. C'est parce que la faculté de connaître de l'homme est une faculté limitée (*intuitus derivativus*) qu'elle est condamnée à la pensée discursive, laquelle doit aller, pour comprendre un tout donné dans l'intuition, des parties au tout, à la différence de la connaissance illimitée de Dieu (*intuitus originarus*), qui, ayant créé la chose, la connaît, totalité et parties, immédiatement. Il est clair que pour Kant, ainsi que ce philosophe l'établit dans la première Critique, le jugement déterminant, produit de l'entendement (créateur) et de l'intuition empirique (réceptrice), symbolise la faculté humaine de connaître par excellence, celle qui conduit à l'établissement par le discours (logos apophantique) du savoir objectif et omnitemporel des objets (concepts), *puis* de leurs relations déterministes (lois), ainsi que l'admet communément le rationalisme occidental depuis Socrate, Platon et Aristote. Quant au mode de connaissance qui serait en mesure de permettre à l'homme de connaître les êtres organisés vivants, dont la «spontanéité productrice excède la compréhension de notre entendement discursif», Kant dit que le jugement réfléchissant et, notamment ici, le jugement téléologique le caractérisent. Les instruments et les procédures conceptuels du jugement déterminant, c'est-à-dire de la conception classique objectiviste et déterministe de la science, y sont inopérants. L'opération spontanée, mécanique, de subsomption ne règle plus la relation génétique de l'identification et de la constitution du particulier (individuation) à partir du général conceptuel (relation d'instanciation spontanée type-token de la phrase et du mot de langue-système en sémantique linguistique). Par ailleurs, le tout ne procède plus de ses parties, selon le principe ontologique aristotélicien de l'antériorité du simple sur le composé, qui, formellement, dans toutes les sciences positives, est depuis toujours au fondement de l'atomisme de la pensée scientifique occidentale, de son élémentarisme et de son reconstructivisme (associationnisme). Ici, dans le monde du vivant naturel, «chaque partie sécrète le tout en produisant d'elle-même les autres parties selon l'image anticipée du tout», ici, dans ce monde de la spontanéité productrice non de l'entendement, mais des forces de la vie, de la créativité des êtres vivants en relation constante et réciproque avec leur environnement, «la partie est à la fois cause et effet du tout», en une circularité encore mystérieuse.

D'inspiration logiciste et orientée dès l'heure de sa naissance par ce que John Searle appelait récemment «son obsession épistémique», la sémantique discursive, propositionnelle et lexicale est confrontée nécessairement à une aporie de taille qui motive aujourd'hui un nombre considérable de recherches : il s'agit de l'aporie de l'invariance ET de la variabilité par principe infinie du sens des signes d'une langue dès lors que ces signes deviennent des mots du discours : un même signe/mot désigne/signifie la même chose via son concept, mais pourtant ni sa définition ni les relations syntaxiques que ce signe/mot contracte dans le discours (cotexte) ne permettent de rendre compte de son sens variable actuel, dit et compris. Dans l'aporie de l'invariance et de la variabilité du sens lexical se révèle l'embarras théorique dans lequel la sémantique se trouve encore aujourd'hui face à deux problèmes cruciaux connexes, selon moi, qui ont déjà retenti plus haut, dans le texte de Kant : a) Quels sont les mécanismes authentiques de l'individuation du sens lexical ? De quel universel procède l'individuel ? b) Quelle est la relation génétique authentique qui existe notamment entre les parties et le tout sémantique de la proposition, entre le tout propositionnel et ses parties ?

Il est évident que si nous voulons répondre adéquatement à ces questions, il est nécessaire, comme le pensent avec moi certains philosophes modernes et contemporains, certains biologistes (voir les travaux de F. Varela), certains neurophysiologistes (voir les travaux de G.M. Edelman), certains psychologues de la perception (voir les travaux de V. Rosenthal), certains phonéticiens (voir la thèse de R. Sock), certains sémanticiens (voir les travaux de G. Kleiber, d'Y.M. Visetti et de P. Cadiot) qu'il faut abandonner les canons ontologiques, épistémologiques et théoriques réducteurs de la science objectiviste, seulement quantitative et déterministe, pour adopter un nouveau régime de scientificité. Cette rupture épistémologique consiste en premier lieu à abandonner, afin de saisir les principes et les mécanismes authentiques de la formation des sens biologique et langagier, les coupures du Sujet et de l'objet, du Corps et de l'esprit, qui, toutes deux, amènent la fermeture respective et le face à face des mondes statiques de la conscience-substance et des objets-substances. Si nous ne voulons pas anéantir l'objet que nous nous proposons d'expliquer scientifiquement ou, mieux, si nous voulons créer enfin les conditions de possibilité d'une problématique authentique de la *constitution de l'individuel* (science génétique et historique du particulier), nous avons tout au contraire à affirmer l'indéfectibilité épistémologique et théorique de la relation dynamique Sujet-Monde/Organisme-Milieu et mettre en avant le caractère fondateur, dans leur interaction constitutionnelle constante, aussi bien du sujet/organisme que du monde/milieu (notion varélienne d'autopoïesis et de couplage structurel). À l'univers épistémologique de la coupure et de la fermeture doit faire place l'univers épistémologique de la soudure et de l'ouverture :

Ouverture de la conscience incorporée, non plus substance, mais *procès*, avec ses propriétés cardinales et rectrices de l'*intentionnalité* (toute conscience est conscience de quelque chose), de la *transcendance* (la conscience est toujours et déjà en avant de soi, auprès des «objets» réels ou qu'elle se «représente»), de *l'altérité* (sociale ou intersubjective), de la *créativité* (toute conscience percevante, jamais proprement réceptrice, va toujours sémantiquement au-delà de la matière perçue : toute matière est prégnante de sa forme) et de la *temporalité* (et ses extases).

Ouverture ensuite de l'être un des choses, totalité intotalisable, ontologiquement illimité, donc non conceptuel (voir la différence ontologique de M. Heidegger). Pour nous, dans une interprétation non logiciste, mais conformément à la thèse aristotélicienne selon laquelle le langage est le moment subjectif de l'être des choses, c'est le signifié historique de langue qui fixe, désigne et constitue cet être via le signifiant. Le signifié de langue est l'unité ontologiquement identique invariante toujours dénommable par le signifiant des signes d'une langue (c'est un X) que, originairement dans la perception de chose, la conscience vise et crée au cœur même de la matière. Autrement dit, nous pensons que la formule husserlienne selon laquelle «toute conscience est conscience de quelque chose» doit être modifiée de la façon suivante : «toute conscience est conscience de quelque chose de socialement (objectivement) dénommable par les signifiants/signifiés d'une langue historique donnée». Sans l'existence préalable de cette unité visée par la conscience, aucune chose ne pourrait apparaître dans son identité ontologique, catégorielle, avec le sens actuel un (être X) et divers à la fois (être cet X-ci) de ses apparitions à tel moment (théorie des esquisses de E. Husserl). Ce signifié ainsi créé et socialement, objectivement, fixé par les signes de langue, n'est pas le produit de l'entendement, il est le produit des formes pures créatrices de la sensibilité que sont l'intuition et l'imagination productrice, dans l'acception que Kant donne à ces termes dans son «Esthétique transcendantale» à propos du temps et de l'espace. Que l'on pense ici à l'intuition éidétique créatrice de Husserl (probable étymon philosophique de la connaissance préalable de l'être (*vorgängiges Verstehen des Seins*) chez Heidegger), par laquelle la conscience percevante, en son orientation non empirique, est capable de saisir l'universel à même le particulier, en un acte transcendant de création que la tradition rationaliste réserve à la seule raison, au seul entendement. Ce signifié de langue invariant est ainsi, contrairement au concept, une forme ontologique synthétique apriori, objective, au sens de socialement partagée, grâce au signifiant qui le fixe et le socialise. En tant que forme synthétique apriori, le signifié possède toutes les propriétés que Kant reconnaît aux formes idéales aprioriques : ces formes sont des entités-totalités ontologiques idéales stables universelles, non-étants, non positives, illimitées et antérieures à leurs parties qui, dans le tout de chaque expérience, en sont la fragmentation, la délimitation, la détermination actuelle variable, mais sans jamais les épuiser. Ontologiquement un, mais ouvert, le signifié de langue est ontiquement, selon l'existence, indéterminé pour être sémantiquement déterminable (valeurs sémantiques actuelles du mot) dans et par les touts discursifs dans lesquels le sujet parlant situé (Dasein) l'engage, et dont ces touts discursifs réalisent localement le dévoilement, à l'horizon des échelles du temps, de l'individu et de l'histoire. Les langues historiques sont ainsi, pour moi et selon une longue tradition, volontairement niée (tension entre l'universalité des produits catégoriels de la philosophie et l'historicité des catégories des langues) par les philosophies rationalistes, des instances donatrices originaires d'ontologies singulières. Insister sur le couplage fondateur conscience incorporée-monde (*Welt*), organisme-milieu (*Umwelt*), c'est du même coup, comme le voulait M. Merleau-Ponty, reconnaître à la perception humaine authentiquement comprise dans son organisation et ses mécanismes créateurs, transcendantaux, dont les signifiants/signifiés de langue sont les premiers produits symboliques, un primat philosophique absolu. Pour ces raisons, il convient de faire de la perception du monde et des catégories de langue que la conscience supérieure y crée la base d'une nouvelle théorie de la connaissance, non objectiviste, non intructionniste, non cognitiviste (nouveau statut cognitif du langage, langues et discours). Et d'en tirer toutes les conséquences philosophiques, épistémologiques, théoriques et méthodologiques, ce que nous ne pouvons faire que très partiellement ici : retenons cependant que le cerveau n'est pas un ordinateur, il n'est pas un système hétéronome, interprétant les informations toute faites qui lui viennent de son environnement (par ex., les langues comme des codes au sens instructionniste de ce mot), mais un système autonome, toujours créateur du sens de ses expériences et, par là, créateur de soi. Après chaque expérience, il est un soi, qui reste le même et devient autre à la fois.

Le retournement épistémologique que je propose implique donc que nous abandonnions l'univers ontologique, épistémologique et théorique, de ce que l'on a parfois appelé la doctrine de l'objectivisme. L'indéfectibilité épistémologique et théorique sémantiquement fondatrice de la relation entre le sujet et ses mondes naturel et culturel indique, en effet, que les sujets participent toujours diversement, de façon unique, certes, dans le cas de la perception du langage, mais selon les mêmes principes, à la constitution des sens locaux et globaux de leur expérience perceptive, symboliques ou non. Le sens est donc un phénomène que J. Searle appelle ontologiquement subjectif, une *quale* (sens *qualitatif* que nous vivons) toutefois singulière, déprivatisable dans les conditions et les limites que la sémantique génétique établit. Rappelons aussi que l'altérité de la conscience confère à autrui un rôle tout aussi constitutif dans la production de ce sens, selon un jeu de miroir *ego-alter*, que les expériences récentes en neurophysiologie ont confirmé. Notamment dans les sciences du langage, nous avons donc à opter pour une définition de l'objectivité scientifique qui repose sur une ontologie que John Searle dit à la première personne et que je préfère appeler une ontologie à la première et à la seconde personne, en raison de la présence particulièrement prégnante de l'autre dans le langage, sous les formes de l'altérité sociale de la langue et de l'altérité intersubjective du discours. Ce sont notamment l'interaction fondatrice du sujet et de son monde ainsi que la créativité de la conscience incorporée qui fondent en sémantique génétique la notion scientifique de complexité, dont les schémas que je commenterai dans un instant montreront concrètement la teneur. Disons de suite que cette complexité réside principalement, d'une part, dans l'interaction constante et circulaire des trois niveaux hiérarchiques d'organisation de la Gestalt temporelle globale idéale du discours dit/compris D. Comme en toute perception, cette Gestalt temporelle figurale est énactée de façon présomptive à partir du fond mémorisé des connaissances verbales et encyclopédiques du sujet dès les premiers moments du développement de l'expérience perceptive. Cette complexité réside, d'autre part, dans la synergie de deux formes de causalité : 1) *globalement* au niveau macro-sémantique du discours D et localement, au niveau de chaque acte de perception/réénonciation des propositions p, une causalité holiste et finale unidirectionnelle par l'opération de laquelle, selon le principe de la précédence génétique de la partie sur le tout, la conscience percevante, dès avant l'acte effectif de perception anticipe téléologiquement l'objet-encore-à-créer (forme synthétique a priori universelle-particulière de nature intersubjective) qui ne reçoit ses contours sémantiques global et locaux précis actuels, ontiques, que dans les actes effectifs de la perception des phrases P du texte T; 2) *localement*, au niveau micro-sémantique, dans p, une cause déterministe par laquelle la perception du signifiant amène, en raison de la relation conventionnelle (causale) qui les unit, le signifié. Invariant et forme synthétique apriori universelle-historique, le signifié de langue est ainsi, dans sa fonction ontologique diacritique et déictique, le point d'origine et de départ du sens lexical actuel que détermine et stabilise la cause globale holiste et finale dont nous avons parlé plus haut au niveau p. Au vrai, cette opération de détermination/fragmentation du tout du signifié de langue est l'œuvre du système relationnel de la Gestalt temporelle D en train de se former. Nous appelons ce système, dont le réseau relationnel est aussi bien horizontal en Δ, l'ensemble linéaire fondé par D des propositions p exprimées par les phrases du texte, que vertical, gestaltique, en D, le *contexte mental génétique temporel* de la formation du sens lexical. Porteur du sens qui ainsi lui advient, le signe devient un mot du discours individuel D, lequel est ainsi en principe le produit d'une autre conscience ou, du moins, un produit créé à partir du soi du sujet percevant sous la conduite naturellement inconsciente d'une autre conscience (objets culturels). Nous disons ailleurs que le signifié en tant que précurseur invariant du sens lexical est un *sémantocyte* qui vient à la *sémantescence* en D/Δ/p au temps t sous la commande du réseau relationnel du contexte mental génétique (nouvelle conception de la polysémie). On ne comprend ainsi au temps t le sens d'un mot qu'en raison de son être sémantique de partie m de partie p de la Gestalt D. On ne comprend donc m, le sens lexical énacté du mot M au temps t, que dans D/p énacté, dont l'unité sémantique commande la différenciation, la plasticité sémantique de ses parties extrêmes, les mots et les groupes de mots. Individuation discursive, individuation propositionnelle et individuation lexicale procèdent ainsi d'un seul et même mouvement génétique «descendant», à la fois de fermeture globale (mouvement figural global centripète) et de plasticité lexicale locale en p (moment figural local centrifuge). De la structure et du dynamisme de ce mouvement résulte en particulier que le sens lexical actuel hétérogène advient au mot dans et par le discours. On voit donc que la notion atomiste et instructionniste de code est dépourvue de fondement scientifique, tout comme est scientifiquement inacceptable, et de façon irrémédiable pour une théorie sémantique non plus objectiviste, mais objective, c'est-à-dire adéquate à l'être de son objet, la notion structuraliste et générativiste de compétence linguistique unitaire et homogène. Si les langues sont des codes, ce prédicat ne s'applique qu'au système invariant, historique et objectif (socialement partagé) de leurs signifiés, dont la théorie phénoménologique et génétique que nous proposons révèle la génèse, la nature et la fonction nécessaire, mais jamais suffisante pour l'apparition et la formation du sens variable durant la perception des signes d'un texte. Parler et comprendre reposent toujours sur un savoir pluriel, *idiomatique* et *encyclopédique*, et sur l'intervention de la force modelante de la conscience incorporée qui porte ces deux savoirs, à même les signes/mots, à une fusion sémantique créatrice (*enérgeia*). Comme tant d'autres, philosophiques et théoriques, la notion de compétence de communication reçoit de la sémantique génétique en tant que théorie phénoménologique dynamique de la psychogénèse du sens discursif ses contours authentiques; il en est de même, conformément à la différence que nous faisons entre référence (ontologique) de signe et référence (ontique) de mot, entre leurs opérateurs respectifs et les rapports génétiques qui existent entre eux, de la notion de représentation. En outre, au sélectionnisme qui amène la différenciation du sens lexical des mots correspond, selon moi, le sélectionnisme neural que défendent les deux neurophysiologistes

GM. Edelman et G. Tonioni dans leur théorie du noyau dynamique (voir notamment leur livre de 2000 «Comment la matière devient conscience»).

Dans un retournement génétique radical, le développement du processus perceptif va donc hiérarchiquement du continu au discontinu, des formes sémantiques a priori intersubjectives inexistantes, non encore à vrai dire configurée (*gestaltet*) p et D, ontologiquement unes, à leur constitution actuelle, ontique, existante, globalement et localement précise, selon l'expression et le sens. Ce processus développemental de réalisation a lieu notamment par la médiation dans p d'une autre forme synthétique a priori ontologique universelle-historique, le signifié porté par son signifiant perçu et par la médiation des relations syntaxiques valencielles qui sont propres à chacun des signes. À m'en tenir aux travaux de V. Rosenthal et de J.-P Orliaguet sur la perception et la production des signes graphiques, on tient là, avec la spécificité sémiotique du langage, qui distingue, sans évocation théologique, l'homme des autres animaux, les structures et le dynamisme développemental universels de toute acte de perception-action, qu'il s'agisse de la constitution, pour le langage, des plans de son expression ou de son contenu, ou de la constitution des choses perçues du monde.

Kant avait donc raison, pas plus qu'il ne peut y avoir de «Newton du brin d'herbe», il ne peut y avoir de Newton de l'être non déterministe du sens discursif. Le monde que nous habitons n'est pas un monde d'objets, puis de relations symbolisés ou non par le langage, aux sens ou la physique classique définit ses termes. Le monde dans lequel nous vivons, le monde phénoménologique, est un monde d'objets et de relations dont le sens actuel, ontique, constamment variable est à créer dans le temps, plus exactement, notamment un monde sémiotique dans lequel, selon une classe de catégories ontologiques ou la notion de substance perd son primat, c'est le système des relations complexes actuelles du contexte mental génétique temporel qui commande non nécessairement le processus de l'individuation infiniment variable du sens lexical (processus de substantivisation du signifié de langue, perte du primat catégoriel de la substance dans sa définition logique). Par ailleurs, de la sémantique génétique, le processus de la compréhension mutuelle inter- et intraculturelle reçoit de nouvelles conditions de possibilité (ses limites, sa réussite) et sa nouvelle modalité : non plus la nécessité, mais la *probabilité*.

Ce principe de la précédence génétique du tout sur ses parties est particulièrement bien illustré en sémantique discursive par le rôle constitutif et stabilisateur (*zweckhaft*, harmonisant) de l'anticipation téléologique dans le processus commun de l'individuation discursive (Gestalt D), de l'individuation propositionnelle et de l'individuation du sens lexical.

Il s'agit, tout d'abord, de la notion phénoménologique de «*Fundierung*», que M. Merleau-Ponty présente en ces termes à la page 451 de «sa» Phénoménologie de la perception (1945, Gallimard):

L'opération de «*Fundierung*» est un rapport à double sens : «Le terme fondant est premier en ce sens que le fondé se donne comme une détermination ou une explicitation du fondant, ce qui lui interdit de le résorber jamais, et cependant le fondant n'est pas premier au sens empiriste et le fondé n'en est pas seulement dérivé, puisque c'est à travers le fondé que le fondant se manifeste».

Il s'agit, ensuite, de la notion kantienne de forme synthétique a priori. Cette notion apparaît dès les premières pages de la «Critique de la raison pure», mais Kant en parle avec insistance, tant elle est importante pour la nouvelle théorie de la connaissance qu'alors, il mûrit, dès sa dissertation de 1870. Cette forme synthétique a priori, tout aussi importante pour la nouvelle théorie de la genèse du sens que nous proposons, est le produit d'une activité singulière de l'esprit. Dans sa dissertation, Kant nous enjoint de toujours bien distinguer le *formel* de l'*abstrait* : l'abstrait est ce qui suit l'expérience, c'est un postérieur, un a posteriori (comme l'est le concept de la logique générale ou le concept empirique); le formel, quant à lui, est ce qui précède l'expérience et la conditionne nécessairement; c'est un antérieur, un apriori.

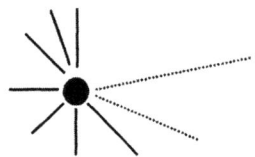

**Rappel relatif à la perception de chose selon E. Husserl (théorie des esquisses).** Perception de la chose dans la totalité de l'expérience, réunissant plusieurs choses sous des points de vue unitaires variables amenant dans le temps des relations nouvelles entre les choses, relations qui déterminent à leur tour la valeur, le sens actuel, de la chose dans le tout de l'expérience. La perception n'est jamais proprement réceptrice. Dès l'abord, toute matière est ontologiquement prégnante de la forme unitaire fondante (*fundierend*) que la conscience percevante constitue au cœur de la matière sensible. Cette forme anime (*belebt*) ontologiquement la matière sensible. C'est cette unité ontologiquement intentionnelle préalable qui est, pour moi, une forme synthétique apriori idéale, inexistante, universelle-historique, produit des formes pures de la sensibilité, que matérialise et socialise le signifiant. Le signifié de langue garantit, durant l'expérience perceptive du monde, aussi bien l'invariance ontologique de la chose perçue (c'est un X désigné par x matériellement différent de langue à langue, comme l'est le signifié) que la cohérence et le développement de la variété infinie de ses apparitions actuelles, ontiques, existantes (dévoilement-compréhension par le sujet situé de l'être de la chose à l'horizon des échelles du temps).

**a) Perception des signes d'une langue mis en texte.** Organisation duelle, dynamique et dialectique spontanée du champ de toute consciente percevante en une FIGURE (la Gestalt temporelle idéale fondée du discours global D) qui est énactée (produite) spontanément à partir d'un FOND (le fonds de toutes les connaissances mémorisées du sujet individuel percevant S, moment fondant originaire). Cette Gestalt temporelle globale D est une forme synthétique a priori d'origine altéritaire intersubjective. Elle est, elle-même, le moment fondant du discours Δ, l'ensemble linéaire des propositions p exposées verbalement par les phrases perçues P du texte T. Il s'agit là en Δ d'un réseau horizontal de relations, auquel s'ajoute le réseau vertical des relations de la Gestalt D. Réseau horizontal et réseau vertical constituent ce que nous appelons le contexte mental génétique temporel, qui est l'opérateur complexe de l'individuation sémantique advenante des mots en emploi. Par ailleurs, nous appelons le fond fondant originaire du fond(s) des connaissances verbales (savoir idiomatique) et non verbales (savoir encyclopédique) mémorisées Fond(s) proto-sémantique (FPS). Ce fond(s), à partir duquel les sens globalement et localement requis par la Gestalt actuelle D sont énactés, représente l'histoire cognitive (affective, pratique, théorique) du sujet percevant. Cette histoire cognitive antérieure à l'acte actuel de perception — tout comme celle de son substrat neuronal — se poursuit et se modifie en cet acte, comme en chaque acte, infiniment jusqu'à la mort.

b)
**Début de l'expérience perceptive**

 ■■■■■■■■■■■■■■■■■■■■■ ·················
**Linéarité des signes perçus**

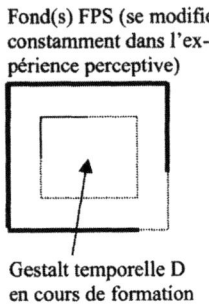

Fond(s) FPS (se modifie constamment dans l'expérience perceptive)

Gestalt temporelle D en cours de formation

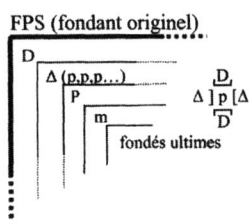

FPS (fondant originel)

fondés ultimes

### c) Focalisation sur les niveaux hiérarchiques méso-sémantique p et micro-sémantique m, dans p. L'anticipation téléologique au niveau méso-sémantique aux temps t-1 (avance de phase) de chaque acte de perception-réénonciation.

La forme synthétique a priori universelle-particulière p, d'origine intersubjective (comprendre un texte, c'est se remettre spontanément de façon toujours présomptive dans le sens (*Sinn* und *Richtung*) intenté de son auteur, voir le cerveau social de M. Jeannerod) est anticipée téléologiquement en tant qu'objet inexistant matériellement et sémantiquement à créer par la conscience percevante au temps t-1 de chaque acte effectif de perception-réénonciation de phrase. Chaque forme synthétique a priori p a le contenu sémantique identitaire que requiert l'unité sémantique (cohérence figurale) de la Gestalt D au temps tn de sa formation. C'est cette forme (Gestalt) unitaire de sens p en D, qui a, entre autres, pour propriété, comme toutes les Gestalten, d'être transposable, qui est l'objet de l'acte de traduire, avec les limites que nous connaissons à cet acte. Ainsi naît globalement sous les déterminations et le contrôle stabilisant de la force modelante et harmonisante (*zweckhaft*) de l'objet p anticipé le continuum sémantique de p, que les sens locaux advenants, à partir de leurs signifiés respectifs, fragmentent, discrétisent, certes, pour le seul analyste.

*Niveau global p* : cause holiste et finale unidirectionnelle (p→) et circulaire. La représentation anticipée du tout inexistant de p au temps t-1, avant l'acte effectif de perception-réénonciation, est nécessaire à la production de ce qui le produit. Chaque forme synthétique a priori p est, au temps t-1 de sa perception-réénonciation effective, une forme attendue, amenée par la cohérence figurale de D en cours de formation.

*Niveau local des mots et de certains morphèmes* : cause déterministe bidirectionnelle (signifiant ↔ signifié) qui conduit conventionnellement, objectivement, de la perception d'un signifiant à la représentation d'un signifié (altérité sociale), lui-même désignant l'être de la chose représentée par le signe. La forme synthétique a priori universelle-historique du signifié de langue est le point de départ et d'origine invariant de la différenciation variable du sens lexical actuel par la cause holiste et finale et son objet p anticipé dans D aux temps t-1. L'objet du sens p anticipé de cette cause holiste et finale est lui-même au temps t sous la détermination et le contrôle de cette autre forme synthétique apriori globale de la Gestalt D fondant Δ, dont le sens p est partie. Nous appelons le réseau *intégrateur* des relations horizontales et verticales dynamiques de D/Δ le contexte mental génétique temporelle de la formation du sens lexical. On comprend toujours m (*intégrant*) dans FPS/D/Δ/p, selon les principes d'unité et de différenciation périphérique de la Gestalt D.

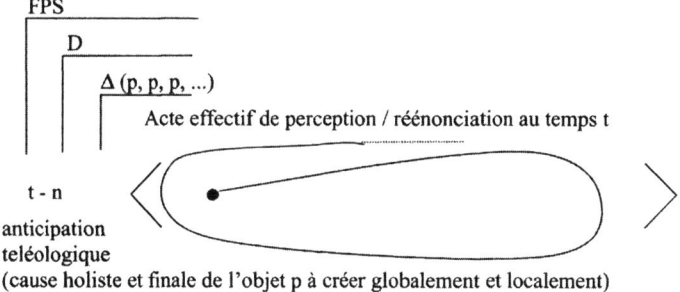

## Références bibliographiques

Aristote, *Réfutations sophistiques*, 2, et *Topiques*, livre 1.
R. Benkirane (2002). «La complexité, vertiges et promesses», Le Pommier.
P. Cadiot, Y.-M. Visetti (2001). «Pour une théorie des formes sémantiques», PUF.
A. Berthoz (2003). *Stratégies cognitives et mémoire spatiale*, dans «Philosophie de la perception, sous la dir. de J. Bouveresse et J.J. Rosat, O. Jacob.
J.-F. Bonnot (2001). *Évolution des représentations phonologiques ou comment l'esprit vient à la matière phonique*, dans «Percevoir : monde et langage».
E. Coseriu (2001), «L'homme et son langage», BIG 46, Peeters.
— (2001). «Le langage : diacriticon tes ousias. Dix thèses à propos de l'essence du langage et du signifié», dans *Percevoir : monde et langage. Invariance et variabilité du sens vécu*, D. Keller, J.P. Durafour, J.F.P. Bonnot, R. Sock (Eds), Mardaga.
— (2003). Geschichte der Sprachphilosophie, A. Francke UTB.
J.-P. Durafour (1998). «Métabole : ou Comment le sens vient au mot dans le discours», dans *Scolia* n° 9, Université Marc Bloch.
— (2001). Introduction et «La théorie des esquisses» et «la genèse du sens», dans *Percevoir : monde et langage. Invariance et variabilité du sens vécu*, D. Keller, J.-P. Durafour, J.-F. Bonnot, R. Sock (Eds), Mardaga.
— (2001). «Notes sur le processus de l'individuation du sens selon la théorie standard et selon les thèses alternatives de la sémantique génétique», dans *Par Monts et par vaux. Mélanges M. Riegel*, BIG 46, Peeters.
— (2001). *L'homme et son langage. E. Coseriu*, H. Dupuy-Engelhardt, J.-P. Durafour, F. Rastier (Eds), Peeters, «Introduction» et traductions.
— (2002). «Eugenio Coseriu : Epistémologue, philosophe du langage et linguiste», dans *Welt und Sprache*, G. Narr Verlag.
— (2003). «Sémantique génétique et anticipation 1», dans *Scolia* n° 17.
— (2004). «Les relations du tout et de ses parties, celles des parties et de leur tout dans les études phénoménologiques et génétiques du sens. Points de vue historique, épistémologique et théorique». Actes du colloque «Relations parties-tout» organisé en novembre 2003 à Strasbourg.
— (2004). *Pourquoi l'école n'apprend pas à lire-comprendre. Introduction à une phénoménologie de la perception du Langage : 6 études de sémantique génétique*.
G.M. Edelman (1992). *Biologie de la conscience*, O. Jacob.
G.M. Edelman, G. Tonioni (2000). *Comment la matière devient conscience*, O. Jacob.
B. Feltz, D. Lambert (Eds) (1994). *Entre le corps et l'esprit*, Mardaga.
E. Fox Keller (2003). *Le siècle du gène*, Gallimard.
M. Heidegger (1985). *Problèmes fondamentaux de la phénonénologie*, tr. fr. de J.F. Courtine, Gallimard.
P. Huneman (2002). «Critique et dialectique. La critique de la faculté de juger dans les traces d'Aristote», in *Philosophie*, n° 75.
E. Husserl (1950). *Ideen* 1, tr. fr. P. Ricœur, Gallimard.
M. Jeannerod (1998). «La double commande d'une pince de haute précision», dans *La Recherche* n° 309.
— (1998). «La main adroite», dans *Science et Vie* n° 204.
— (2002). *Le cerveau intime*, O. Jacob.
I. Kant (1993). *Critique de la raison pure*, tr. fr. A. Tremesaygnes et B. Pacaud, PUF.
— (1968). *Critique de la faculté de juger*, tr. fr. A. Philonenko, Vrin.
D. Keller (2001). «Corps et perception dans l'exercice physique et sportif», dans *Percevoir : monde et langage*, Mardaga.

G. Kleiber (1999). *Problèmes de sémantique. La polysémie en questions*, Septentrion.
— (2001). «Sur le sens du sens : objectivisme et constructivisme», dans *Percevoir : monde et langage.*
— (2001). *L'anaphore associative*, PUF.
*La Recherche* (2004). «Le tempo de la conscience», n° 374, avril.
E. Morin (1991). «De la complexité : Complexus», dans *Les théories de la complexité*, Coll. de Cerisy, sous la dir. de F. Fogelman Soulié, Seuil.
M. Merleau-Ponty (1942). *La structure du comportement*, PUF.
— (1945). *Phénoménologie de la perception*, Gallimard.
— (1989). *Le primat de la perception et ses conséquences philosophiques*, Cyrana.
J.-P. Orliaguet (2001). «Reconnaissance des formes grapho-motrices», dans *Percevoir : monde et langage.*
J.-L. Petit (1997) (ed.). *Les neurosciences et la philosophie de l'action*, Vrin.
— (2001). «De l'intentionnalité de l'acte», dans *Percevoir : monde et langage.*
G. Rizzolatti, V. Gallese (1997). «From action to meaning. A neurophysiological Perspective», dans *Les neurosciences et la philosophie de l'action*, J.-L. Petit (ed.), Vrin.
V. Rosenthal (2002). «Microgenesis, immediate expérience, and visual processes in reading», dans A. Carsetti (ed.), *Seeing, Thinking and Knowing*, Kluwer Academic Publishers (in press).
V. Rosenthal, Y.-M. Visetti (2003). *Köhler*, Les Belles Lettres.
J.R. Searle (1999). *Le mystère de la conscience*, tr. fr. C. Tiercelin, O. Jacob.
R. Sock (1998). *Organisation temporelle en production de la parole. Emergence de catégories sensori-motrices phonétiques*, Septentrion.
— (2001). «La théorie de la variabilité en production-perception de la parole», dans *Percevoir : monde et langage.*
F. Varela (1989). *Autonomie et connaissance*, Seuil.
— (1989). *Connaître : les sciences cognitives*, Seuil.
J.-M. Zemb (1972). *Métagrammaire, la proposition*, OCDL.
— (1986). *Leçon inaugurale au Collège de France*, Collège de France.

# Chapitre 4
# L'anticipation : phénoménologie et substrats neurobiologiques

Jean-Luc Petit

S'il est vrai, comme l'affirment aujourd'hui les neurosciences «cognitives» (soulignant ce qui les oppose à la réflexologie de leurs débuts), que tout mouvement est précédé par une activité interne qui l'anticipe, en prédit les conséquences et en simule l'exécution[1], alors on sera en droit de demander : quand ce mouvement commencera-t-il vraiment de façon que l'agent puisse se l'attribuer comme son action ? Si toute sensation est préparée par une modulation d'origine centrale de la sensibilité du capteur, où faudra-t-il placer «l'entrée sensorielle», le premier contact tactile, visuel ou auditif avec la chose ? Si l'intention, la décision, l'action, la perception, la cognition dépendent des patrons d'activation de réseaux de neurones spécialisés dans le cerveau, de telle sorte qu'on puisse dire que «c'est le cerveau qui décide, qui agit, qui projette sur le monde des intentions, anticipations, préperceptions, etc.», que restera-t-il à faire aux personnes, elles-mêmes ? Et si ces personnes ne font rien, pourquoi leur cerveau aurait-il encore «quelque chose à faire»? Tout transfert à un sous-système cérébral de n'importe quelle propriété ou fonction du sujet entier introduit dans le cerveau un homoncule avec le risque d'une régression infinie. Ces questions et bien d'autres, quoique soulevées par les récents progrès des neurosciences dans l'investigation des bases biologiques de l'esprit humain, n'en ont pas moins pour le phénoménologue un air de «déjà vu».

On retrouve, à l'évidence, ce mode d'être primordialement anticipant dans notre expérience subjective de l'action, dans la mesure où le mouvement musculaire est normalement guidé par et contrôlé en son effectuation en fonction de l'intention. Mais on le retrouve aussi dans la perception, qui n'est pas la rencontre fortuite de l'axe du regard et d'un objet quelconque existant en soi (c'est-à-dire physiquement), mais un acte de position devant soi d'un certain objet d'intérêt en tant qu'objet existant pour soi (subjectivement). L'intérêt qui détermine une telle orientation de l'attention guide le regard vers la chose. Mais qu'est-ce qui guide l'attention et l'intérêt, à leur tour, si ce n'est une intentionnalité perceptive ? Or, admettre que la perception se précède ainsi elle-même dans l'exploration du champ visuel en vue de la sélection de son objet nous contraint de renoncer à la traditionnelle distinction entre sensation et perception. Parallèlement, le physiologiste sera bien inspiré de repenser l'anatomie du cerveau de façon à en finir avec la distinction entre aires sensorielles «primaires» et aires d'association «secondaires». Mais, si l'on ne doit plus maintenir cette hiérarchie rigide où des centres «de bas niveau» sont subordonnés à des centres «de haut niveau» (ou inversement), le haut et le bas devront être relativisés par rapport au dynamisme du recrutement fonctionnel des réseaux neuronaux par les tâches comportementales. L'importance du comportement en sera rétablie. Et, de là, il ne sera plus dénué de sens de rapporter «au sujet» (au sens d'Aristote, sinon de Descartes) plutôt qu'à tel ou tel système localisé les influences «du haut sur le bas» telles que la modulation de l'activité des aires sensorielles «primaires» par l'attention (ou l'intention). Car, qu'est-ce que manifestera ce bouclage par le bas ou vers l'extérieur du circuit complet de perception-action se refermant sur lui-même en *feedback*? Il manifestera l'autonomie de l'organisme vivant comme agent que rien d'extérieur n'affecte sans que cette affection ne comporte une part active d'auto-affection.

La phénoménologie a prétendu revivre et méthodiquement approfondir cette perplexité devant ce qu'au plan des phénomènes (sinon à celui de la réalité physique) on peut bien appeler «le mystère de l'origine» que la science objective persiste à ignorer, mais qu'une méditation un peu soutenue retrouvera tant dans la perception, ou la cognition : origine du monde pour le percevant, que dans l'action : première fois de l'intervention de l'agent dans le monde. Au moment où se développe une importante tentative de rapprochement entre la phénoménologie, la psychologie et d'autres sciences cognitives[2], le lecteur attend à juste titre une mise en regard systématique des classiques analyses phénoménologiques de la constitution des objets de perception ou buts d'action et des résultats récents sur l'influence centrale de l'attention ou de l'intention sur le fonctionnement des aires sensorielles ou motrices. C'est exactement ce que nous lui apportons.

## PHÉNOMÉNOLOGIE DE LA CONSTITUTION

L'approche phénoménologique de la perception prétend nous replacer dans l'immanence vécue d'un acte de percevoir non adultéré. Si l'on s'en tient à la simple intention du percevoir, ce ne sont pas des sensations ni des représentations mentales qui sont les objets perçus, mais bien les choses elles-mêmes : «Je perçois l'arbre ou le cheval dans le pré, pas mes sensations de couleur, de forme, etc.». Nous pouvons, bien sûr, être attentifs à des parties de l'objet comme à son tout, mais cette disposition d'esprit orientée vers la singularité concrète, cette attention ne concernera que du singulier et de l'individuel et ne donnera pas accès à des caractères généraux permettant de synthétiser et d'unifier une connaissance de la chose. Pour rester fidèles à la visée intentionnelle propre de la perception en tant qu'acte, il faut admettre que nous avons une pluralité de modes de visée d'objets dans des actes essentiellement différents : non seulement nous visons la chose individuelle dans le sentir, mais nous visons et saisissons aussi des objets idéaux ou des propriétés générales : «le vert de l'arbre», «le triangle (à travers un dessin approximatif)», «l'identité de la chose». Il faut donc généraliser le concept d'attention en l'étendant au domaine entier des actes de visée intentionnelle de quelque chose en tant qu'objet d'intérêt pour un sujet actif et selon une certaine modalité de relation (sensorielle, symbolique, cognitive, volitive, affective, etc.). Les objets sont connus en tant que visés dans une relation cognitive et non parce qu'ils seraient simplement contenus de façon contingente dans la conscience comme dans une boîte où on les éclairerait avec un projecteur. Ils sont en tant qu'ils sont pour quelqu'un pour qui ils sont porteurs de certaines valeurs ou significations. Les choses perçues ne sont pas simplement les choses physiques ni leurs représentants mentaux : elles sont produits de constitution active en tant que choses dotées du sens qu'elles ont pour nous et cette constitution s'accomplit au sein des diverses formes d'actes intentionnels qui les visent.

Un son n'est pas un simple «stimulus acoustique» qu'un récepteur passif capterait pour nous donner mécaniquement une représentation auditive. Un son est un objet temporel qui apparaît comme doté précisément de ce sens : entité objective temporelle dans le flux d'expérience vécue d'un sujet percevant. Cet objet doit sa constitution à un système dynamique de positions, renvois et tensions subjectives[3]. La place de cet objet dans le temps objectif résulte d'une abstraction ultérieure des axiomes du temps sur la base vécue de ce système dynamique. Cette abstraction a un prix : l'écrasement et la méconnaissance de la structure logique originale du temps constituant à l'origine du temps usuel. Conformément à la métaphore de la comète, lorsqu'un son retentit, on distingue un noyau d'expérience sensorielle originaire et une queue de rétentions du son juste passé qui se prolonge en un recouvrement continu jusqu'à une limite au-delà de laquelle le son est révolu et nécessite un nouvel acte spécial pour son rappel comme représentation mémorielle. Le présent du son actuel n'est pas un point fixe, mais une origine générative d'où jaillit un matériau sensoriel constamment nouveau et dont chacune des phases nouvellement produite est aussitôt soumise à un processus de modification qui l'éloigne dans une distance croissante par rapport au maintenant présent. Ce point n'est pas la limite d'une approximation qui une fois atteinte serait un terme définitif, mais une source incessante de nouveauté. Cette nouveauté n'est pas une simple diversité ni une pure dispersion dans la succession, mais la série des maintenant présents du son est traversée et fermement maintenue en son unité de sens comme étant «le même son» par un acte subjectif d'appréhension d'identité. Cette circularité du maintien de l'identité à soi originaire dans la distance et une distance qui croît jusqu'à un point de non-rétention est une structure pré-empirique (transcendantale) dont l'actualisation dans les actes du sujet percevant un son est la condition de possibilité pour lui d'une expérience «du son».

Un cube (un dé) n'est pas simplement «un stimulus optique» dont l'impression passive sur nos récepteurs rétiniens nous donnerait mécaniquement la représentation spatiale correspondante. Un cube[4] est un objet (ou une objectivité) spatio-temporel qui n'est à proprement parler jamais donné dans le contenu sensoriel actuel, parce qu'il ne nous présente que sa face frontale tandis que ses faces latérales fuient en perspective quand elles ne sont pas masquées. Cette condition est absolument générale : tout objet de perception spatiale est un produit des activités constituantes du sujet percevant. Nous n'avons d'emblée rien de tel que «l'objet», il y a seulement des esquisses, ombres ou fantômes porteurs de prétentions à l'objectivité en cours de confirmation (ou d'infirmation) dans le progrès de l'expérience. Ces esquisses entrent dans nos champs visuels instantanés, les traversent et en ressortent en fonction des mouvements de nos organes sensoriels et de nos organes moteurs. Ces séries d'esquisses ne s'organisent pour le sujet percevant en une configuration permanente porteuse de la valeur d'être : «une chose» que parce que ce sujet les traverse d'une visée d'identité qui les retient et les enchaîne de façon à former une «multiplicité définie» dont la chose individuelle unique et identique est le «corrélat noématique». Cette structure de multiplicité est un système dynamique émergeant du flux des vécus sensoriels et kinesthésiques. Sa mise en place requiert la corrélation systématique des séries d'esquisses de champ et des décours kinesthésiques (intentions motrices et sensations proprioceptives) sous le contrôle de la visée objectivante. À la différence du son, le moteur de diversité ne s'identifie plus avec l'impression sensorielle ni avec la saisie d'identité. Ici, la visée «à vide» d'un déploiement régulier des faces cachées de la chose conforme à l'anticipation reçoit sa saturation (ou non saturation) sensorielle de la variation d'aspects «de la même chose» motivée par le fonctionnement du système kinesthésique. Il faut donc opposer le stimulus (physique) et la chose dans l'espace : le premier illustre notre passivité sensible, la seconde notre activité (transcendantale) constituante du sens.

Ces schémas de descriptions n'envisagent pas la possibilité d'autres «champs» que le champ visuel complet ou le champ temporel total du sujet percevant. Sont-ils pour autant dépassés? Sans doute, l'apport décisif des neurosciences de la vision[5] a-t-il été de pluraliser et de distribuer ces champs en relativisant la réception du signal aux «champs récepteurs (CR)» des cellules des différents relais neuraux dans la voie de traitement hiérarchique de l'information visuelle (de V1 à TE). Les fonctions dites «de haut niveau» (attention, individuation, objectivation, «binding», reconnaissance d'identité) étaient censées intervenir aux étapes de traitement tardives et non dans les aires sensorielles primaires. L'architecture fonctionnelle de celles-ci semblait dédiée à la sauvegarde de la topographie des récepteurs (rétinotopie de V1, tonotopie de A1, somatotopie de SI). Mais la remise en question de l'univocité de cette hiérarchie par l'introduction récente de l'hypothèse d'un *feedback réentrant* grâce auquel l'information élaborée des aires supérieures exercerait une influence modulatrice (facilitante ou inhibitrice) sur la réception du signal dans les aires sensorielles primaires nous invite à méditer non seulement sur le pluralisme et la distributivité du traitement sensoriel, mais aussi sur son unité intégrative. Tout se passe comme si les cellules des aires réceptrices primaires ne se contentaient pas d'être le code du stimulus préféré tombant dans leur CR, mais qu'elles «savaient quelque chose» de ce qui se passe en dehors de ce CR, donc dans le champ total qui redevient d'actualité. Ramener l'intelligence du plan des associations supramodales au plan sensoriel permet une économie en représentations mentales parce qu'il devient moins tentant d'en postuler si les activités réceptrices sont déjà pleinement interprétatives. Mais bénéficiera en même temps d'un regain d'intérêt toute théorie unitaire qui tentera de rendre compte de la continuité d'intégration de la perception par la dynamique du champ visuo-attentionnel ou audio-attentionnel global.

Au sortir d'un long sommeil dogmatique empirico-représentationnel, les neurosciences (sinon les sciences cognitives) commencent à explorer le substrat biologique de la constitution transcendantale. La structure rétentio-protentionnelle de l'intentionnalité perceptive entrelace la production de diversité sensorielle et la position d'identité présomptive. L'architecture fonctionnelle (non anatomique) du traitement perceptif visuel ou auditif croise la hiérarchie ascendante rétino-(ou cochléo)-thalamo-corticale avec le *feedback* des étapes supérieures sur les aires sensorielles primaires d'une part, les influences modulatrices horizontales (cortico-corticales : fronto-pariétales) et obliques (cortico-sous-corticales : viscérales) d'autre part. Sans doute, ces influences s'inscrivent-elles dans l'ordre de la causalité, ou au moins de la corrélation, qui reste celui du temps de la mesure (la dizaine ou centaine de millisecondes de l'activation neuronale en réponse à une stimulation exogène ou endogène). Mais, eu égard à la signification biologique de la perception, comme individuation de l'objet externe, ces processus renvoient à des actes essentiels à la survie qui interviennent *en amont* de «la réalité de l'objet» et des valeurs cognitives ou affectives qu'il porte. C'est cette antécédence par rapport à la réalité habituelle qui justifie d'y voir le substrat biologique des opérations constituantes de l'expérience (sinon la conscience) perceptive. Si ces opérations ne planent pas dans le vide, on ne peut pas se contenter de les imputer «au sujet transcendantal». Pour leur fondation (implémentation matérielle), les patrons d'activation transitoire dans les boucles fonctionnelles recrutées par les activités perceptives dans le cerveau d'un sujet percevant sont les candidats naturels. On retiendra les preuves de l'influence modulatrice de l'attention sur les cortex visuel et auditif primaires ainsi que de l'influence modulatrice de l'action et de l'intention sur la plasticité des cartes somatotopiques du cortex somatosensoriel. «Attention», «intention», «action», et en général tout corrélat physiologique de la dimension anticipatrice des conduites seront considérés des approximations tolérables des vécus d'actes intentio-rétentio-protentionnels d'une subjectivité constituante (incarnée).

## INFLUENCE DE L'ATTENTION SUR L'AIRE AUDITIVE PRIMAIRE (A1)

Dans une expérimentation récente[6], on fait entendre aux sujets des suites de quatre notes alternativement graves ou aiguës, cette alternance régulière étant interrompue de façon aléatoire par la répétition d'une note grave ou aiguë. La consigne est de presser un bouton lorsque ce changement se produit dans l'oreille qu'on leur désigne. Des travaux antérieurs[7] ont établi que l'électroencéphalographie (EEG) enregistre sous la forme d'une déviation de la courbe des potentiels correspondant aux sons réguliers les réactions cérébrales à l'occurrence d'une rupture de la régularité d'alternance entre deux sons. Au lieu d'une succession régulière de déflections alternativement positives et négatives, la courbe montre un accroissement significatif de la déflection négative à une latence de 100 à 200 millisecondes par rapport au stimulus. Cette négativité accrue est appelée *négativité de discordance* (*mismatch negativity* : MMN). La production d'une MMN ne dépend pas de l'attention des sujets, puisque la consigne qu'on leur donne généralement est d'ignorer les stimuli auditifs.

D'après l'interprétation usuelle, la MMN signalerait un processus automatique pré-attentionnel. Automatiquement, le stimulus entrant se détacherait des *représentations* des stimuli juste passés conservés (d'après l'hypothèse) dans la mémoire immédiate. La fonction de ce mécanisme serait de détecter les changements dans le fond sonore de manière à orienter vers eux l'attention. Une telle interprétation présente l'inconvénient de subordonner l'attention à la sensation et de vider de sens la notion d'attention en la détachant des motivations de l'organisme. L'orientation attentionnelle est dès lors réduite à la passivité à l'égard des propriétés du stimulus (saillance) auquel est attribué une influence causale directe sur l'appareil perceptif. Toutefois, le fait que cette MMN se produise indépendamment de l'attention ne prouve pas que l'attention n'a pas un rôle à jouer dans la reconnaissance des discordances dans les régularités auditives.

En fait, lorsqu'on demande au sujet de faire attention aux sons diffusés dans une oreille et d'ignorer ceux de l'autre oreille, la MMN correspondant à la condition d'attention s'accroît en moyenne du simple au double par rapport à la MMN correspondant à la condition d'inattention. Cette MMN d'inattention est même supprimée lorsque la tâche imposée au sujet requiert une attention intense. Ce phénomène témoigne d'une influence précoce de l'activité de l'auditeur sur la perception des régularités auditives. Celle-ci ne peut plus être imputée à de simples mécanismes de détection automatique de discordance dont le déclenchement serait imputable aux seules propriétés du stimulus. Elle fait place à une mobilisation spéciale de ressources cognitives qu'on appelle «attention sélective» parce qu'on suppose qu'elle consiste en une opération de sélection du stimulus déviant. Celui-ci ne serait pas automatiquement détaché de la suite des sons par le seul contraste qu'il crée avec la suite régulière que son occurrence perturbe. Sa perception exigerait qu'il soit (dirait le phénoménologue) reconnu *comme déviant* grâce à une focalisation sur lui de l'attention. On peut voir poindre ici chez les chercheurs empiriques l'exigence d'introduire en théorie de la perception un *acte identifiant* sans lequel il ne saurait y avoir reconnaissance de l'identité de l'objet.

La MEG[8] corrobore le témoignage de l'EEG concernant l'influence de l'attention sur l'élaboration du signal auditif. Dans les deux méthodologies, on enregistre au niveau de chaque capteur les ondes d'activité électrique ou magnétique évoquées par un son perçu par l'oreille contralatérale au site d'enregistrement. L'inversion de polarité de l'onde caractéristique de l'influence de l'attention se produit au même moment (autour de 100 msec). Et on observe un renforcement analogue par l'attention des potentiels électriques et des champs magnétiques. Mais la MEG présente encore l'avantage de permettre une localisation plus précise de l'activité cérébrale corrélative. À partir de la carte topographique de la distribution du champ magnétique évoqué par l'audition d'un son en condition d'attention sélective, on peut calculer la source dipolaire équivalente unique qui serait la mieux ajustée à la distribution observée. On considère que la localisation de cette source hypothétique dans un cadre de référence spatial construit à partir de repères crâniens estimatifs indique le centre de la région de tissu cérébral sélectivement activée. Or, l'activité évoquée par l'écoute attentive du son se révèle avoir une source très voisine sinon identique à l'activité évoquée par une audition inattentive. Toutes deux peuvent être référées à une source située dans le cortex auditif parallèlement à la scissure de Sylvius, latéralement par rapport à la circonvolution de Heschl (*planum supratemporal*). Ce qui apporte un renfort significatif à l'hypothèse que cette modulation d'amplitude des potentiels électriques et des champs magnétiques évoqués par l'audition d'un son pourrait être attribuée à un contrôle de l'attention sur l'élaboration corticale du signal auditif, contrôle s'exerçant dès les premières étapes. Voire même avant le commencement de cette élaboration : sur la sélection du stimulus à l'entrée du système de traitement auditif cortical (on a pu enregistrer un effet mesurable sur le même cortex auditif dans un laps de temps de 20 msec poststimulus).

## INFLUENCE DE L'ATTENTION SUR L'AIRE VISUELLE PRIMAIRE (V1)

L'organisation fonctionnelle de l'aire visuelle primaire (V1) dans le cortex occipital conserve la topographie des rétines (rétinotopie), tandis que cette homologie structurale tend à disparaître à mesure qu'on s'élève vers des régions temporales ou pariétales concernées par les aspects interprétatifs (ou cognitifs) de la perception visuelle. Cette circonstance est généralement conçue comme témoignant du caractère purement réceptif du fonctionnement de V1, dont les cellules seraient dédiées à la détection passive de stimuli élémentaires tombant dans leur «champ récepteur rétinien (CR)» : la petite région du champ visuel où l'occurrence du stimulus préféré de la cellule provoque sa décharge. Que l'attention soit autre chose que la simple fixation du regard (et la stabilisation passive des CR cellulaires sur l'environnement), qu'elle soit capable d'opérer activement dans le champ visuel une sélection indépendante des propriétés «physiques» des stimuli : voilà un défi pour cette conception hiérarchique de la vision avec ses préjugés empiriste et représentationaliste.

Une recherche récente[9] a réussi à dissocier et comparer les activations du cortex visuel corrélatives des déplacements de l'attention visuelle et les activations évoquées par l'exposition passive à des stimuli identiques à ceux qu'on proposait successivement à l'attention des sujets. Ceux-ci, placés devant l'écran d'un projecteur vidéo contrôlé par ordinateur, devaient maintenir le regard fixé sur une croix au centre d'une cible circulaire couvrant le champ visuel. La cible étant découpée en secteurs ornés de rayures changeant aléatoirement de couleur et d'orientation, on désigne oralement aux sujets toutes les 2 sec l'un des cinq secteurs de la cible dont il doit noter la configuration interne (en vue d'un jugement par presse-bouton). De manière à solliciter le déplacement continu du foyer de l'attention, soit on prend ce secteur sur le méridien horizontal de la cible à une position de plus en plus périphérique, soit sur une circonférence de la cible en tournant dans le sens contraire des aiguilles d'une montre. Les activations corrélatives du cortex occipital sont enregistrées au scanner d'imagerie fonctionnelle par résonance magnétique nucléaire (RMN). Résultat : le déplacement successif de l'attention visuelle vers des cibles d'abord situées (dans le champ visuel droit) au centre de fixation du regard puis en des positions progressivement plus périphériques induit (dans le cortex visuel gauche) un accroissement transitoire d'activation qui est localisé d'abord au pôle occipital et dans la profondeur du sillon calcarin (aire primaire V1) puis qui s'en éloigne dans la direction ventromédiale en balayant plusieurs aires du cortex extrastrié. Le déplacement circulaire de l'attention visuelle de bas en haut (dans le champ visuel gauche) induit (dans le cortex visuel droit) un accroissement transitoire d'activation intéressant d'abord la région dorsomédiale puis la région ventromédiale. Dans les deux conditions, la progression des accroissements d'activations liés à la modulation de l'activité corticale par l'attention demeure conforme à la rétinotopie bien connue des représentations corticales du champ visuel dans le cortex visuel : fovea représentée au pôle occipital, périphérie du champ dans des régions plus antérieures ; quadrant inférieur de l'hémichamp représenté dorsalement, quadrant supérieur ventralement. La localisation de ces accroissements d'origine attentionnelle est manifestement concordante avec celle des activations évoquées par les différents secteurs successivement indiqués lorsqu'ils sont présentés séparément du reste de la cible.

On peut donc parler de «rétinotopie attentionnelle» comme on parle de rétinotopie des représentations corticales des stimuli visuels dans V1.

Il n'est donc pas douteux que l'effet de l'attention s'exerce sur les premières étapes d'élaboration corticale des stimuli visuels. Voire même *avant* le commencement de ce processus d'élaboration : une modulation attentionnelle dès les 20 msec poststimulus est attestée en MEG dès 1993. La comparaison entre l'activation importante mais diffuse de l'ensemble du cortex occipital par la présentation passive de la cible entière avec le patron d'activation focalisé et ordonné corrélatif du déplacement du foyer de l'attention sur les différents secteurs de cette cible démontre que l'influence de l'attention consiste en une modulation de l'activation induite par la vision passive de la cible entière. La conclusion qui semble devoir s'ensuivre, mais que les chercheurs n'ont pas tous tirée, c'est que puisque l'attention influence «l'information visuelle» dès «l'entrée sensorielle», il n'existe rien de tel qu'une «aire visuelle primaire» qui serait dédiée à la réception passive des signaux rétiniens, rien de tel qu'une information d'origine purement externe que le système perceptif ne ferait qu'encoder dans une «représentation interne». D'emblée, en toute autonomie par rapport à la physique de l'environnement, le sujet percevant décide ce qu'il veut voir et ce choix s'intègre au prétendu message des sens dans les étapes ultérieures d'élaboration et d'interprétation perceptive.

Sur la nature de ce mode d'articulation de l'attention et de la sensation, les idées se sont précisées lorsque les chercheurs ont voulu résoudre une apparente contradiction entre les données de l'EEG et celles de l'imagerie fonctionnelle par RMN. D'après la première méthode, la réaction initiale du cortex occipital au stimulus visuel n'est pas modulée par l'attention. D'après la seconde, l'attention au stimulus exerce une modulation très significative des activations de l'aire visuelle primaire V1. Dans une expérimentation récente[10] les sujets, tout en maintenant le regard fixé sur une flèche centrale dont l'orientation leur indiquait s'ils devaient faire attention à droite ou à gauche, devaient détecter en pressant un bouton la substitution par un «T» renversé d'une cible en «T» apparaissant alternativement dans le champ visuel droit et dans le gauche sur le fond d'un échiquier et au milieu de distracteurs en forme de croix. Dans cette condition choisie pour exiger une concentration maximum de l'attention, les sujets subissent un examen au scanner d'imagerie fonctionnelle et un enregistrement EEG. L'imagerie fonctionnelle révèle un remarquable chevauchement des régions activées par la vision attentive et par la vision passive : toutes les aires rétinotopiques, striées et extrastriées sont concernées dans les deux conditions, quoique paradoxalement sur une plus grande surface et à une intensité plus élevée pour la vision passive. L'EEG montre aux sites d'enregistrement occipito-temporaux autour de 70 msec poststimulus une amplification du potentiel positif P1 en vision attentive par rapport au potentiel évoqué par la vision passive, suivie à 130 msec d'une amplification du potentiel négatif N1 en condition d'attention par rapport à la condition passive. En revanche, à une latence plus proche du stimulus, vers les 50 msec, aucun site d'enregistrement ne manifeste de variation du potentiel initial C1 sous l'effet de l'attention. Sur la base de la distribution de ces potentiels sur le scalp, on a localisé la source du C1 dans la scissure calcarine (V1). Mais la distribution des effets de l'attention sur le potentiel P1 se déplaçant sur le scalp dans le laps de temps de 70 à 130 msec, on n'a pu rendre compte de cette dérive qu'en imputant la première phase à un générateur dans l'aire extrastriée dorsale V3, la seconde à un générateur dans l'aire fusiforme ventrale V4v.

Devant cet ensemble de données, plusieurs hypothèses explicatives demeurent envisageables, dont celle-ci, qui a la faveur des auteurs de l'expérimentation. L'entrée d'influx sensoriel dans V1 en provenance du corps genouillé latéral du thalamus, que signale le potentiel précoce C1, ne serait aucunement soumise à l'influence de l'attention. Celle-ci produirait ses premiers effets amplificateurs dans des aires supérieures, l'aire extrastriée dorsale V3 et l'aire ventrale fusiforme V4v, la première dans la voie de traitement occipito-pariétale dédiée à la localisation des objets, la seconde dans la voie ventrotemporale dévolue à leur identification. De là, l'influence modulatrice de l'attention serait rétroprojetée en feedback réentrant vers les aires inférieures V2 et V1. Le retard de cette modulation du à un tel feedback des aires supérieures expliquerait que le pic de la réponse sensorielle de V1 ne soit pas affecté par l'attention, mais que celle-ci exerce son incidence amplificatrice sur le profil des réponses cellulaires ultérieur au potentiel d'action (à une latence supérieure à 130 msec). Le fait qu'on observe une activation par la vision attentive, mais non la vision passive, du cortex pariétal supérieur suggère de comprendre cette modulation attentionnelle des aires visuelles «primaires» comme l'effet d'un contrôle des aires supérieures sur les aires inférieures au sein d'un circuit cortico-sous-cortical plus étendu dont les aires préfrontale et pariétale seraient des relais corticaux. Cette hypothèse éclaire le rôle de l'attention au niveau de la «réceptivité sensorielle». Lorsque les objets pertinents dans la scène visuelle sont particulièrement difficiles à repérer, l'information déjà élaborée concernant l'identité et la localisation spatiale de ces objets peut contribuer à ce repérage. Si elle est renvoyée vers les aires inférieures dont les cellules ont des champs récepteurs plus restreints, elle peut renforcer sélectivement l'activité d'un sous-ensemble de cellules dont les champs récepteurs sont précisément localisés au foyer de l'attention. Circonstance qui facilitera le traitement sensoriel et, de là, aidera à compléter l'identification ou la localisation des objets d'intérêt.

En termes plus ordinaires, on retrouve ici le paradoxe de la recherche de l'objet perdu : si on ne savait pas d'avance où il se trouve (et quel il est), on ne saurait pas de quel côté chercher (et quoi). Nous voyons là un nouvel encouragement à rattacher l'entrée sensorielle aux sources internes de l'attention, et peut-être aussi, par le biais des sources frontales du contrôle attentionnel de l'information sensorielle, à l'intention qui oriente cette attention vers l'objet d'intérêt. Les suggestions de Husserl peuvent donc être réinterprétées dans les termes de la recherche actuelle sur les corrélats neuraux de l'attention perceptive. À l'idée de la phénoménologie que l'impression sensorielle à l'origine de la perception d'un son ou d'une chose comporte une *association originaire* se déployant en une structure rétentio-intentio-protentionnelle constitutive du sens d'être de ces objets répond en neurosciences l'idée que les étapes les plus précoces dans la hiérarchie du traitement perceptif sont sensibles à l'influence modulatrice des centres responsables des étapes de traitement supérieures. Un même paradoxe se retrouve aux deux niveaux d'approche, celui des vécus perceptifs et celui du substrat : l'attention à l'objet guide la réception du signal en dépit du fait que cet objet ne sera perçu qu'une fois que ce signal aura été reçu et complètement élaboré. Mystérieuse précédence de l'objet par rapport à sa propre objectivation.

## INFLUENCE DE L'ATTENTION (L'INTENTION) SUR LES AIRES SOMATOSENSORIELLES (S1, SIP)

On va voir maintenant que le paradoxe se généralise de la perception externe à la proprioception, au *schéma corporel* et à la constitution du « corps propre ». Mon corps n'est pas cette anatomie contingente qui m'a été donnée par la Nature et que j'ai trouvée passivement à ma naissance. Mon corps, en son sens d'être pour moi, est constamment projeté en avant de lui-même par les actions auxquelles je l'applique. En tant qu'instrument de mon intervention dans le monde matériel, il me matérialise. Non seulement le corps des apprentissages, de l'usage, voire même *des intentions d'utilisation* prévaut systématiquement sur le corps sensoriel, mais il en induit et contrôle en permanence le façonnement. Non seulement dans la phase de latence précoce de l'ontogenèse, dans la période du développement infantile, mais encore durant la maturité et la sénescence, en un mot pendant toute l'histoire de vie personnelle de l'individu, ses actions modèlent dynamiquement l'organisation (de ce fait non strictement topographique) des *cartes somatotopiques* de la représentation fonctionnelle centrale (corticale, thalamique, etc.) des mains, notamment. Comme l'avaient si bien dit tant de philosophes (qui ne croyaient pourtant pas faire de la physiologie!) : «L'homme n'est que ce qu'il se fait». Contrairement au préjugé linéaire et hiérarchique qui oppose «entrée sensorielle» et «sortie motrice» et qui subordonne la seconde à la première, je n'ai pas à m'informer d'abord par la proprioception et le toucher de la localisation de mes membres pour les mouvoir en direction de l'objet perçu. De mon corps, je sais d'avance la position, la localisation et la conformation (et aussi l'inertie, l'élasticité... : *modèles internes*) parce que je m'en sers dans l'action.

L'enregistrement EEG des champs de potentiels intracorticaux locaux dans l'aire de représentation de la main a mis en évidence des oscillations mutuellement cohérentes d'une fréquence de 25 à 35 Hz corrélatives de l'accomplissement de mouvements précis des doigts requérant un effort d'attention[11]. Elles apparaissent de préférence lors de la récupération par le singe de raisins dans les trous d'un *Klüver board* ou encore lorsqu'il en cherche à tâtons dans une boîte à la hauteur de sa cuisse, ou dans la main de l'expérimentateur, quand celui-ci la déplace hors du champ visuel de l'animal. Mais leur fréquence ne varie pas en fonction de la nature de la tâche. Ces oscillations n'étant pas synchronisées avec les bouffées d'activité électromyographique des muscles de l'avant-bras, ne sont pas imputables à l'ordre moteur ni à des processus de préparation de l'action. Le fait qu'on a enregistré de telles oscillations en des sites d'implantation d'électrodes s'échelonnant sur un axe antéropostérieur chevauchant le sillon central suggère qu'elles signalent une synchronisation d'activités entre les régions précentrales dédiées à l'élaboration des ordres moteurs et les régions postcentrales du cortex somatosensoriel où sont intégrés les signaux sensorimoteurs. Cette synchronisation fronto-pariétale n'interviendrait pas obligatoirement à chaque mouvement, mais seulement lorsque la tâche requiert un effort de concentration de l'attention. Dans de telles circonstances, l'intégration sensorimotrice pourrait être facilitée par la mise en concordance de phase des activités oscillatoires des cortex somatosensoriel et moteur, activités globales qui elles-mêmes totalisent les contributions des interactions des cellules individuelles recrutées par la tâche. Une hypothèse analogue a d'abord été avancée dans le domaine de la vision par von der Malsburg comme solution possible au problème de la liaison (*binding problem*)[12]. La mise en cohérence transitoire des activations cellulaires sélectives des différents traits de la scène visuelle dégagés du signal visuel par les relais neuronaux hiérarchisés en V1, V2, V3, etc., pourrait favoriser l'intégration de ces traits en un unique percept d'objet visuel.

Les études de plasticité cérébrale induite dans les cartes représentatives de la main dans le cortex somatosensoriel par une déafférentation (amputation du bras ou sectionnement des nerfs) ont établi que ces cartes subissaient une réorganisation considérable dans la durée. On a montré dernièrement que l'attention exerçait aussi une influence modulatrice à court terme sur ces changements représentationnels[13]. La technique des potentiels évoqués permet une localisation des sources de potentiels évoqués dans le cerveau par une stimulation électrique des doigts. Après anesthésie par injection de l'index, du majeur et de l'annulaire, on applique une stimulation électrique au pouce et au petit doigt dans deux conditions. Dans un cas, on demande aux sujets de faire attention à une stimulation électrique juxtaliminaire appliquée aléatoirement au dos de leur main. Dans l'autre cas, ils doivent ignorer cette stimulation. Leur attention est alors spontanément concentrée sur la sensation désagréable des doigts anesthésiés. La distance entre les sources cérébrales correspondant respectivement au pouce et au petit doigt s'accroît lorsqu'ils font attention à leurs doigts anesthésiés et se contracte lorsque leur attention est détournée vers le dos de leur main. Ces effets contraires sont interprétés comme l'expression d'un changement rapide de l'équilibre entre excitation et inhibition qui régule l'entrée des stimulations sensorielles dans le cortex somatosensoriel de manière à en sauvegarder l'architecture fonctionnelle. Ainsi, l'expansion de la carte des doigts déafférentés protègerait leur territoire de représentation de l'invasion par les représentations des doigts voisins.

Les modifications du schéma corporel induites par l'usage d'outil dont témoigne notre expérience subjective du prolongement du bras par le bâton ou le marteau qu'on tient et de leur assimilation au corps propre ont une incidence sur l'architecture fonctionnelle du tissu nerveux qu'on a pu démontrer chez le singe[14]. On a entraîné des singes à l'emploi d'un râteau pour la récupération de boulettes de nourriture placées hors de la portée de la main de l'animal, lequel est fixé à sa chaise d'enregistrement. Les électrodes d'enregistrement ont été placées dans le bord antérieur du sillon intrapariétal de l'hémisphère contralatéral à la main utilisée, région de convergence de l'information somatosensorielle provenant du cortex postcentral et de l'information visuelle élaborée dans les aires occipitales. Cette région comporte des neurones à champs récepteurs bimodaux qu'active aussi bien une stimulation tactile appliquée à la peau de la main qu'un stimulus visuel (la boulette de nourriture) pénétrant dans la région du champ visuel environnant la main. Ils supportent une représentation corticale de la main homologue à la représentation de la main du cortex somatosensoriel postcentral. On repère les limites du champ récepteur visuel d'un neurone enregistré en reportant sur une carte les points auxquels ce neurone décharge lorsque l'expérimentateur promène au-dessus de la main du singe une boulette de nourriture. Normalement, ces points sont plus denses au-dessus de la main du singe. Un deuxième relevé effectué après que le singe ait utilisé le râteau pendant 5 min révèle que le champ récepteur visuel s'est allongé dans l'axe du râteau. Il se rétractera ensuite si le singe cesse de se servir du râteau, même s'il le garde en main. Les auteurs en concluent que cette expansion du champ récepteur visuel est liée «à l'intention immédiate du singe d'employer le râteau».

Les altérations du schéma corporel consécutives à un accident vasculaire cérébral dans l'hémisphère droit peuvent être évoquées ici dans le même sens. Une proportion importante de patients manifeste une héminégligence de l'espace contralatéral à leur lésion, le champ visuel gauche étant négligé au profit du droit. Or, un tel déficit, qui n'est pas sensoriel, mais attentionnel, peut être compensé si l'on demande au sujet non seulement de barrer des lignes sur une feuille de papier comme dans le test classique de bissection de lignes, mais de saisir de la main en son centre un objet tridimensionnel allongé[15]. L'attention volontaire exerce donc une influence modulatrice sur la carte somatosensorielle (ou la carte de l'espace péripersonnel) et cette influence est capable d'induire la réinnervation d'une représentation corticale déafférentée, mais non supprimée, par la lésion.

## CONCLUSION

Ces recherches sont sans doute très récentes, ou relativement récentes, mais leur thème est porteur, ce qui nous autorise une projection sur le futur. En dépit de ce que nous a inculqué une certaine épistémologie édifiante : la Science ne procèderait pas par accumulation, mais par révolutions (les trop fameuses «coupures épistémologiques»), il faut dire : au contraire, en science rares sont les révolutions, ou alors il faudra appeler ainsi la concentration périodique des travaux sur de véritables points d'accumulation des montages de protocoles expérimentaux : les idées de «manipes» ingénieuses que les équipes de recherche se suggèrent mutuellement, s'empruntent en y ajoutant quelques variantes (se «pillent» serait sans raison dévalorisant). Or, il n'y a qu'un léger paradoxe à cela : ce qu'on cherche, on le trouve. Après avoir cherché et trouvé des systèmes préattentionnels de la perception et de la décision[16], les laboratoires de sciences cognitives se lancent à présent dans la compétition pour des systèmes préperceptifs ou proactifs de l'attention et de l'intention. D'où, une prédiction sans risque : toujours plus précoce apparaîtra l'incidence cognitive de cette conscience qui, tout le monde il y a peu en était d'accord, devait être tard venue dans la hiérarchie du traitement cognitif, à cause de son coût de mise en œuvre trop important par rapport aux mécanismes automatiques de bas niveau. À une science cognitive naguère hostile à toute philosophie de la conscience succède une science cognitive prompte à se requalifier «théorie de la conscience» (sans d'ailleurs chercher à savoir s'il n'a pas existé là-dessus une ou plusieurs philosophie(s) de...). Tous ces travaux sur la précocité des phénomènes attentionnels dans la hiérarchie du traitement cognitif de l'information sensorielle se veulent, en effet, des théories de la conscience. Or, l'abus de langage n'est peut-être pas aussi flagrant qu'on pourrait le penser, puisque la conscience est indéniablement leur contexte englobant sinon leur thème direct et qu'ils ne l'abordent pas autrement qu'avec le procédé habituel des sciences empiriques : hypothèse théorique — épreuve expérimentale — nouvelle hypothèse théorique, etc.

Quoi qu'il en soit, une telle évolution des tendances de la recherche ne manquera pas de déplacer (changer de nature serait optimiste) les termes du rapport entre sciences cognitives et phénoménologie. La phénoménologie de la constitution transcendantale était (en son principe) compatible avec une possible physiologie de l'anticipation et de l'action qui n'était malheureusement pas la physiologie du réflexe ni la psychologie de la représentation à laquelle cette phénoménologie était en son temps confrontée. Une telle physiologie de l'anticipation et de l'action dégagerait les bases biologiques des opérations constituantes dont dépend pour le sujet l'attribution d'une valeur d'être indépendant et permanent à chacun des objets de son expérience, en un mot : la constitution de sens du monde perçu. À cette possibilité toute virtuelle d'une neurophysiologie de la conscience constituante, les résultats récents commencent à donner corps.

## Références bibliographiques

Alain C. & Woods D.L. (1997). *Psychophysiology*, *34*, pp. 534-546.
Berthoz A. (1997). *Le sens du mouvement*. Odile Jacob, Paris.
Berthoz A. (2003). *La décision*. Odile Jacob, Paris.
Brefcynski J.A. & DeYoe E.A. (1999). *Nature Neuroscience*, Vol. 2, n° 4, pp. 370-374.
Buchner H. et al. (1999). *Neuroscience Letters*, *260*, pp. 57-60.
Depraz N. & Gallagher G. (Eds) (2002-). *Phenomenology and the cognitive sciences*.
Husserl E. (1966). *Zur Phänomenologie des inneren Zeitbewusstsein (1893-1917)*. Martinus Nijhoff, La Haye / (1964) *Leçons pour une phénoménologie de la conscience intime du temps*, Presses Universitaires de France, Paris.
Husserl E. (1973). *Ding und Raum. Vorlesungen 1907*. Husserliana XVI, Martinus Nijhoff, La Haye / (1989) *Chose et espace. Leçons de 1907*. Presses Universitaires de France, Paris.
Iriki A. et al. (1996). *NeuroReport*, *7*, pp. 2325-2330.
Martinez A. et al. (2001). *Vision Research*, *41*, pp. 1437-1457.
Murthy E.N. & Fetz E.E. (1992). *PNAS*, Vol. 89, pp. 5670-5674.
Petitot J. et al. (Eds) (2002). *Naturaliser la phénoménologie. Essais sur la phénoménologie contemporaine et les sciences cognitives*, Eds du CNRS, Paris.
Petit J.-L. (2003). «Repenser le corps, l'action et la cognition avec les neurosciences» (dossier publ. ss la dir. de -), *Intellectica*, n° 37-38.
von der Malsburg C. & Schneider W. (1986). *Biological Cybernetics*, *54*, pp. 29-40.
Winkler I. & Czigler I. (1998). *NeuroReport*, *9*, pp. 3809-3813.
Woldorff M.G. et al. (1993). *PNAS*, Vol. 90, pp. 8722-8726.
Zeki S. (1993). *A vision of the brain*. Blackwell, Oxford.

## Notes

[1] Berthoz (1997 ; 2003).
[2] Témoins de cette tentative : la somme publiée sous la direction de J. Petitot *et al.* (2002), le dossier de la revue *Intellectica*, n° 37-38, réuni par J.-L. Petit (2003), et la revue internationale *Phenomenology and the cognitive sciences*, éditée par N. Depraz et S. Gallagher (2002-).
[3] Système analysé par Husserl dans les Leçons de 1905 : Husserl (1966).
[4] Pour reprendre les analyses des Leçons de 1907 : Husserl (1973).
[5] Voir l'ouvrage du neurophysiologiste anglais pionnier de l'exploration du système visuel au-delà des aires primaires V1 et V2 : Zeki (1993).
[6] Alain & Woods (1997).
[7] Winkler & Czigler (1998).
[8] Woldorff *et al.* (1993).
[9] Brefcynski & DeYoe (1999).
[10] Martinez *et al.* (2001).
[11] Murthy & Fetz (1992).
[12] von der Malsburg & Schneider (1986).
[13] Buchner *et al.* (1999).
[14] Iriki *et al.* (1996).
[15] Information du Prof. I. Robertson, Trinity College, Dublin.
[16] De deux images subliminaires de maisons, on ne choisit pas la maison en flammes qu'on nie pourtant avoir vue : cette donnée classique m'a été dernièrement rappelée par un chercheur fort éminent comme preuve de la fausseté de toute phénoménologie de la perception.

# DEUXIÈME PARTIE

# PSYCHOLOGIE ET ANTICIPATION

# Chapitre 5
# Le cerveau, organe de la représentation

Marc Jeannerod

Ce chapitre aborde les questions suivantes : comment nos actions sont représentées avant d'être exécutées, quelle est la nature neurologique de ces représentations motrices, et à quels états mentaux elles correspondent ? Ces interrogations peuvent paraître provocantes, dans la mesure même où de nombreuses théories de l'action — en particulier celle de Gibson, que nous allons examiner brièvement — postulent précisément qu'une action n'a pas à être représentée. Le point de vue adopté ici sera au contraire que les actions sont représentées avant d'être exécutées, que cette représentation fait partie intégrante de l'action, et qu'elle constitue avec l'exécution un continuum fonctionnel (Jeannerod, 2002).

## LA REPRÉSENTATION DE L'ACTION

C'est à la psychologie cognitive qu'il revient d'avoir récusé l'idée d'une transformation « directe » de la perception en action. Cette idée était défendue par la psychologie « écologique », représentée par Gibson. Selon cet auteur, l'environnement est perçu en tant que théâtre de nos actions : l'information que nous en retirons ne résulte pas d'une construction, ni d'inférences ; elle est directe, réelle, en ce sens qu'elle est calquée sur la réalité des objets et de leurs relations ; elle est objective en ce sens qu'elle résulte de l'adéquation de nos actions au monde environnant et du reflet de cette adéquation que l'action nous renvoie. Du même coup, cette relation étroite entre environnement, perception et action nous renseigne sur nous-mêmes : « To perceive the environment is to coperceive oneself » (voir Gibson, 1979). Parmi les multiples travaux de psychologie expérimentale suscités par cette théorie, une des manifestations les plus étudiées du couplage corps/environnement est le contrôle des déplacements dans l'espace visuel. Le défilement de la scène visuelle sur la rétine (le flux optique) dû aux déplacements propres du sujet dans l'environnement crée une configuration unique, qui n'appartient qu'à cette situation-là, vue de ce point de vue particulier. Cette étroite relation, et les mouvements que le sujet exécute pour s'y adapter, sont donc source d'information sur le sujet lui-même : l'action-dans-l'environnement est à la racine du soi écologique (ecological self). Nous sommes ce que nous faisons (Neisser, 1993). Le concept Gibsonien *d'affordance* permet de rendre compte de cette relation entre le sujet et l'environnement. Par ce néologisme, Gibson désigne le fait que, dans une situation donnée, l'environnement se prête à une action déterminée : une chaise incite à la position assise, un ballon «attend» le coup de pied. Même si l'action n'est pas exécutée, c'est en termes d'action potentielle que l'environnement est perçu. Notons que la perception des affordances ne se limite pas aux seules relations avec les objets inanimés; elle s'étend à la dimension sociale contenue dans l'environnement, où les autres individus sont eux aussi perçus comme porteurs d'affordances, et donc d'actions dirigées vers eux. L'affordance prélevée dans le monde extérieur dépend d'ailleurs du contexte, ce qui peut se traduire en termes d'une sélection prospective de l'action à exécuter : une collision entre la main et un objet peut être évitée dans un certain contexte, ou au contraire recherchée dans un autre contexte, celui où l'on désire saisir cet objet, par exemple.

La psychologie cognitive ne peut toutefois se contenter d'un sujet réactif, elle a besoin d'un sujet prospectif. Nos représentations d'action sont par définition des anticipations de la réalisation de nos désirs, des attentes concernant la véracité de nos connaissances. Elles sont fondées sur l'internalisation d'un but à atteindre, de surcroît dans des situations où les éléments qui déterminent ce but ne sont pas immédiatement présents dans l'environnement. Bien que l'idée d'une représentation prospective ne semble pas rejetée par les actuels gibsoniens, elle reste liée, selon eux, à l'interaction immédiate avec l'environnement et ne rend pas compte d'un comportement planifié à plus long terme (voir par exemple Berthoz et Petit, 2003). Pour illustrer le caractère inadéquat d'un contrôle direct de l'action par les stimulations extérieures, je prendrai comme exemple les signes pathologiques observés chez certains malades présentant des lésions étendues des lobes frontaux. Ce qu'on appelle le «syndrome frontal» se caractérise en particulier par une perte de l'indépendance vis-à-vis des stimuli extérieurs. Le malade qui en est affecté se trouve dans un état de distraction permanente, incapable de fixer son attention, réagissant sans discrimination à tout événement nouveau. Cet état peut prendre parfois la forme un peu caricaturale du comportement d'utilisation et du comportement d'imitation. Dans le comportement d'utilisation, le patient ne peut se retenir d'utiliser un objet placé devant lui : s'il s'agit d'une paire de lunettes, il se la met sur le nez, s'il s'agit d'un peigne, il se coiffe, s'il s'agit d'un briquet et d'une cigarette, il allume la cigarette... Dans le comportement d'imitation, le patient imite compulsivement les gestes faits devant lui par le neurologue (Lhermitte, 1983). Ces comportements traduisent l'asservissement de son comportement aux affordances présentes dans son environnement immédiat ; ils donnent en somme une image exagérée de ce que serait la vie sans représentations, où l'action serait guidée par les seuls évènements du monde extérieur et par les affordances extraites de l'environnement. Chez le sujet normal, heureusement, les lobes frontaux jouent leur rôle normal qui consiste à participer à la construction de représentations et de plans d'action à long terme et à inhiber les réponses aux évènements intercurrents et sans rapport avec le but à atteindre.

Gibson qui, avec sa référence écologique, restait hostile à l'idée d'un contenu mental interposé entre perception et action, était encore dans la mouvance behavioriste. À partir de la fin des années 1940 s'opère un renversement de tendance : le contenu mental est réhabilité et sa participation à la genèse de l'action peut être envisagée. On attribue souvent la restauration du paradigme de la représentation au contact de la psychologie avec les sciences naissantes de l'ordinateur. Cette nouvelle discipline avait fait entrevoir la possibilité de créer à l'intérieur d'une machine des états fonctionnels qui représentent différents aspects de la réalité. Ces *modèles internes*, selon la formule de Craik en 1947, ont en effet les propriétés qu'on attend d'une représentation : on peut concevoir (et réaliser) des machines qui fonctionnent en simulant non seulement la réalité extérieure et l'état interne de la machine, mais aussi les effets d'une action de la machine sur cette réalité extérieure et sur l'état de la machine elle-même. En ce sens, ces modèles internes dont dispose la machine ont bien un caractère «intentionnel», dans la mesure où ils représentent une action et ses effets avant même qu'elle se soit manifestée. Wolpert *et al.* (1995) ont récemment présenté un modèle de ce type, capable de prédire le résultat d'un mouvement désiré et d'introduire rapidement des corrections de trajectoire en anticipant sur les effets d'éventuelles erreurs par rapport à ce résultat. Le modèle est la combinaison de deux processus : le premier processus simule le déroulement du mouvement à partir d'une estimation de l'état instantané du système et de la commande motrice produite par la représentation. Le second processus simule les réafférences sensorielles que provoquerait le mouvement simulé par le premier processus. La comparaison entre réafférences simulées et vraies réafférences sensorielles (celles qui parviennent au système lorsque l'exécution du mouvement a effectivement débuté) permet bien de rendre compte de la détection et de la correction très rapide d'éventuelles erreurs survenant aux divers stades du processus.

Ce type de modèle est maintenant utilisé dans le domaine des neurosciences de l'action. C'est ainsi qu'une action, sans être exécutée, peut être maintenue au stade de la représentation, sans dépasser le stade du projet ou de l'intention. Elle peut également être mentalement simulée (sous la forme d'une «image motrice») ou encore faire l'objet d'une description verbale. L'existence de ces différents états pose le problème de savoir s'ils constituent bien des modalités d'activation du même mécanisme représentationnel ou, au contraire, s'ils relèvent de l'activation de mécanismes distincts. Une partie de la réponse à cette interrogation semble être apportée par des résultats expérimentaux. L'étude du métabolisme cérébral local chez le sujet normal (utilisant des techniques de tomographie par émission de positons ou de résonance magnétique nucléaire, par exemple) a montré que les zones cérébrales activées lors de la préparation de l'action et surtout lors de l'imagerie motrice se superposent en partie avec les zones qui s'activent lors de l'exécution proprement dite (Hanakawa, 2003). L'aire motrice primaire elle-même est activée au cours de l'imagerie motrice, ce qui constitue, si l'on considère que les neurones de cette région ne sont séparés des muscles correspondants que par un seul relais synaptique, un exemple remarquable de «pénétration cognitive» des mécanismes d'exécution. Ces résultats tendent à montrer que les différents états de l'action dont il était question ci-dessus partagent une même répartition fonctionnelle de l'activité nerveuse. D'autres arguments renforcent cette idée d'une représentation en partie commune à plusieurs états, en particulier le fait qu'une action simulée mentalement devient ensuite plus facile à exécuter réellement : cet effet d'entraînement se comprend facilement si l'on admet que l'action simulée implique des circuits nerveux aussi utilisés lors de l'action exécutée. Certains résultats suggèrent même que l'observation d'une action exécutée par un tiers, la simple observation d'outils ou l'évocation de verbes d'action constituent des états proches de l'action elle-même (Jeannerod, 2004).

Le comportement humain vis-à-vis des outils permet d'ailleurs d'introduire ici une remarque plus générale sur le rôle des représentations d'actions dans la mise en œuvre de techniques complexes et dans l'anticipation de leurs résultats. L'utilisation d'outils s'observe en effet chez de nombreuses espèces animales et elle est courante chez les primates non humains. Dans ce dernier cas, les outils sont trouvés sur place, leur utilisation, plus ou moins fortuite, est guidée par l'affordance des objets avec la tâche à accomplir. Ce qui fait la spécificité humaine, en revanche, ce n'est pas l'utilisation d'outils en elle-même, mais plutôt la création de nouveaux outils en l'absence d'une incitation directe de l'environnement. L'invention et la fabrication de ces nouveaux outils (des artefacts au sens propre) nécessite une capacité d'abstraction et d'anticipation portant sur la représentation du but à atteindre, même si l'outil lui-même n'a pas de lien direct avec l'objectif à atteindre. On passe ainsi de l'utilisation de l'outil à l'invention de la technique. L'invention de la technique métallurgique permet la fabrication d'armes qui seront ensuite utilisées pour la chasse. Ce simple exemple laisse entrevoir des relations entre la fabrication d'outils et l'utilisation du langage. Le langage devient nécessaire lorsqu'il s'agit d'établir des plans ou de communiquer des informations sur des choses absentes ou abstraites.

## LE RÔLE DES REPRÉSENTATIONS DE L'ACTION DANS LA CONNAISSANCE DE L'AUTRE

Le fait que la production d'une action et son observation impliquent des mécanismes communs suggère une équivalence entre les représentations propres au seul sujet et les représentations nées de l'interaction avec d'autres individus. Le fait que beaucoup de ces représentations soient des représentations «partagées» rend bien compte, comme on le verra plus loin, de la capacité que possède chaque individu d'attribuer des états mentaux et des intentions à autrui et, dans une certaine mesure, d'en comprendre la signification. Dans une certaine mesure, en effet, la connaissance des états mentaux d'autrui passe par une simulation de ces états à l'intérieur de soi-même. Cette capacité de simulation a une réelle pertinence écologique, non seulement pour la communication entre individus, mais aussi pour la transmission des connaissances : une part importante de l'apprentissage se fait par observation et imitation des actions des autres.

La contrepartie de ce mécanisme de représentation commune à plusieurs états est que l'attribution de l'action à sa véritable source pose problème, non seulement au physiologiste, mais aussi au sujet lui-même. Si la même représentation est partagée entre plusieurs agents, par quel moyen un sujet parvient-il à identifier l'origine (endogène ou exogène) des représentations qui activent son cerveau ? Cette question est d'autant plus pertinente que la plupart de nos représentations d'action se construisent de manière implicite et non de manière consciente. Une observation classique de Libet *et al.* (1983) illustre ce point en montrant que les signes physiologiques précurseurs de la production d'un mouvement volontaire (potentiels électriques enregistrés sur le scalp) précèdent de près d'une demi-seconde la sensation consciente d'avoir «voulu» et «décidé» ce mouvement. À cette observation s'ajoute l'expérience courante du caractère labile et vite estompé de la conscience de la plupart de nos actions. La mémoire de travail qui rend possible l'enchaînement de séquences motrices possède en effet une durée de vie courte et opère, elle aussi, en partie en dehors du contrôle de la conscience. La prise de conscience des représentations motrices pourrait être limitée à celles qui ne sont pas destinées à être rapidement traduites en action. Le passage à l'acte implique en effet que les commandes, pour être compatibles avec l'état de l'appareil d'exécution, soient rapidement transférées dans un référentiel centré sur le corps de l'agent, et donc un référentiel «privé»; par contre, une représentation qui reste au stade de l'intention peut conserver un codage d'un niveau plus général, accessible non seulement à l'agent lui-même, mais aussi, de manière plus indirecte, à un observateur extérieur qui cherche à prédire le comportement de l'agent. Ce sont ces représentations-là, selon Frith (1995), qui auraient le plus de chance d'accéder à la conscience.

Si les intentions sont ainsi souvent produites de manière inconsciente, on conçoit bien la nécessité d'un mécanisme permettant un étiquetage automatique de leur origine. La prise en compte physiologique des signaux liés à la construction d'une intention est donc un mécanisme-clé pour la détermination de l'agent responsable. Bien qu'en apparence banale, la capacité d'attribuer une action à son auteur recèle une difficulté de fond. En effet, si, comme nous l'évoquions plus haut, une même représentation peut être partagée par plusieurs agents, par quel moyen un sujet parvient-il à identifier la partie de cette représentation qui lui revient (dont il est l'auteur)? Cette question est d'autant plus pertinente que la plupart de nos représentations d'action se construisent de manière implicite et non de manière consciente. Nous les découvrons souvent au moment d'agir. La conscience que nous pouvons avoir de nos actions est d'ailleurs vite estompée et possède, comme nous l'avons vu, un caractère très labile.

Puisque nos propres intentions sont souvent produites sans que nous en soyons conscients, et qu'elles risquent de surcroît d'être confondues avec les représentations que nous construisons à partir des intentions et des actions des autres, elles doivent nécessairement porter une étiquette qui nous indique leur origine. Les moyens par lesquels nous effectuons cette distinction entre nous et les autres, autrement dit, les signaux (sensoriels ou autres) sur lesquels nous nous fondons pour distinguer ce qui est nôtre de ce qui ne l'est pas, sont de plusieurs sortes. On peut les ranger en deux catégories, selon que l'on parle des signaux dits « en première personne » ou des signaux dits « en troisième personne ». Les signaux en première personne sont la conséquence directe de nos actions, ils nous appartiennent sans ambiguïté : c'est le cas des signaux kinésthésiques qui prennent naissance dans nos muscles et nos articulations lors d'un mouvement. Les signaux en troisième personne sont ceux qui dérivent d'une action étrangère. Ce sont le plus souvent des signaux d'origine visuelle puisque l'action de l'autre est avant tout perçue visuellement. Toutefois, ces signaux ont une valeur d'information limitée à la perception d'actions effectivement exécutées. Qu'en est-il des actions seulement représentées ? Dans ce cas, ni les signaux kinésthésiques, ni les signaux visuels ne sont utilisables. Nous sommes bien là au cœur de la difficulté : comment rendre compte de l'attribution, à soi ou à l'autre, d'une représentation, c'est-à-dire d'un état mental qui, par définition, n'engendre pas de signaux sensoriels ? Car c'est bien à ce niveau-là, plus qu'au niveau de l'action exécutée, que risque de se produire la confusion.

L'idée de représentations partagées évoquée ci-dessus découle en partie de résultats expérimentaux, mais aussi de considérations théoriques. Expérimentalement, l'observation d'une action exécutée par un tiers provoque, dans le cerveau de l'observateur, une activation similaire à celle qu'il aurait s'il exécutait (ou se représentait) lui-même cette action. Nos représentations ne se limitent donc pas à des états mentaux endogènes, que nous avons nous-mêmes créés. Au contraire, le fait que la production d'une action et son observation impliquent des mécanismes communs suggère une équivalence entre les représentations propres au seul sujet et les représentations nées de l'interaction avec d'autres individus : la même action peut être représentée simultanément par celui qui l'exécute (ou a l'intention de l'exécuter), et par celui qui l'observe (ou qui cherche à en déchiffrer le contenu). Au niveau théorique, l'existence de ces représentations partagées nous rapproche de tout un secteur de la psychologie cognitive, celui qui étudie la capacité que possède chaque individu d'attribuer des états mentaux et des intentions à autrui et, dans une certaine mesure, d'en comprendre la signification. Une représentation partagée par deux individus correspondrait à la mise en œuvre, en quelque sorte, de cette capacité fondamentale de connaissance des autres et de communication entre individus.

La contrepartie de ce mécanisme commun à plusieurs états est que l'attribution de l'action à sa véritable source risque de poser problème. À l'état normal, en effet, toute action est référée à son auteur : je sais, même si je n'en suis pas toujours conscient, que je suis bien l'auteur de l'action que je viens d'exécuter. Je sais également que tel ou tel état mental (lorsque je me remémore une action, lorsque je pense à une action que j'ai l'intention d'exécuter, etc.) a bien son origine dans mon esprit et non dans celui d'un autre. À l'inverse, lorsque je suis spectateur d'une action exécutée par une autre personne, je n'ai pas de difficulté à admettre qu'elle en est bien l'auteur. Je suis même capable de détecter l'état mental de cette personne (ses intentions à mon égard, par exemple), alors même qu'elle ne présente pas de comportement caractérisé.

Même si elles sont rares chez le sujet normal, les incertitudes d'attribution représentent un trait caractéristique de nombreux troubles psychiatriques. Ce fait est illustré par les observations d'hallucinations et de délire empruntées à des descriptions cliniques de patients schizophrènes. Ces malades présentent fréquemment un sentiment d'emprise ou d'influence extérieure qui les pousse à attribuer à d'autres leurs propres actions. Selon Pierre Janet, le trouble essentiel à l'origine de ces délires est une exagération de *l'objectivation sociale* qui pousse les patients à attribuer à autrui leurs propres actes : le malade entend des voix qui proviennent de l'extérieur, mais, comme le mentionnait déjà Bergson, on voit ses lèvres bouger, son larynx vibrer (Janet, 1937). Ce que le patient entend « à l'extérieur » vient en fait de l'intérieur de lui-même, c'est son propre discours qu'il attribue à une intention étrangère qui s'impose à lui. Les voix s'arrêtent d'ailleurs quand on demande au patient de s'engager dans une activité langagière, comme converser avec quelqu'un, ou de compter tout haut.

Janet élabore une hypothèse fondée sur un déficit de la perception de la personnalité des autres. La personnalité du sujet et celle du « socius » s'édifient ensemble. Le problème que rencontre chaque sujet est donc de clairement séparer ces deux personnalités l'une de l'autre, par l'attribution de chaque acte à l'une ou l'autre de ces deux personnalités primitivement confondues. La confusion dans la répartition des actes peut d'ailleurs jouer dans les deux sens : à l'abus d'objectivation sociale s'oppose la *subjectivation intentionnelle*, où le malade s'attribue l'initiative des actes des autres. Dans ce cas, ce n'est pas l'acte (ce que fait l'autre) qui est mal attribué, c'est l'intention de cet acte. Ces délires d'attribution sont donc en fait des récits sociaux.

Henri Ey faisait remarquer que ce phénomène d'étrangeté de ses propres pensées n'est pas spécifique du malade mental (Ey, 1934). L'impression qu'a le sujet normal de diriger ses pensées est une illusion. Les phénomènes d'inspiration soudaine ou d'intuition, que nous éprouvons tous à un moment ou à un autre sont autant d'exemples de l'irruption d'éléments nouveaux dans notre pensée. Le sujet normal n'a toutefois pas de difficulté à se reconnaître comme l'auteur de ces pensées ou de ces intentions : il se reconnaît comme agent de ses propres paroles dans la mesure même où il reconnaît que les idées qu'il exprime sont les siennes, même si les mots viennent tout seuls. C'est l'accord entre ses intentions et son langage qui entraîne son sentiment de propriété. Ce qui différencie ces phénomènes de ceux qu'éprouve le malade délirant, ce n'est donc pas leur nature, somme toute banale : c'est le fait qu'ils ne sont pas attribués à leur origine réelle. Ce qui confère à l'automatisme du schizophrène son caractère délirant, ce n'est donc pas son déclenchement impulsif et involontaire, c'est la signification que le malade lui attribue. Il existe d'ailleurs d'autres situations pathologiques liées à des maladies neurologiques où de semblables automatismes se produisent, sans entraîner pour autant de sentiment d'influence ou de perte de contrôle du moi : dans la maladie des tics, ou dans certains cas de maladie de Parkinson post-encéphalitique, par exemple, le malade prononce des paroles forcées tout en reconnaissant leur origine étrangère (« je dis des paroles obscènes, je suis obligé de les répéter, c'est ma maladie »).

Le mécanisme de ces erreurs d'attribution, qui engendrent chez le psychotique un sentiment aussi fort d'emprise et d'influence extérieure, reste à déterminer. Une voie de recherche semble tracée par les résultats obtenus chez le sujet normal par les techniques modernes de neuro-imagerie. Ces travaux mettent progressivement en évidence l'existence d'un système fonctionnel traitant l'information nécessaire à l'attribution des actions à leurs auteurs. Une région particulière du lobe pariétal (la région du gyrus angulaire) enregistre de manière sélective le degré de concordance entre l'action que le sujet exécute et les conséquences visuelles de cette action : son niveau d'activation est d'autant plus élevé que la concordance diminue. En d'autres termes, c'est lorsque le sujet ne reconnaît plus sa propre action, qu'il ressent comme étrangère, que l'activité du gyrus angulaire est la plus importante. Cette modulation de l'activité représente donc un signal d'attribution de l'action, à soi ou à l'autre selon les cas. Chez les patients schizophrènes, la même région ne présente qu'une faible modulation de son activité en fonction de la concordance entre une action et ses conséquences. On peut donc penser que le signal d'attribution n'est plus suffisamment intense ou précis pour informer utilement l'agent. Ce type de résultat (voir Jeannerod, 2003) montre qu'une altération, même minime, de l'organisation fonctionnelle d'un réseau nerveux peut avoir des conséquences dramatiques pour l'attribution des actions et la compréhension des rapports sociaux.

## Références bibliographiques

Berthoz, A. & Petit, J.L. (2003). «Nouvelles propositions pour une physiologie de l'action». *Intellectica*, *36/37*, 367-362.

Craik, K.J.W. (1947). *The nature of explanation*. Cambridge : Cambridge University Press.

Ey, H. (1934). *Hallucinations et délires. Les formes hallucinatoires de l'automatisme mental*. Paris, Alcan.

Frith, C.D. (1995). «Consciousness is for other people». *Behavioral and Brain Sciences*, *18*, 682-683.

Gibson, J.J. (1979). *The ecological approach to visual perception*. Boston : Houghton Mifflin.

Janet, P. (1937). «Les troubles de la personnalité sociale». *Annales Médico-Psychologiques*, Juillet, 95, 149-200.

Jeannerod, M. (2002). *La Nature de l'esprit*. Paris, Éditions Odile Jacob.

Jeannerod, M. (2003). «Les troubles de la reconnaissance de soi : une approche neuropsychologique des symptômes positifs de la schizophrénie». *Médecine/Science*, *19*, 621-624.

Jeannerod, M. (2004). «Action from within». *International Journal of Sport and Exercise Psychology* (in press).

Lhermitte, F. (1983). «Utilisation behaviour and its relation to lesions of the frontal lobes». *Brain*, *106*, 237-255.

Libet, B., Gleason, C.A., Wright, E.W. & Perl, D.K. (1983). «Time of conscious intention to act in relation to cerebral activities (readiness potential). The unconscious initiation of a freely voluntary act». *Brain*, *102* : 193-224.

Neisser, U. «The self perceived». In : *The perceived self. Ecological and interpersonal sources of self-knowledge*, Cambridge : Cambridge University Press, pp. 3-21.

Wolpert, D.M., Ghahramani, Z. & Jordan, M.I. (1995). «An internal model for sensorimotor integration». *Science*, *269*, 1880-1882.

# Chapitre 6
# Anticipation et mémoire prospective : l'approche de la neuropsychologie cognitive

Lilianne Manning

## INTRODUCTION

Le comportement guidé par une intention implique l'existence d'un but qui dirige l'intention (*purposive goal-directed behaviour*) ; l'intention requiert donc la participation des processus mnésiques prévisionnels. Il s'agit, en effet, de l'encodage et du maintien ou stockage des traces mnésiques concernant l'anticipation sous la forme d'*intention* de réaliser une action. Cette mémoire prospective nous permet d'accomplir d'innombrables actes et gestes nécessaires au déroulement normal de notre vie quotidienne.

La recherche dans ce domaine vise l'identification et la caractérisation des processus cognitifs qui rendent possible la réalisation des actions anticipées, ainsi que la spécification de leurs soubassements neuroanatomiques. Pour cela, on utilise les deux approches de la neuropsychologie : l'étude anatomo-clinique chez le patient cérébro-lésé et l'étude des activations cérébrales, au moyen de l'imagerie cérébrale fonctionnelle, chez le sujet sain.

Le présent chapitre a comme objectif de présenter au lecteur l'état de l'art de la mémoire prospective à travers ces deux méthodes de la neuropsychologie.

## 1. ÉTUDE ANATOMO-CLINIQUE

L'observation clinique des patients qui souffrent de lésions des lobes frontaux met en évidence un effet délétère sur les activités de la vie quotidienne, alors même que les fonctions cognitives sont majoritairement ou parfaitement préservées. Il s'agit donc de troubles qui n'affectent ni le raisonnement général, ni les systèmes mnésiques autres que la mémoire prospective et qui sont suffisamment graves pour l'emporter sur ces fonctions normales.

Lorsqu'un patient est incapable de réaliser les actions qu'il conçoit et planifie sans difficulté, deux cas de figure peuvent exister : (i) le déficit à l'origine rend impossible l'exécution de l'action elle-même ; ces cas cliniques ne font pas l'objet du présent chapitre ; (ii) le déficit affecte la capacité de passer de l'intention à l'action. C'est ce type de trouble qui sera abordé dans les paragraphes suivants.

Le cas de Phineas Gage, décrit par Harlow en 1868, constitue le premier rapport détaillé d'un patient chez qui l'intention dirigée vers un objectif ne se traduisait plus en action :

«Il conçoit beaucoup de projets pour des actions dans l'avenir qui, aussitôt planifiées, sont abandonnées et remplacées par d'autres, apparemment plus facilement réalisables» (*in* Miller, 1993). Un cas plus récent est le patient EVR (Eslinger & Damasio, 1985) qui, après l'exérèse d'un méningiome bilatéral orbitofrontal, présente un QI très supérieur (130). Sa performance s'est avérée satisfaisante aux nombreux tests neuropsychologiques évaluant, entre autres, les fonctions attribuées aux lobes frontaux. Cependant, depuis son opération, EVR présente des troubles du comportement qui se soldent par plusieurs licenciements, la perte du capital accumulé durant toute sa vie active avant sa maladie, la perte de l'argent emprunté à sa famille et à ses amis. Il divorce, se remarie et divorce à nouveau en moins de deux ans.

Plusieurs autres cas s'ajoutent à ces deux patients princeps. Ainsi, à titre d'exemple, Shallice et Burgess (1991) ont étudié 3 patients, AP, DN et FS. Le patient AP est probablement le plus représentatif de cette série. Il avait souffert d'un traumatisme crânien avec fracture de la fosse antérieure ; les résultats de l'imagerie cérébrale (TAC) montraient des lésions frontales bilatérales. AP était incapable de réaliser les activités de la vie quotidienne sans une incitation externe et il lui était impossible d'exprimer ce qu'il allait ou souhaitait faire dans les jours ou dans les heures à venir. Von Cramon et von Cramon (1994) ont étudié un cas similaire, le patient GL; Duncan *et al.* (1995), le cas DS; Manning et Coin (1996), PB, et Goel et Grafman (2000), le patient PF.

L'intérêt de considérer un ensemble de cas uniques repose sur la possibilité de détecter des fonctions intactes et des troubles qui soient présents dans la plupart des cas. Pour commencer par les fonctions préservées, aucun de ces patients ne montre des signes de difficulté aux tests de raisonnement verbal et non verbal (et il s'avère que tous ces patients présentent un QI *supérieur*). La performance aux tests de mémoire antérograde est intacte, sauf pour les patients DN et FS chez qui on observe un déficit léger. Le langage et les fonctions visuo-perceptives et spatiales sont normaux et, plus important, les fonctions exécutives attribuées aux lobes frontaux sont largement ou parfaitement préservées dans tous les cas. À partir de ces constatations, on peut donc affirmer que les déficits comportementaux ne sont pas le reflet de l'altération de fonctions frontales telles que l'attention, le maintien on-line et la manipulation de l'information, la génération des stratégies, la flexibilité mentale ou la prise en compte du feedback. Quant aux déficits présents chez ces patients, une synthèse basée sur des données quantitatives se heurte à l'absence quasi totale de tests proposés en séance d'évaluation tels que ceux utilisés pour les fonctions cognitives, précédemment commentées. En effet, les déficits dont souffrent ces patients, à savoir, une incapacité d'adaptation à des contraintes temporelles et des troubles de l'actualisation de la mémoire prospective, sont issus de situations réelles et complexes. Les difficultés des patients émergent dans des situations qui nécessitent une structuration d'objectifs, en l'absence de contraintes externes bien définies. Ces difficultés sont, en conséquence, très rarement mises en évidence en conditions d'examen en clinique neuropsychologique. Le *Six Elements Test* (SET; Burgess *et al.*, 1996) et le *Greenwich Test* (Burgess *et al.*, 2000) sont, très probablement, les seules tâches qui visent la quantification des situations de vie réelle en sollicitant de manière ciblée la mémoire prospective. Le *Greenwich Test* a moins de sous-tests et plus de règles à rappeler que le SET, mais les bases théoriques et pratiques sont similaires. L'analyse des résultats à ces tests ainsi que la comparaison avec les scores aux autres épreuves sensibles aux troubles des lobes frontaux montrent que ces derniers sont insensibles aux troubles de la mémoire prospective. Sur cette base, Burgess *et al.* (2001) suggèrent que les différentes étapes qui mènent à la concrétisation de l'action anticipée dépendent d'un ensemble de processus cognitifs différent de ceux à l'œuvre lors des tests des fonctions frontales.

De ces deux fonctions altérées, la capacité d'adaptation à des contraintes temporelles et la mémoire prospective, toutes deux liées à l'anticipation, seule la mémoire prospective a fait l'objet d'une recherche sinon abondante, du moins suffisamment articulée pour tenter une synthèse.

Les conséquences délétères des troubles de la mémoire prospective ont été étudiées par Damasio (1996), dans le cadre de son modèle des marqueurs somatiques. Son point de départ est que les systèmes frontaux élaborent et déclenchent une réponse comportementale en tenant compte des données de l'environnement et des données cognitives et émotionnelles stockées dans la mémoire. Notamment, il attire notre attention sur l'inscription végétative qui accompagne la trace mnésique dans l'organisation neuronale du stockage des situations vécues. La *mémoire du lien* entre une catégorie donnée de situations vécues et un état somatique correspondant serait, normalement, stockée de manière permanente. En cas de lésion affectant les zones ventro-médianes des lobes frontaux, c'est la mémoire de ce lien qui serait endommagée. Le patient se rappelle les situations vécues sans difficulté et présente des réactions somatiques (au niveau électrodermal) tout à fait normales, cependant, il lui est très difficile soit d'anticiper une action, soit d'anticiper les conséquences de ses actions. Pour leur part, Shallice et Burgess (1991) et Burgess (2000) proposent — dans le cadre du modèle du système attentionnel de supervision (SAS de Norman et Shallice, 1986) — l'hypothèse des marqueurs intentionnels et des marqueurs temporaux. Préalablement à la conception de leur hypothèse, les auteurs ont constaté que les patients présentent un niveau normal de motivation pour la réalisation des tests et qu'ils comprennent et se rappellent sans difficulté les objectifs proposés. Ils suggèrent donc que la motivation étant préservée, ce serait le lien entre celle-ci et le but à réaliser qui serait lésé. Cette suggestion est basée sur l'analyse des processus d'anticipation chez le sujet sain. En aucun cas, constatent les auteurs, le sujet intact réalise des plans et des projets *complets*. La planification des comportements complexes est fortement opportuniste, le sujet s'adapte sur le coup aux progrès et aux difficultés rencontrées. Cependant, pour réaliser correctement les actions planifiées, les processus opportunistes d'adaptation doivent être constamment guidés par l'intention initiale. C'est la présence de l'intention qui rend possible le passage du plan schématique et potentiel à la réalisation ultérieure. En cas de lésion, l'activation de l'intention en différé n'a plus lieu et la mise en place de l'action intentionnelle n'est pas déclenchée, le moment approprié à la réalisation de l'action nouvelle devient caduc, l'action elle-même est remplacée par une action de routine, non planifiée et, par conséquent, inadéquate par rapport à un contexte donné. Ainsi, par exemple, le patient qui a une longue habitude de prendre le bus pour ses déplacements apprend que les conducteurs de transport en commun sont en grève, se rappelle sans difficulté cette information, cependant, en s'engageant dans la rue où se trouve l'arrêt de bus, il s'y dirige et attend.

Ce modèle de Shallice et Burgess complète celui de Damasio : l'impossibilité de mettre en place une action non routinière et l'incapacité d'anticiper les conséquences des actions décrivent de manière plus complète les éventuelles difficultés de ces patients, sans toutefois prendre en compte tous les cas possibles.

Une tentative d'explication bien plus ambitieuse et basée sur les soubassements neuroanatomiques impliqués en cas de déficit des différentes composantes de tâches multiples (*multitasking*) a été réalisée par Burgess *et al.* (2000). Ces auteurs ont mené une étude de groupe comportant 60 patients présentant une pathologie soit tumorale soit vasculaire soit traumatique. Une des conclusions de l'analyse neuroanatomique (conduite chez les 46 patients qui avaient bénéficié d'un examen en imagerie cérébrale) confirme l'implication des zones frontales telle que mise en évidence dans les études précédentes. En effet, les travaux de cas uniques qui rapportent des données en neuroimagerie (concernant les patients EVR, AP, FS, DN) montrent des lésions dans une ou plusieurs des zones cérébrales signalées par Burgess *et al.* comme cruciales pour mener à terme des tâches de mémoire prospective. Ces zones sont le cortex cingulaire antérieur, les portions médianes des aires de Brodmann 10, 9 et 8 et le cortex préfrontal dorsolatéral à droite. Par ailleurs et de manière plus générale, ils signalent l'implication des parties médianes de l'hémisphère gauche et l'interprètent en termes d'atteinte aux processus mnésiques rétrospectifs nécessaires à l'apprentissage et au rappel des contingences des tâches, règles à respecter pour la réalisation des tests, etc., ainsi qu'aux processus mnésiques prospectifs comme, par exemple, le suivi d'un plan conçu.

L'étude de Brunfaut *et al.* (2000) sur des patients atteints de la démence de Korsakoff a permis de détecter une double dissociation concernant la mémoire prospective et les autres systèmes de mémoire. Les patients souffrant de la démence de Korsakoff présentent des troubles sévères de la mémoire antérograde dus, notamment, aux lésions diencéphaliques, plus des troubles aux tests sensibles au dysfonctionnement du lobe frontal, dus aux déconnexions fronto-limbiques. Dans ce contexte cognitif très altéré, les auteurs ont étudié la mémoire prospective et ont trouvé une performance étonnement adéquate et, dans la plupart des cas, non significativement différente des performances obtenues par un groupe de sujets alcooliques non amnésiques. Les auteurs expliquent ce résultat par le traitement approprié de ce type d'information rendu possible par un processus attentionnel automatisé.

## 2. ÉTUDE EN NEUROIMAGERIE FONCTIONNELLE CHEZ LE SUJET SAIN

La contribution des neurosciences, notamment l'approche neuropsychologique qui intègre des techniques d'imagerie cérébrale fonctionnelle à la compréhension de l'anticipation mnésique, est la voie la plus prometteuse — bien qu'elle en soit à ses débuts — de l'étude des fonctions cognitives chez le sujet sain. C'est à travers ces travaux, dont les résultats complètent ceux provenant de la clinique, qu'une série de caractéristiques de la mémoire prospective a été établie.

De manière générale, la mémoire prospective requiert la formation et le maintien de la trace mnésique d'une intention, ce qui est la mémoire prospective proprement dite. Par ailleurs, elle fonctionne sur des processus attentionnels partagés entre deux tâches qui se déroulent en parallèle (*ongoing tasks*). Il est également nécessaire que les processus attentionnels et mnésiques maintiennent un contrôle portant sur la détection des indices prospectifs de manière à récupérer l'intention encodée et réaliser l'action-réponse à l'indiçage prospectif. Il existe un ensemble de données qui montre que la mémoire de l'intention est supérieure à la mémorisation d'autres types d'information. Ainsi, le sujet qui apprend une liste d'actions (par exemple, toucher la table, bouger la chaise...), sachant que certains de ces items sont à mémoriser seulement, alors que d'autres sont à réaliser, ce sont ces derniers qui seront mieux rappelés (Koriat *et al.*, 1990). Ce phénomène appelé *effet de supériorité de l'intention* semble indiquer que l'intention active la trace mnésique de manière plus robuste que l'information contenue dans les tests de mémoire sans demande d'action ultérieure.

Plus spécifiquement, Burgess *et al.* (2003) indiquent certaines caractéristiques liées à *l'intention* d'agir. Tout d'abord, l'accomplissement de l'action doit être différé, le délai allant de quelques minutes à quelques heures. Typiquement, le délai est un intervalle rempli, ce qui rend impossible le rafraîchissement ininterrompu de l'intention. La caractéristique suivante se réfère au contexte de récupération de l'information dans lequel sera réalisée l'action, contexte qui a un déclenchement qui lui est propre, mais toujours subjectif. Ce point comporte certaines difficultés méthodologiques. Effectivement, l'actualisation de l'intention, tout en étant subjective, peut être aidée par des déclencheurs externes ou des unités temporelles, ou bien il peut s'agir d'une intention d'action sans temps précis et comportant soit une action habituelle, mais déplacée de son contexte, soit une action nouvelle. La difficulté méthodologique provient du fait que la présence des facteurs spécifiques peut affecter le processus de l'intention encodée et de sa récupération.

Quant aux soubassements neuroanatomiques mis en évidence à travers la recherche sur le cerveau intact, c'est l'étude d'Okuda *et al.*, en 1998, qui a montré pour la première fois les activations cérébrales lors d'une tâche de mémoire prospective. Son étude, réalisée en tomographie par émission de positons (TEP), rapporte une augmentation significative du flux sanguin régional cérébral (FSCr) dans les zones suivantes de l'hémisphère gauche : cortex cingulaire antérieur, aire de Brodmann (BA) 10, gyrus parahypocampique, BA 8 et 9. Les activations de l'hémisphère droit ont été détectées au niveau du cortex préfrontal dorsolatéral et du cortex préfrontal ventral. Comme nous l'avons commenté plus haut, les résultats neuroanatomiques des études cliniques sont cohérents avec ce premier travail chez le sujet sain, notamment en ce qui concerne le cortex cingulaire antérieur et les BA 8 et 10.

Burgess *et al.* (2001), lors d'une étude de sujets normaux, se sont penchés sur la détection des soubassements neuroanatomiques du maintien de l'intention et de la réalisation de l'intention. En accord avec Okuda *et al.*, ils confirment l'activation cérébrale significative de BA 10, bilatérale mais plus importante à gauche, et du cortex préfrontal dorsolatéral à droite. Par ailleurs, la réponse ou réalisation de l'action montre une activation du thalamus.

En résumant ces deux études pionnières, il apparaît que la région qui comprend la partie ventrale frontale proche du pôle frontal et qui s'étend 3 à 4 cm vers la zone supérieure, c'est-à-dire pour une large partie BA 10, a un rôle fondamental dans la mémoire prospective. Cependant, cette implication de BA 10 pourrait s'expliquer également par un niveau plus élevé de difficulté, inhérent aux tâches présentées et indépendant des processus de mémoire prospective. Le travail de Burgess *et al.* (2003) tente de répondre à cette question.

Les auteurs ont conçu une étude qui leur a permis de comparer le niveau des processus cognitifs en fonction de l'effort attentionnel et en fonction de l'apprentissage. Ils ont examiné des sujets sains en TEP au moyen des tâches comportant 3 conditions : une ligne de base, une tâche continue (*ongoing*) d'attention simple et une tâche de mémoire prospective. L'augmentation du FSCr dans une population neuronale donnée, constitue un indice des opérations de traitement de l'information dans ce groupe de neurones. Ainsi, si l'activation observée lors de tests de mémoire prospective était due seulement à l'effort attentionnel, l'ensemble des résultats mettrait en évidence une gradation du niveau du FSCr, réduit pour la tâche la plus simple (ligne de base), élevé pour la plus complexe (mémoire prospective), en passant par un niveau intermédiaire pour la tâche continue. Cependant, les résultats réels obtenus par Burgess *et al.* (2003) montrent un tableau bien plus complexe et confirment que les processus mentaux à l'œuvre, lors des tâches de mémoire prospective, ne sont pas réductibles à l'effort attentionnel fourni par le sujet. En effet, ils constatent une augmentation du FSCr dans les lobes occipitaux comme résultat du contraste « tâche continue - ligne de base ». Par ailleurs, le contraste « mémoire prospective - tâche continue » révèle une augmentation du FSCr dans le thalamus et une réduction du FSCr en BA 10.

L'implication du thalamus médian-dorsal a été interprétée comme sous-tendant l'exécution d'une réponse, le fait même de répondre (Scott *et al.*, 2000). Cependant, les patients qui présentent des lésions dans le noyau dorso-médian du thalamus échouent aux tests de mémoire prospective (Daum & Ackermann, 1994). L'implication du noyau dorso-médian du thalamus a, probablement, un rôle non spécifique mais nécessaire dans la réalisation de tâches de mémoire prospective.

Burgess *et al.* (2003) ont pu interpréter la *réduction* du FSCr du cortex préfrontal, BA 10, après une analyse de régions d'intérêt (ROI), qui leur a permis d'affiner les données. Les régions prises en compte étant les zones latérales et médianes de BA 10, les résultats de l'analyse confirment une réduction de FSCr pour la portion antéro-médiane mais révèlent une augmentation de FSCr pour la portion antéro-latérale de BA 10.

Au vu de ces résultats, plus d'une interprétation est possible. Il peut s'agir d'une conséquence du maintien de l'intention pendant la réalisation de la tâche continue, ce qui oblige à retirer une partie de l'attention allouée aux stimuli externes pour traiter les stimuli internes. En se rappelant que le FSCr montre une réduction de la partie antéro-médiane de BA 10, il est possible que cette zone ait un rôle dans le contrôle des stimuli externes et dans la suppression de l'attention dirigée vers les stimuli internes. Par ailleurs, le maintien des stimuli internes serait sous-tendu par la partie antéro-latérale de BA 10, compte tenu de l'augmentation du FSCr.

Une deuxième interprétation considère le transfert (*switching*) de l'attention des stimuli internes aux stimuli externes, plutôt qu'un maintien des uns pendant que les autres sont traités. Cette interprétation a pu être vérifiée puisque, d'un point de vue comportemental, tout transfert d'attention provoque un ralentissement en temps de réaction (TR) sur la tâche en cours. Le TR aux items de la tâche continue a été mesuré dans deux conditions, illustrées par les deux exemples suivants : (i) présentation de paires de lettres avec la consigne suivante : «si la lettre la plus proche du début de l'alphabet est à droite, appuyez le bouton droit, si elle est à gauche, appuyez le bouton gauche»; (ii) on ajoute à (i) la consigne suivante : «si la paire de lettres est composée par deux voyelles appuyez les deux boutons). Le TR aux réponses «droite ou gauche» est significativement ralenti dans la deuxième condition. Le traitement de stimuli identiques est donc fortement modulé par l'intention de rappeler une éventualité annoncée.

Le travail de Burges *et al.* (2003) a le mérite d'avoir mis en évidence une dissociation chez le sujet sain. En effet, ces auteurs ont montré que quand, sur un processus attentionnel en forme de tâche continue, on ajoute une composante comportant une intention différée, le FSCr du cortex préfrontal antéro-médian diminue alors que le FSCr du cortex préfrontal antéro-latéral augmente. Il est, néanmoins, important de signaler que ces résultats semblent être tributaires de la durée de l'intervalle de rétention : s'il est très court ou très long, le TR ne sera pas allongé, le niveau de FSCr ne sera pas réduit.

## CONCLUSIONS

La recherche clinique sur cas uniques et sur groupes de patients ainsi que les études en neuroimagerie fonctionnelle ont permis d'établir quelques-uns des traits spécifiques de la mémoire prospective, de cibler ses principaux soubassements neuroanatomiques, d'intégrer une dissociation de l'activation cérébrale au sein d'une même zone frontale. En caractérisant cette «mémoire de l'intention», nous avançons dans la compréhension de l'organisation de la mémoire humaine normale et pathologique et, par là même, nous nous éloignons des situations semblables à celle évoquée par Eslinger et Damasio (1985) à propos d'EVR : il se trouve sans famille, sans emploi et sans argent. Et pourtant, n'ayant ni déficit physique, ni strictement aucun trouble cognitif aux tests neuropsychologiques (il est, au contraire, très intelligent), il n'a aucune aide sociale.

## Références bibliographiques

Brunfaut, E., Vanoverberghe, V., d'Ydewalle, G. (2000). «Prospective remembering of Korsakoffs and alcoholics as a function of the prospective memory and on going tasks». *Neuropsychologia, 38* : 975-984.

Burgess, P. (2000). «Strategy application disorder : the role of the frontal lobes in human multitasking». *Psychological Research, 63* : 279-288.

Burgess, P., Alderman, N., Wilson, B., Evans, J., Emslie, H. (1996). «The dysexecutive questionnaire. Behavioural Assessment of the Dysexecutive Syndrome. Bury St Edmunds», Suffolk, UK : Thames Valley Test Company.

Burgess, P., Veitch, E., De Lacy Costello, A., Shallice, T. (2000). «The cognitive and neuroanatomical correlates of multitasking». *Neuropsychologia, 38* : 848-863.

Burgess, P., Quayle, A., Frith, C. (2001). «Brain regions involved in prospective memory as determined by positron emission tomography». *Neuropsychologia, 39* : 545-555.

Burgess, P., Scott, S., Frith, C. (2003). «The role of frontal cortex area 10 in prospective memory : a lateral versus medial dissociation». *Neuropsychologia, 41* : 906-918.

Damasio, A. (1996). «The somatic marker hypothesis and the possible functions of the prefrontal cortex». *Philosophical Transactions of the Royal Society of London B, 351* : 1413-1420.

Daum, I., Ackermann, H. (1994). «Frontal type memory impairments associated with thalamic damage». *International Journal of Neurosciences, 77* : 187-198.

Duncan, J., Burgess, P., Emslie, H. (1995). «Fluid intelligence after frontal lobe lesions». *Neuropsychologia, 33* : 261-268.

Eslinger, P., Damasio, A. (1985). «Severe disturbance of higher cognition after bilateral frontal lobe ablation : patient EVR». *Neurology, 35* : 1731-1741.

Goel, V., Grafman, J. (2000). «Role of the right prefrontal cortex in ill-structured planning». *Cognitive Neuropsychology, 17* : 415-436.

Harlow, J. (1868). «Recovery from the passage of an iron bar though the head». In Milner E. (1993), *History of Psychiatry, 4* : 271-278.

Koriat, A., Ben-Zur, H., Nussbaum, A. (1990). «Encoding information for future action : memory for to-be-performed tasks versus memory for to-be-recalled tasks». *Memory and Cognition, 18* : 568-578.

Manning, L., Coin, V. (1996). «Une approche écologique de la rééducation des signes frontaux». Mémoire de DESS. Université de Savoie.

Miller, E. (1993). History of Psychiatry, 4 : 271-274 (Reprint : Harlow J., 1868). Recovery from the passage of an iron bar through the head).

Norman, D., Shallice, T. (1986). «Attention to action : Willed and automatic control of behaviour. Centre for human information processing. Consciousness and Self-Regulation», Vol. 4, N.Y. Plenum Press.

Okuda, J., Toshikatsu, F., Atsushi, Y., Ryuta, K., Takashi, T., Reiko, F., Kyoto, S., Masatoshi, I., Hiroshi, F. (1998). «Participation of the prefrontal cortices in prospective memory : Evidence from a PET study in humans». *Neurosciences Letters, 253* : 127-130.

Scott, S., Holmes, A., Friston, K., Wise, R. (2000). «A thalamo-prefrontal system for representation in executive response choice». *Neuroreport, 11* : 1523-1527.

Shallice, T., Burgess, P. (1991). «Deficits in strategy application following frontal lobe damage in man». *Brain, 114* : 727-741.

Von Cramon, C., von Cramon, G. (1994). «Back to work with a chronic dysexecutive syndrome? A case repport». *Neuropsychological Rehabilitation, 4* : 399-417.

# Chapitre 7
# Quels modèles neuronaux comme base de l'anticipation ?

Frédéric Alexandre

Le présent ouvrage mais aussi de nombreuses autres publications rendent compte de phénomènes anticipatoires observables dans beaucoup de comportements et dans diverses situations analysés d'un point de vue cognitif. Ces observations peuvent alors susciter des questions visant à mieux comprendre la nature de ces phénomènes, leur substrat biologique, les mécanismes et les propriétés informationnels et cognitifs sous-jacents. Le but de cette partie, à l'intérieur de cet ouvrage pluridisciplinaire, est de présenter le point de vue des réseaux de neurones artificiels sur cette question de l'anticipation.

Ce point de vue des réseaux de neurones artificiels peut aussi bien correspondre à celui des modèles neuronaux visant à rendre compte de la structure et de la fonction de réseaux de neurones biologiques qu'à celui de réseaux connexionnistes où, indépendamment d'autres considérations biologiques, les seules propriétés de calcul distribué et d'apprentissage automatique sont utilisées pour réaliser du traitement et de l'analyse de données en particulier pour rendre compte de tâches cognitives. Dans cette mesure, il est légitime de demander que ces modèles neuronaux puissent rendre compte et intégrer la définition de phénomènes anticipatoires.

Dans cet article, nous allons en fait dépasser cette demande en proposant de développer et d'argumenter les trois propositions suivantes :

– non seulement le phénomène d'anticipation est bien présent dans les modèles neuronaux que nous allons présenter mais il est même le critère essentiel permettant de moduler l'apprentissage ;

– il peut aussi être réductionniste de parler, dans l'absolu, d'un seul mécanisme d'anticipation pour rendre compte de phénomènes anticipatoires parfois très différents et il peut être plus pertinent de considérer et de définir plusieurs types fonctionnels de réseaux de neurones et leur fonction anticipatrice associée correspondant à un ensemble divers de façons de traiter l'information et de l'exploiter pour anticiper ;

– il sera alors intéressant d'un point de vue intégratif, et en particulier pour rendre compte de données comportementales, de se demander comment ces différents réseaux peuvent s'articuler pour réaliser des fonctions plus complexes et plus réalistes, pour ce qui concerne la modélisation de comportements intégrés.

Pour développer ces différents points, nous allons donc, dans un premier temps, présenter rapidement le formalisme et les notions de base qui nous seront utiles dans la suite de ce papier. Dans un deuxième temps, nous serons alors à même de décrire les différents types fonctionnels de réseaux de neurones qui nous intéressent ici, avant de discuter sur leurs relations potentielles et sur les fonctions qui en émergent.

Il est enfin important de donner une dernière précision, souvent utile quand on prétend écrire dans le domaine des sciences cognitives, relative au niveau du discours qui sera utilisé ici. Les différentes descriptions et idées développées ici ont vocation à être appréhendées par un vaste public de lecteurs issus de différents domaines de sciences cognitives. Il s'agit en effet de brosser un vaste tableau, intégrant des ingrédients de diverses disciplines, plutôt que de présenter et d'argumenter finement un mécanisme précis sous un angle disciplinaire particulier. Pour ces raisons, il sera demandé au lecteur de se référer à la bibliographie pour accéder à des données plus précises ou à des descriptions plus détaillées de formalisme et de tolérer, en attendant, les nécessaires raccourcis et approximations, permettant seuls d'aborder sur un support restreint des sujets aussi vastes. Ces approximations sont bien évidemment gênantes, mais il semble cependant que cela soit le prix à payer pour présenter de telles considérations intégratives.

## CONNEXIONNISME D'INSPIRATION MATHÉMATIQUE ET BIOLOGIQUE

D'une manière générale, le connexionnisme s'intéresse à la définition et la manipulation de réseaux d'unités distribuées, se communiquant des valeurs numériques et pouvant adapter leur efficacité de communication selon différentes stratégies d'apprentissage (Rumelhart & McClelland, 1986).

Selon une approche orientée vers les mathématiques et le traitement de données (Hertz, Krogh & Palmer, 1991 ; Bishop, 1995), on s'intéresse à mieux comprendre et maîtriser les fonctions réalisées par de tels réseaux, dans des cas bien établis, dépendant en particulier de l'architecture du réseau et du protocole d'apprentissage utilisé.

Dans ces cas, les réseaux définis sont réguliers et les modèles d'unités utilisés (appelées neurones par abus de langage) sont simplifiés. Typiquement, un neurone réalise une somme pondérée seuillée de ses entrées. Ce qui est plutôt recherché ici, ce sont les performances obtenues en termes de traitement statistique.

Une approche plus tournée vers les sciences du vivant (Dayan & Abbott, 2001 ; Schmajuk, 1996 ; Arbib, 1995) vise à intégrer des données expérimentales ou des hypothèses venant des neurosciences dans des modèles généralement plus complexes et plus hétérogènes, mais plus réalistes selon le point de vue de la plausibilité biologique. Par exemple, les neurones peuvent évaluer leur activité en fonction d'une courbe d'accord avec le signal d'entrée et on cherchera, à travers les résultats, à rendre compte d'observations issues du vivant.

Il est cependant clair que ces deux types d'approches s'intéressent aux caractéristiques qui émergent de réseaux distribués numériques et adaptatifs et il est donc intéressant de constater que ces domaines d'inspiration mettent en avant des propriétés similaires pour des réseaux d'architecture et de fonctionnement similaires. C'est donc selon ce double point de vue que nous allons lister dans ce qui suit une série de modèles neuronaux en insistant tout d'abord sur leurs propriétés en terme de traitement de données puis sur leur utilisation dans le cadre de modèles bio-inspirés et plus particulièrement dans le cadre de modèles de mémoire en mettant l'accent sur la notion d'anticipation.

Auparavant, donnons une dernière indication globale, commune aux différentes approches et relative à l'apprentissage. Dans tous les cas, les capacités d'anticipation seront présentées comme émergeant des fonctions d'apprentissage mises au point pour les réseaux de neurones considérés. Ces fonctions d'apprentissage seront toujours dérivées du paradigme classique de la loi hebbienne proposée par Hebb (1949), qui postule un renforcement des connexions synaptiques en proportion du produit des activations pré- et post-synaptiques. Dans les modèles relatifs au traitement de données, ces fonctions seront présentées selon le protocole d'apprentissage sous-jacent (Hertz, Krogh & Palmer, 1991). L'apprentissage peut être non supervisé (sans consigne) et on va alors chercher soit à apprendre par cœur les formes présentées soit à apprendre les régularités intrinsèques à l'information présentée (distribution de probabilités). L'apprentissage peut être supervisé (avec une consigne de réponse associée à chaque exemple présenté) et on cherchera alors à minimiser l'erreur entre le comportement réel et le comportement désiré. L'apprentissage peut être semi-supervisé et la consigne sera alors binaire (vrai ou faux) et intermittente (pas présente à chaque exemple). On parlera alors d'apprentissage par renforcement.

Dans les modèles bio-inspirés, c'est plutôt le modèle de mémoire sous-jacent qui sera mis en avant (Cohen & Squire, 1980). On parlera alors de mémoire procédurale pour l'apprentissage de fonctions à partir d'exemples supervisés ou non, de mémoire déclarative pour l'apprentissage de cas particuliers ou de mémoire de travail pour l'apprentissage de plans d'action en faisant référence, dans chacun de ces cas, aux substrats biologiques sous-jacents identifiés comme étant principalement impliqués dans ces types de mémorisation. Il est important de souligner que ces deux taxinomies ne sont pas indépendantes et que c'est donc selon ce double point de vue (même s'il est parfois approximatif) que nous allons présenter un ensemble de modèles tout d'abord selon le point de vue du traitement de données et ensuite selon sa possible interprétation bio-inspirée.

## APPRENTISSAGE PROCÉDURAL NON SUPERVISÉ

Une première classe de modèles neuronaux s'intéresse à analyser et représenter la distribution des données. D'un point de vue mathématique, il s'agit de modèles à apprentissage non supervisé et compétitif, comme les cartes auto-organisatrices (Kohonen, 1989), permettant de cartographier des données multidimensionnelles sur une carte simple de neurones. Les mécanismes statistiques sous-jacents sont relatifs à des opérations de catégorisation (ex. : classification hiérarchique) et de réduction de dimension (ex. : Analyse en Composantes Principales). Les principes calculatoires de telles cartes peuvent être énoncés simplement de la manière suivante. Chaque neurone d'une carte bidimensionnelle peut être défini (à travers son vecteur de poids) par l'exemple d'entrée (aussi appelé prototype) pour lequel il est le plus sélectif, c'est-à-dire pour lequel il est le plus activé. Lorsqu'une entrée se présente effectivement, elle va dans une première phase activer chacun des neurones de la carte en fonction inverse de la distance entre cet exemple et le prototype correspondant du neurone. Dans une seconde phase de compétition, le neurone le plus activé (dont le prototype est le plus proche de l'exemple présenté) sera déclaré vainqueur et inhibera les autres. La troisième phase d'apprentissage va consister, pour le neurone gagnant ainsi que pour ses voisins de la carte bidimensionnelle, à modifier ses poids de manière à se rapprocher encore plus de l'exemple à l'origine de cette activation et de cette compétition. À l'issue d'un tel processus répété pour un ensemble d'exemples d'apprentissage, il est généralement observé, moyennant certaines précautions numériques, une auto-organisation de la carte de neurones spécialisant les neurones sur les exemples les plus significatifs (catégorisation) et les ordonnant en voisinage de manière topologique (cartographie). De telles propriétés sont très recherchées en traitement de données et ont été comparées favorablement à des techniques statistiques classiques (Bougrain, 2000).

Ces modèles de cartes auto-organisatrices réalisant une analyse non supervisée de l'information sont souvent présentés comme étant des modèles de cartes corticales (Kohonen, 1989; Doya, 1999). En effet, le cortex cérébral réalise également cette fonction visant à cartographier l'information sur une carte topologique à deux dimensions représentant la diversité de la distribution de l'information analysée (Burnod, 1989). Un exemple largement répandu est celui des cartes visuelles de l'aire $V_1$ représentant de façon rétinotopique la sélectivité à l'orientation de neurones à champs récepteurs contigus (Hubel & Wiesel, 1977). Il est cependant généralement admis que le cortex réalise en parallèle, sur l'information perceptive et motrice qui lui parvient, d'autres traitements que ceux évoqués ci-dessus. Parmi ces traitements, certains méritent d'être expliqués ici.

Les connexions latérales intra-cartes semblent plus complexes que la simple inhibition latérale (winner-take-all) utilisée généralement par les modèles mathématiques. D'autres modèles neuronaux plus dynamiques (Amari, 1977; Miikkulainen *et al.*, 1997) envisagent en particulier des connexions latérales adaptatives et temporelles permettant d'obtenir une plus grande cohérence globale sur la carte et surtout de rendre compte de phénomènes temporels dynamiques et pas seulement de représenter statistiquement des formes (patterns) d'activité.

Le cortex est composé de multiples cartes réalisant en fait une véritable représentation éclatée de l'information qui lui parvient. Par exemple, pour la seule information visuelle, des dizaines de cartes ont été observées (formes, couleur, vitesse, texture, etc.) (Van Essen & Maunsell, 1983) et le même phénomène est reporté pour les autres modalités perceptives et motrices. De plus, toutes ces cartes s'auto-organisent en parallèle et d'autres cartes multimodales, dites cartes associatives, réalisent ce même travail d'auto-organisation sur la base des informations qui leur parviennent de ces premières cartes monomodales perceptives et motrices. Ceci permet alors d'obtenir une représentation très riche et redondante de l'information et les liens appris au cours de ce processus permettent également une cohérence globale ainsi que l'analyse des cooccurrences entre toutes ces représentations. C'est ainsi que le cortex cérébral, dernier étage cérébral ajouté par l'évolution, peut être décrit comme le substrat permettant, à partir d'une information perceptive et motrice compacte, de l'éclater en de multiples représentations redondantes et cohérentes entre elles, décrivant l'information selon des axes particulièrement adaptés aux traitements ultérieurs et aux fonctions qui caractérisent les compétences étendues des mammifères et particulièrement des primates chez qui cette représentation est la plus riche (Burnod, 1989). Une telle représentation multiple et globalement cohérente est bien sûr également souhaitable en traitement automatique de l'information, surtout lorsque l'on doit traiter des grandes bases de données multimodales, ce qui est de plus en plus le cas actuellement (*cf.* le développement d'internet) et des modèles neuronaux de traitement de données allant dans ce sens apparaissent actuellement (Lamirel & Ducloy, 1999).

Il convient également de mentionner que, outre les informations perceptives et motrices, le cortex reçoit également des afférences des autres structures neuronales extra-corticales (et en particulier de celles qui seront décrites plus loin) et que ce processus d'auto-organisation globale est également réalisé sur l'information plus élaborée parvenant de ces autres structures ce qui donne toute la dimension, mais aussi toute la complexité, de la fonction du cortex cérébral (Alexandre, 1997).

Le point énoncé ci-dessus relatif à la multiplicité des représentations va maintenant permettre d'expliquer pourquoi l'apprentissage cortical est non seulement capable d'anticipation mais aussi pourquoi cette propriété est en fait centrale dans cette manière de représenter l'information. En effet, nous avons expliqué que différentes formes de représentations sont construites de concert dans différentes cartes corticales reliées entre elles directement ou par l'intermédiaire de cartes associatives. L'existence de ces liens inter-cartes va permettre d'apprendre, en parallèle à la mise au point des cartes, les probabilités de co-occurrence ou de succession d'événements dans ces cartes. Prenons un exemple pour illustrer notre propos : supposons qu'une carte visuelle me permette de repérer la position d'un objet par rapport à mon référentiel propre et qu'une carte motrice me permette de bouger mon corps latéralement, ces deux représentations de l'espace visuel et du corps ayant été établies par le processus d'auto-organisation décrit plus haut. Considérons maintenant la carte associative perceptivo-motrice recevant des afférences des deux cartes précédentes (de telles cartes sont observées dans le cortex postérieur pariétal). Cette carte associative réalise également un processus d'auto-organisation visant à représenter de la meilleure manière la diversité de ses entrées, c'est-à-dire des associations visuelles et motrices. En retour, ce processus d'auto-organisation va influer sur les processus similaires se déroulant dans les cartes visuelles et motrices de manière à faire émerger globalement trois représentations (visuelle, motrice et visiomotrice) stables et cohérentes. Un tel processus d'apprentissage conjoint a été réalisé dernièrement avec succès par un modèle neuronal (Ménard & Frezza-Buet, 2003). On notera seulement que, dans le cas artificiel aussi bien que dans le vivant, l'intervention d'une troisième carte ajoutant la modalité proprioceptive (c'est-à-dire la position du corps) est utile (et nécessaire dans le cas non linéaire) pour apprendre la fonction d'association sous-jacente. Notre description omet cet élément par souci de simplicité, mais le processus d'apprentissage reste le même.

Cet apprentissage global et cohérent étant réalisé, le processus d'anticipation peut alors être décrit. Décrivons tout d'abord la sémantique des relations qui ont été apprises au cours des expériences de mise au point de ces cartes : la carte visuelle cartographie de façon rétinotopique la position de l'objet perçu. La carte motrice cartographie de façon angulaire (position des effecteurs) les mouvements réalisés. La carte associative cartographie de son côté les occurrences des événements dans ces deux premières cartes. Elle va ainsi apprendre des relations du genre : chaque fois que je vois un objet à ma gauche (à telle distance) et que je fais un mouvement de rotation vers la gauche (de telle amplitude), alors l'objet est maintenant en face de moi. Un tel apprentissage est la source d'anticipations très intéressantes. Ainsi, si, dans une certaine situation, j'envisage d'effectuer un mouvement de rotation, je vais être capable d'anticiper les modifications résultantes dans ma scène visuelle. Comme il a été observé dans le vivant (Koechlin, 1996), cette fonction est réalisée par une propagation d'activité des aires motrices (où l'action est préparée) vers les aires visuelles (où la scène visuelle résultante est anticipée) via les aires associatives (où les relations visiomotrices sont stockées à travers les liens appris vers les autres aires).

Cette fonction d'anticipation est intéressante pour, au moins, deux raisons. D'une part, elle est la base même de l'apprentissage cortical. Lorsque le mouvement est effectivement déclenché, la situation perceptive résultante va être comparée avec celle qui avait été anticipée. S'il y a un écart entre la prédiction et l'observation, alors un nouvel apprentissage devra être déclenché afin de prendre en compte cette nouvelle situation pas encore prévue par le modèle établi. En revanche, si la situation résultante avait bien été anticipée, il n'est pas utile de l'apprendre. Ce principe d'apprentissage proportionnel au degré de surprise déclenché par la situation vécue est largement reporté chez le vivant (Rescorla & Wagner, 1972). Il garantit de plus sa stabilité. D'autre part, cette fonction d'anticipation est la base même de la fonction d'inférence permettant de satisfaire des besoins ressentis. Si j'ai besoin de focaliser mon attention sur un objet pour une raison quelconque (j'ai faim et il s'agit de nourriture ou cet objet est utile pour un plan d'action plus large que je suis en train d'élaborer), alors la relation d'association considérée va pouvoir être utilisée (en quelque sorte à rebours) pour inférer le mouvement que je devrais faire pour placer cet objet en vision centrale. Il s'agit alors ici d'une propagation d'activité des aires visuelles (position désirée de l'objet) vers les aires motrices (mouvement à effectuer) via les aires associatives. Plus généralement, ce genre de considérations permet parfois de présenter le cortex comme une sorte de «simulateur interne» permettant de calculer à l'avance les conséquences de ses actes sur l'environnement.

## APPRENTISSAGE PROCÉDURAL SUPERVISÉ

Les réseaux à couches à apprentissage supervisé sont certainement parmi les plus utilisés pour ce qui concerne l'utilisation de réseaux de neurones artificiels pour le traitement automatique de l'information (Chauvin & Rumelhart, 1995). Les fonctions réalisées par de tels réseaux sont variées et vont de la classification à l'approximation de fonctions, en passant par le contrôle-commande ou le diagnostic mais, dans tous les cas, l'opération peut se résumer par une fonction de mise en correspondance réalisée entre un espace d'entrée et un espace de sortie, chacun étant codé par une couche de neurones. L'association entre ces deux couches peut être réalisée directement par une interconnexion des deux couches ou via une ou plusieurs couches intermédiaires, aussi appelées couches cachées. Dans ces réseaux appelés perceptrons ou perceptrons multicouches, l'information se propage de façon unidirectionnelle, de l'entrée vers la sortie. Comme il s'agit d'un apprentissage supervisé, le protocole d'apprentissage suppose que l'on est capable de fournir au réseau un ensemble varié de données d'entrée et de données de sortie correspondantes. La fonction à la charge de ces réseaux est d'apprendre les associations mais surtout d'apprendre à généraliser, c'est-à-dire à fournir des sorties satisfaisantes lorsque des exemples d'entrée inédits sont présentés. Pour ce faire, lorsqu'un nouvel exemple est présenté en entrée, avec sa sortie désirée, une erreur va être calculée entre la sortie effectivement calculée par le réseau, dans son état actuel, et la sortie désirée. Ensuite, le processus d'apprentissage va consister à rétropropager l'erreur, de la sortie vers l'entrée, et à modifier chaque poids en fonction de son implication dans l'erreur observée par son neurone postsynaptique et en fonction de l'activité de son neurone présynaptique. Lorsque le neurone postsynaptique est un neurone de la couche de sortie, l'erreur est facilement accessible : il s'agit de la différence entre son activité réelle et son activité désirée, fournie par la supervision. Lorsqu'il s'agit d'un neurone d'une couche cachée, cette erreur s'obtient par un calcul plus compliqué, à partir des erreurs des neurones de la couche supérieure (Rumelhart & McClelland, 1986). Pour éviter de passer par cette phase de calcul compliquée et longue, on essaye parfois d'enrichir la diversité de l'information présentée en entrée pour que le recours à des couches intermédiaires soit inutile, sinon il faudra se résoudre à utiliser des couches intermédiaires et à allonger le temps de convergence. Un autre intérêt de ce type de réseaux est que, après apprentissage, un nouvel exemple présenté va donner lieu très rapidement à la génération d'une réponse puisqu'une simple propagation d'activité de l'entrée vers la sortie suffit.

Aujourd'hui, ce type de réseaux est beaucoup utilisé en traitement automatique de l'information parce que ses lois mathématiques sous-jacentes sont bien connues et qu'il offre une gamme de fonctions très utiles et très demandées dans ce domaine. En revanche, si on s'intéresse à l'éventuelle plausibilité biologique de ce type d'apprentissage, il est possible de s'interroger sur le cadre dans lequel pourrait avoir lieu un apprentissage supervisé. Il s'avère en fait que ce cadre est relativement restreint et que seule une structure neuronale, le cervelet, est candidate pour ce type d'apprentissage. Avant de décrire plus finement la fonction de cette structure, commençons par évoquer le cadre dans lequel elle opère. Nous avons expliqué plus haut que le cortex était une structure éclatée en de multiples cartes dont l'apprentissage non supervisé permet d'assurer une cohérence globale et dont les connexions inter-cartes permettent d'anticiper l'activité dans une carte en fonction de celle d'une autre. Cependant, à cause de ce mécanisme de cohérence, cette anticipation est très coûteuse cognitivement et donc très lente. Elle nécessite un mécanisme attentionnel et elle mobilise le cortex qui, pendant ce temps, ne peut pas réaliser d'autres fonctions. C'est donc ici que va intervenir le cervelet qui va pouvoir apprendre rapidement de façon supervisée certaines fonctions d'associations apprises par morceaux par le cortex (Kaladjian, 1999). Pour ce faire, la partie du cervelet concernée par ce type d'apprentissage peut être décrite de façon très simplifiée comme un perceptron simple (Albus, 1971). La couche d'entrée est composée de cellules granulaires qui codent la situation sensorielle. Le grand nombre de ces cellules permet un codage diversifié de l'information, ce qui évitera le recours à des couches intermédiaires. La couche de sortie est composée de cellules de Purkinje qui agissent sur le déclenchement d'actes moteurs. Ces deux couches de cellules sont interconnectées par des connexions appelées fibres parallèles. Le signal d'erreur est calculé par une structure neuronale appelée olive et véhiculé par les fibres grimpantes. Si la structure du perceptron se retrouve bien ici, il a également été observé que les poids se modifiaient en suivant une loi similaire à celle du perceptron, en proportion de l'erreur et de l'activité présynaptique. On va donc, de manière similaire au perceptron, retrouver ici la même capacité d'anticipation pour cette structure : devant une situation d'entrée (scène sensorielle) le réseau va calculer sa sortie (motrice) et donc déclencher un mouvement. Le résultat de ce mouvement pourra être confronté à celui qui avait été prédit et l'erreur (éventuelle) détectée servira de base à la mise au point adaptative des poids du réseau. On constate donc, ici aussi, le rôle central que va jouer l'anticipation dans la mise en œuvre de l'apprentissage. Ici, dans ce cadre supervisé, il ne va plus s'agir de définir un « simulateur interne » permettant de définir finement (mais au prix d'une charge de calcul énorme) les conséquences perceptives immédiates d'une action mais, de manière plus globale, un système de mise en correspondance permettant d'estimer en une fois (par une simple propagation d'activité) l'activité motrice à déclencher pour résoudre une situation perceptive particulière, sans pour autant passer par la vérification des étapes intermédiaires. C'est ainsi que le cervelet a été décrit comme une structure agissant dans des situations d'ajustement postural permettant de résoudre un conflit perceptif (perte d'équilibre) de manière immédiate et, plus généralement, comme une structure permettant d'apprendre le modèle direct reliant perceptions et actions.

## APPRENTISSAGE NON SUPERVISÉ PAR CŒUR

La troisième classe de modèles de réseaux de neurones artificiels fréquemment utilisés en traitement automatique de l'information est la classe des réseaux entièrement connectés. Ils réalisent une fonction de mémoire auto-associative (Hopfield, 1982). Ils se distinguent des modèles vus précédemment sur plusieurs plans. Tout d'abord, d'un point de vue architectural, ils ne sont pas structurés en couches comme les précédents mais consistent simplement en un ensemble de neurones entièrement interconnectés les uns avec les autres. L'entrée du réseau correspond à un vecteur dont la taille est égale au nombre de neurones du réseau. Après présentation d'un exemple d'entrée, les neurones s'évaluent successivement de manière asynchrone jusqu'à stabilisation. On parle alors de relaxation puis de convergence. À l'issue de ce processus, la sortie est lue comme un vecteur de taille égale au nombre de neurones. L'entrée et la sortie étant de nature similaire, on parlera de mémoire auto-associative.

Ensuite (et peut-être surtout), ces réseaux se distinguent par le protocole d'apprentissage qu'ils imposent sur deux points. D'une part, il s'agit d'apprentissage par cœur. En ce sens, un petit nombre d'exemples (aussi appelés prototypes) à mémoriser vont être proposés au réseau, à la différence des réseaux à couches (supervisés ou non) où de très nombreux exemples vont être proposés à l'apprentissage et ne seront pas retenus par cœur mais participeront simplement à l'établissement d'un modèle capable de généralisation. Pour ce faire, le corpus d'exemples sera utilisé de nombreuses fois alors que, dans le cas présent, une seule présentation de chaque prototype suffit à l'apprentissage par cœur. D'autre part, il convient de souligner que la nature des phases d'apprentissage et de reconnaissance est inversée dans ces deux cas de figure. Dans le cas qui nous concerne ici, la phase d'apprentissage se réalise en un seul cycle alors que la phase de reconnaissance va consister à présenter un exemple bruité ou incomplet et une longue phase de relaxation sera généralement nécessaire pour atteindre la convergence, qui consistera dans le cas idéal en la stabilisation sur le prototype appris le plus proche de l'exemple présenté. On parlera alors de mémoire auto-associative adressable par le contenu. Inversement, pour les réseaux à couches, la longue phase de convergence caractérisera l'apprentissage où le corpus d'apprentissage sera présenté jusqu'à ce que le réseau possède les caractéristiques de performance souhaitées. En revanche, ces caractéristiques étant atteintes, le traitement d'un nouvel exemple se fera en une passe directe de la couche d'entrée vers la couche de sortie et sera caractérisé par le principe de généralisation évoqué plus haut. Il reste toutefois à préciser que, dans le cas des réseaux entièrement connectés, l'algorithme d'apprentissage est également fondé sur la loi de Hebb, c'est-à-dire que les connexions sont modifiées au cours de la phase d'apprentissage en proportion de la co-activation de leurs neurones pré- et post-synaptiques.

Il convient maintenant de souligner que ces deux types d'apprentissage — apprentissage lent à partir de nombreux exemples d'un modèle fonctionnel et apprentissage par cœur immédiat d'exemples spécifiques — se rencontrent fréquemment chez les êtres vivants évolués. Nous avons indiqué plus haut comment des structures comprenant des couches de traitement successives pouvaient probablement réaliser le premier type d'apprentissage. Il est maintenant remarquable de constater que la structure neuronale généralement présentée comme le support de l'apprentissage par cœur, l'hippocampe, se compose en particulier d'une sous-structure appelée $CA_3$, décrite comme un ensemble dense de neurones fortement interconnectés (Miller, 1991). Précisons un peu mieux le flux d'information supposé à l'origine de cette fonction d'apprentissage par cœur. Parmi l'ensemble des cartes corticales que nous avons présentées plus haut, il en existe une, appelée cortex entorhinal, qui se distingue des autres dans la mesure où elle reçoit et intègre des entrées de tous les autres pôles sensoriels et moteurs du cortex. Sa taille impose bien sûr que l'ensemble des informations qui s'y projettent y soient fortement condensées. Dans cette mesure, on peut dire que le cortex entorhinal représente un résumé multimodal intégré de l'ensemble de l'activité du cortex. Or, il se trouve que le cortex entorhinal est l'unique point d'entrée de l'information sensorimotrice dans l'hippocampe. Après une série de transformations que nous ne décrirons pas ici (Marr, 1971), cette information parvient à $CA_3$ et retourne ensuite dans la même région. C'est pour cette raison (mais aussi à la suite de diverses constatations cliniques et physiologiques) qu'il a souvent été proposé que la mémoire épisodique dont semble capable l'hippocampe, c'est-à-dire l'apprentissage par cœur d'épisodes dans leur contexte spatial et temporel, était réalisée dans la structure fortement interconnectée $CA_3$ par la mémorisation d'états du cortex entorhinal. Le choix des épisodes à mémoriser semble lié à l'état affectif du sujet, transmis à l'hippocampe par une autre structure neuronale, le septum, et permettant de privilégier la mémorisation d'événements importants.

Il est maintenant possible de mettre cette fonction mnésique en perspective en expliquant son apport aux compétences anticipatrices (Rougier, 2000). Précisons tout d'abord qu'elle est responsable de l'impression courante de «déjà vu». Une situation nouvelle mais ayant des points communs avec une expérience antérieure mémorisée va naturellement générer un tableau cortical multimodal, y compris dans le cortex entorhinal. Cette activation peut maintenant être considérée comme un exemple déjà vu mais bruité, dans ce sens que l'hippocampe va opérer une relaxation et converger vers l'exemple mémorisé le plus proche. Si cette proximité est grande, l'impression de «déjà vu» pourra être importante. Il est ensuite permis de supposer qu'une seconde phase va avoir lieu, qui aura des conséquences sur le plan de l'anticipation. La structure $CA_3$ s'étant stabilisée sur l'exemple précédemment mémorisé, elle pourra en retour imposer l'activité correspondante sur le cortex entorhinal qui, à son tour, pourra la répercuter sur les aires corticales impliquées. Ainsi, en plus de la simple impression de «déjà vu», le cortex pourra disposer de l'ensemble des tableaux sensoriels et moteurs qu'il avait lors de la précédente mémorisation. On comprend alors facilement comment cette reconstruction permet d'anticiper sur les différents aspects spatiaux et temporels de l'événement considéré.

## APPRENTISSAGE PAR RENFORCEMENT

Lorsque l'on prétend parler de mécanismes anticipatoires, il est difficile de ne pas mentionner l'apprentissage par renforcement, dont le but est de sélectionner les actions à déclencher pour maximiser le renforcement, en évaluant les états de l'environnement, présents et à venir selon les actions choisies.

Pour ce qui concerne les méthodes inspirées des mathématiques, relatives à ce type d'apprentissage, ce ne sont pas les réseaux de neurones artificiels les plus utilisés, mais plutôt des méthodes stochastiques issues de la programmation dynamique (Kaelbling, Littman & Moore, 1993), même si certains liens entre ces méthodes et des réseaux de type perceptrons ont été établis (Sutton, 1988). En résumé, l'idée est de disposer d'une matrice de transition permettant de calculer l'état de l'environnement consécutif à une action en fonction de l'état précédent, de savoir mettre une valeur (en terme de récompense espérée) sur chaque état et de disposer d'un algorithme de parcours de graphe permettant d'évaluer le chemin à suivre (et donc les actions à effectuer) pour maximiser la récompense reçue, ces différents éléments pouvant être réalisés par une approche stochastique sous certaines hypothèses.

En revanche, pour ce qui concerne les modèles bio-inspirés, de nombreux réseaux ont été proposés, qui essayent de rendre compte des connaissances actuelles des neurosciences sur les circuits de la récompense. Tout d'abord, des modèles d'apprentissage hebbiens simples permettent de rendre compte de certains aspects du fonctionnement de l'amygdale, permettant de mettre une valeur affective sur une perception directement puis par apprentissage pavlovien (Morén & Balkenius, 2000). Ensuite, et de manière plus centrale, plusieurs modèles neuronaux se sont intéressés à la fonction des neurones dopaminergiques des ganglions de la base (Girard, 2003) dont l'activité semble fortement liée à la prédiction de la récompense (Schultz, 1997), sur la base de l'activité corticale (image de l'état de l'environnement) et de l'activité de l'amygdale (valeur des états). Enfin, d'autres modèles bio-inspirés (Frezza-Buet, 1999) se sont attachés à montrer comment le cortex préfrontal pouvait mettre en œuvre effectivement la planification et l'organisation temporelle du comportement, suggérées par le calcul précédent.

D'une part, sur ce dernier type de modèle, on retrouve la logique de fonctionnement du cortex évoquée plus haut, avec ses aspects de «simulateur interne», amplifiée par le coté hypothétique (dépendant de l'action déclenchée ou non) des chemins d'action suivis, ce qui a amené (Fuster, 1989) à décrire le cortex préfrontal comme une «mémoire du futur». D'autre part, pour ce qui concerne les modèles de ganglions de la base, des analogies ont été proposées avec l'architecture «acteur-critique» (Barto, Sutton & Anderson, 1983), où une première zone de cette structure neuronale (la matrice) implémente l'acteur, faisant le choix de l'action et de la prédiction de récompense associée, alors qu'une autre zone (le striosome) fait le critique qui compare avec le résultat effectivement obtenu et déclenche un nouvel apprentissage si une différence est observée. On voit donc ici également que ces algorithmes et leurs possibles équivalents neuronaux peuvent permettre de réaliser des fonctions d'anticipation avancées.

## CONCLUSIONS

À partir du point de vue du traitement de données aussi bien que de celui du fonctionnement biologique, nous avons voulu montrer ici que diverses formes d'anticipation pouvaient émerger d'un même paradigme calculatoire neuronal. En effet, on peut d'une part mettre en avant l'identité des mécanismes en soulignant qu'ils apparaissent tous dans un cadre de calcul neuronal similaire et surtout sur la même base adaptative, la loi hebbienne. Il est en particulier remarquable de constater que l'anticipation est toujours utilisée comme critère de convergence de l'apprentissage : tant que l'on n'est pas capable d'anticiper correctement, il faut continuer à apprendre. C'est donc bien dans cette mesure que l'on peut qualifier l'anticipation de critère essentiel dans le processus d'apprentissage. Ceci permet également de mieux qualifier la nature de ce que l'on apprend : il ne s'agit pas tant d'apprendre un modèle interne du monde aussi complet et aussi exact que possible que d'apprendre juste ce qu'il faut pour pouvoir anticiper correctement la conséquence de nos actions.

D'autre part, les formes d'anticipation que nous avons vues sont diverses dans la mesure où elles rendent compte de différentes formes de traitement de l'information et de différentes formes de mémoires et de possibles substrats neuronaux associés. Ceci permet bien sûr de rappeler que l'anticipation peut s'appliquer à des concepts de nature différente, du continu au discret, du spatial au temporel, du singulier au multimodal, mais cela permet surtout de rappeler la diversité de ces traitements et leur interdépendance. En particulier, dans le cadre de sciences cognitives qui nous concerne ici, cela permet d'illustrer le fait que les fonctions comportementales adaptatives qui nous intéressent généralement peuvent simplement émerger de l'interaction de fonctions associatives plus simples, comme celles que nous avons évoquées ici, dont le principe local est d'essayer d'apprendre et de conserver une certaine cohérence, au niveau des relations qu'elles cherchent à apprendre et dont la compétition et l'enrichissement mutuel peuvent être simplement la source des phénomènes (perceptifs, comportementaux, langagiers) plus complexes que nous observons et dont nous essayons de rendre compte.

## Références bibliographiques

Albus, J.S. (1971). «A theory of cerebellar function». *Math. Biosci.*, *10*, 25-61.
Alexandre, F. (1997). *Intelligence neuromimétique*. Mémoire d'Habilitation à Diriger des Recherches, Université Henri Poincaré, Nancy 1.
Amari, S.I. (1977). «Dynamical study of formation of cortical maps». *Biological Cybernetics*, *27*, 77-87.
Arbib, M.A. (1995). *The Handbook of Brain Theory and Neural Networks*. Cambridge, MA : MIT Press.
Bishop, C.M. (1995). *Neural networks for Pattern Recognition*, Clarendon Press, Oxford.
Barto, A.G., Sutton, R.S., Anderson, A.W. (1983). «Neuronlike adaptive elements that can solve difficult learning control problems». *IEEE Transactions on Systems, Man and Cybernetics*, *13*, 834-846.
Bougrain, L. (2000). *Étude de la construction par réseaux neuromimétiques de représentations interprétables*. Thèse de l'Université Henri Poincaré, Nancy 1.
Burnod, Y. (1989). *An adaptive neural network : the cerebral cortex*. Masson, 2nd ed.
Chauvin, Y., Rumelhart, D.E. (1995). *Backpropagation : theory, architectures, and applications*, Lawrence Erlbaum Associates.
Cohen, N.J., Squire, L.R. (1980). «Preserved learning and retention of pattern-analyzing skill in amnesia : dissociation of knowing how and knowing that». *Science*, *210*, 565-582.
Dayan, P., Abbott, L.F. (2001). *Theoretical Neuroscience : Computational and Mathematical Modeling of Neural Systems*, MIT Press.
Doya, K. (1999). «What are the computations of the cerebellum, the basal ganglia and the cerebral cortex?», *Neural Networks*, *12*, 961-974.
Frezza-Buet, H. (1999). *Un modèle de cortex pour le comportement motivé d'un agent neuromimétique autonome*. Thèse de l'Université Henri Poincaré, Nancy 1.
Fuster, J.M. (1989). *The Prefrontal Cortex, Anatomy, Physiology, and Neurophysiology of the Frontal Lobe*. Raven Press, New York, 2nd ed.
Girard, B. (2003). *Intégration de la navigation et de la sélection de l'action dans une architecture de contrôle inspirée des ganglions de la base*. Thèse de l'Université Paris 6.
Hertz, J., Krogh, A., Palmer, R.G. (1991). *Introduction to the theory of neural computation*, Addison Wesley.
Hebb, D.O. (1949). *The organization of behaviour*. Wiley, New York.

Hopfield, J.J. (1982). «Neural Networks and Physical Systems with Emergent Collective Computational Abilities». *Proc. National Academy of Sciences*, 79, 2554-2558.

Hubel, D., Wiesel,T.N. (1977). «Functional architecture of macaque monkey visual cortex». Ferrier Lecture Proc. Roy. Soc. London, 1-59.

Kaladjian, A. (1999). *Modélisation des interactions entre le cortex cérébral et le cervelet au cours du mouvement*. Thèse de l'Université Paris 6.

Kaelbling, L.P., Littman, M.L., Moore, A.W. (1993). «Reinforcement Learning : A Survey». *Journal of Artificial Intelligence Research*, 1, 1-15.

Koechlin, E. (1996). *Représentation et processus cognitifs dans le cortex cérébral, Décision et dynamique d'activation bayesienne dans les populations de neurones corticaux*. Thèse de l'École des hautes études en sciences sociales, Paris.

Kohonen, T. (1989). *Self-Organization and Associative Memory*. Springer-Verlag, Berlin, 3rd ed.

Lamirel, J.C., Ducloy, J. (1999). *L'approche multi-topographique MicroNOMAD : application à la navigation dans une base iconographique*. Journées SFBA 1999 de l'Ile Rousse.

Marr, D. (1971). «Simple memory : a theory for archicortex». *Philosophical Transactions of the Royal Society London B*, 262, 23-81.

Ménard, O., Frezza-Buet, H. (2003). *Multi-map self-organization for sensorimotor learning : a cortical approach*. International Joint Conference on Neural Networks - IJCNN'03, Portland, Oregon, IEEE, editor.

Miikkulainen, R., Bednar, J.A., Choe, T., Sirosh, J. (1997). «Self-organization, plasticity, and low-level visual phenomena in a laterally connected map model of the primary visual cortex», in R.L. Goldstone, P.G. Schyns and D.L. Medin (Eds), *Psychology of Learning and Motivation (36 : perceptual learning)*, 257-308, San Diego, CA : Academic Press.

Miller, R. (1991). *Cortico-hippocampal interplay and the representation of contexts in the brain*, Springer Verlag.

Morén, J., Balkenius, C. (2000). «A Computational Model of Emotional Learning in the Amygdala». In Jean-Arcady Meyer, Alain Berthoz, Dario Floreano, Herbert L. Roitblat, Stewart W. Wilson (Eds), *From Animals to Animats 6 : Proceedings of the 6th International Conference on the Simulation of Adaptive Behaviour*, Cambridge, MA : The MIT Press.

Rescorla, R.A., Wagner, A.R. (1972). «A theory of Pavlovian conditioning : Variation in the effectiveness of reinforcement and nonreinforcement». In *Classical conditioning : II. Current theory and research*, Apleton-Century-Crofts, A.H. Black and W.F. Prokasy (Eds), 64-99, New York.

Rougier, N. (2000). *Modèles de mémoires pour la navigation autonome*. Thèse de l'Université Henri Poincaré, Nancy 1.

Rumelhart, D.E., McClelland, J. & the PDP Research Group (1986), *Parallel Distributed Processing : Explorations in the Microstructure of Cognition*. MIT Press, Cambridge.

Schmajuk, N.A. (1996). *Animal learning and cognition : A neural network approach*. New York, NY : Cambridge University Press.

Schultz, W. (1997). «Dopamine neurons and their role in reward mechanisms». *Current Opinion in Neurobiology*, 7, 191-197.

Sutton, R.S. (1988). «Learning to predict by the methods of temporal differencies». *Machine Learning*, 3, 9-44.

Van Essen, D.C., Maunsell, J.H.R. (1983). «Hierarchical organization and functional streams in the visual cortex». *Trends in neurosciences*, 6, 9.

TROISIÈME PARTIE

# PAROLE, GRAPHO-MOTRICITÉ ET ANTICIPATION

# Chapitre 8
# Perception visuelle du mouvement humain : de l'anticipation motrice à l'anticipation perceptive

Jean-Pierre Orliaguet

**INTRODUCTION**

Depuis les premiers travaux de Johansson (1950), on a pu montrer que le système visuel est capable d'identifier très rapidement et avec une très grande fiabilité les mouvements humains. La technique expérimentale la plus utilisée consiste à placer sur le corps d'une personne des cibles lumineuses au niveau de chaque articulation (épaule, hanche, genou, pied...) et à filmer ensuite, dans l'obscurité complète, différents types de mouvements (danse, locomotion, manipulation d'objets...). On demande ensuite au sujet d'identifier la nature des mouvements représentés par l'ensemble des points lumineux. Lorsque les points sont présentés statiquement, l'identification est impossible. En revanche, il suffit de quelques images en mouvement, ceci pendant quelques centaines de millisecondes, pour que les sujets reconnaissent très rapidement qu'il s'agit d'un mouvement humain (Johansson, 1973). Cette sensibilité générale au mouvement humain est très précoce : elle apparaît dès l'âge de 5 mois (Bertenthal, Profitt, Kramer & Spetner, 1987). Elle est relativement fine : le mouvement des points lumineux permet l'identification du sexe de la personne (Kozlowski & Cutting, 1978), la reconnaissance de personnes familières et de soi-même (Cutting & Kozlowski, 1977). La perception du mouvement rend également possible l'identification des objets et l'extraction de leurs propriétés, le poids par exemple (Runeson & Frykholm, 1981).

De nombreuses données montrent que cette reconnaissance ne s'appuie pas sur une représentation générale des relations espace-temps mais sur une connaissance très précise et souvent implicite des lois spécifiant chaque type de mouvement. Une expérience (Méary, Chary, Palluel &

Orliaguet, 2004) a consisté à projeter sur un écran des mouvements de pointage de cibles ou des mouvements d'écriture (traçage d'un *e*) présentant différentes tailles et différentes durées. Les sujets devaient pour chaque stimulus choisir les mouvements leur paraissant réalisés à vitesse «normale». On sait que ces mouvements sont produits selon des règles motrices différentes : pour les mouvements de pointage, la durée du mouvement augmente en fonction de l'amplitude (loi de Fitts) tandis que pour les mouvements d'écriture, le temps de mouvement a tendance à rester constant (principe d'isochronie). Les résultats montrent que les préférences perceptives sont conformes aux lois spécifiques de production motrices et non pas à une loi unique de co-variation espace-temps.

La perception des trajectoires des mouvements peut même donner lieu à des illusions perceptives si les règles de production motrices ne sont pas respectées. Par exemple, la perception visuelle du déplacement d'un point lumineux décrivant une trajectoire ellipsoidale est fortement altérée si le mouvement est réalisé à vitesse constante, c'est-à-dire s'il ne respecte pas la loi de co-variation vitesse-courbure (Viviani & Stucchi, 1992). Ces données mettent donc en évidence les liens fonctionnels existant entre la perception des mouvements humains et les contraintes liées à leur production. La connaissance implicite des règles de production semble avoir une influence directe sur la reconnaissance et l'identification des mouvements.

Nos propres recherches montrent que cette connaissance joue également un rôle décisif lors de l'identification de mouvements plus complexes impliquant l'enchaînement de plusieurs composantes motrices. Le but de ce chapitre est d'analyser dans un premier temps les capacités du système visuel à utiliser des informations spatio-temporelles contenues dans les premières composantes d'une séquence motrice (mouvements d'écriture ou de saisie d'objet) pour anticiper perceptivement l'identité des composantes suivantes. Dans un deuxième temps, la présentation de données issues de l'imagerie cérébrale et de l'étude de cas pathologiques montrera que l'accès aux règles d'anticipation motrice ne relève pas uniquement d'une simple activité perceptive mais dépend au moins en partie d'une activation du système moteur prenant la forme d'une simulation motrice intériorisée.

## ANTICIPATION MOTRICE : QUELQUES RAPPELS

Une des caractéristiques du système moteur est de pouvoir produire des séquences motrices (piano, écriture, parole), tout en préservant la continuité et la fluidité des mouvements. Ceci suppose donc l'existence d'une représentation du but à atteindre prédéfinissant l'identité et l'ordre des éléments composant la séquence. De très nombreuses recherches ont permis de le mettre en évidence. Elles ont consisté dans un premier temps à montrer que la complexité de la séquence avait directement une influence sur le temps de préparation du mouvement. En effet, l'augmentation du nombre d'éléments composant la séquence motrice (lever la main *vs* lever la main pour aller saisir une balle) entraîne une augmentation correspondante du temps de réaction (Henry & Rogers, 1960). Ceci a été également observé lors de l'augmentation du nombre de syllabes ou de mots à articuler ou à dactylographier (Klapp, Anderson & Berrian, 1973 ; Rosenbaum, Gordon, Stellings & Feinstein, 1987), de boutons à presser (Rosenbaum & Patashnik, 1980) ou de saccades oculaires à produire (Inholf, 1986). La structure de la séquence motrice a également un effet sur le temps de préparation du mouvement. Par exemple, une séquence de frappes composée d'éléments identiques est plus rapidement initiée qu'une séquence composée d'éléments différents. La présence d'éléments de durées différentes (Klapp & Wyatt, 1976), ou le fait d'accentuer la force d'une des frappes (Semjen & Garcia-Colera, 1986), entraînent une augmentation systématique des temps de réaction. Toutefois, lorsque les sujets doivent réaliser des séquences de frappe pouvant être composées d'un plus grand nombre d'éléments, ceci en accentuant la force de l'impulsion lors de la dernière ou de l'avant dernière frappe, on n'observe pas, contrairement aux résultats obtenus pour les mouvements de courte durée, d'augmentation des temps de réaction en fonction de l'accroissement du nombre d'éléments mais une augmentation du temps de mouvement lors de l'inter-frappe précédant l'accentuation (Semjen & Garcia-Colera, 1986). La préparation du mouvement se distribue donc avant et pendant le mouvement lorsque la séquence comporte un plus grand nombre d'éléments, et excède de ce fait les capacités de la mémoire de travail.

Des résultats analogues ont été observés lors de la production des mouvements d'atteinte d'objet. L'organisation cinématique d'un mouvement de saisie est modifiée en fonction de sa finalité fonctionnelle. Par exemple, la saisie d'un même objet est réalisée plus rapidement lorsque cette saisie est destinée à jeter l'objet plutôt qu'à le poser. Les contraintes affectant la deuxième composante de la séquence sont donc en partie anticipées pendant la réalisation du mouvement de saisie. On observe des phénomènes de même nature lors de la production de séquences de lettres (*ll*, *le*, *ln*) en écriture cursive (Orliaguet, Kandel & Boë, 1997). Les caractéristiques spatio-temporelles de la première lettre sont modifiées en fonction des contraintes spatiales (changement de taille, du sens de rotation) de la lettre suivante. Ceci se traduit notamment par des changements de forme touchant l'inclinaison et la largeur de la boucle du *l* et par des fluctuations cinématiques affectant l'allure du profil de vitesse et la durée des différentes phases du mouvement.

Cet ensemble de données indiquent donc que la production d'une séquence motrice complexe ou de longue durée commence avant qu'elle ne soit totalement programmée. Une partie de cette programmation a lieu en cours de mouvement, sans par ailleurs gêner la fluidité des mouvements. Elle implique une pré-connaissance de l'identité des éléments et de leur ordre d'apparition, des conditions physiques (bio-mécaniques et environnementales) de production des mouvements et de la finalité fonctionnelle des actions. Il est intéressant de noter que l'examen de patients déafférentés kinesthésiquement (Teasdale, Forget, Bard, Paillard, Fleury & Lamarre, 1993), capables de produire des mouvements séquentiels, confirme que la coordination des mouvements ne relève pas d'un «chaînage» sensoriel entre les éléments de la séquence mais bien d'une anticipation motrice se distribuant avant et pendant le mouvement.

Les expériences suivantes ont pour but de montrer que les modifications spatio-temporelles du mouvement dues à l'anticipation motrice peuvent être perçues et utilisées par le système visuel pour prédire l'identité des actions suivantes. Elles sont surtout destinées à mettre en évidence que les paramètres caractérisant le plus précisément l'activité motrice jouent un rôle essentiel dans l'anticipation perceptive. Une connaissance relativement précise des règles cinématiques d'anticipation motrice pourrait être à l'origine des anticipations perceptives.

## ANTICIPATION PERCEPTIVE

Les différentes expériences réalisées par notre équipe relevaient du principe expérimental suivant : elles ont consisté à présenter sur un écran vidéo les premières composantes d'un mouvement séquentiel et à analyser les capacités d'anticipation perceptive, qu'il s'agisse de mouvements continus (écriture) ou de mouvements discrets (mouvements d'atteinte de cible).

Pour les mouvements d'écriture (Orliaguet, Kandel & Boë, 1997), on enregistrait dans un premier temps, sur une tablette graphique, l'écriture des couples de lettres *ll*, *le* et *ln*. Ensuite, les sujets visualisaient sur un écran d'ordinateur les trois *l* appartenant aux couples *ll*, *le* ou *ln*. Les stimuli respectaient très précisément les modifications spatiales et/ou temporelles dues aux effets d'anticipation motrice (cf. section précédente). Ils étaient présentés dans trois conditions différentes d'information perceptive : a) le *l* était présenté statiquement et ne contenait que les modifications de forme (différences d'inclinaison et de la taille de la boucle); b) il ne contenait que les modifications cinématiques, la forme restant identique; enfin c) il contenait les modifications concernant à la fois la forme et la cinématique du *l*. Les sujets devaient prédire à quel couple de lettres (*ll*, *le* ou *ln*) appartenait chaque *l*.

Lorsque les sujets disposent uniquement d'informations sur la forme du *l*, le pourcentage de bonnes réponses (38%) n'est pas différent du hasard. Les informations spatiales contenues dans le *l* sont consciemment perçues par les sujets, mais ne permettent pas la prédiction de l'identité de la lettre suivante. En revanche, la présence d'informations cinématiques permet d'augmenter très significativement le pourcentage de bonnes réponses : celui-ci est de 68% lorsqu'on dispose des seules informations cinématiques et augmente significativement (78%) dans la condition où est fournie la double information (forme et cinématique). Ce dernier résultat indique que la forme de la lettre peut être utilisée mais à condition qu'elle soit associée à la cinématique ayant permis de la produire. Il est à noter que ces capacités d'anticipation perceptive apparaissent très précocement puisqu'il suffit que seulement 60% de la phase descendante du *l* soit parcourue pour que les sujets anticipent déjà l'identité de la lettre suivante (Kandel, Orliaguet & Boë, 2000).

Une expérience complémentaire (Kandel, Orliaguet & Viviani, 2000) a permis de préciser les paramètres jouant un rôle décisif dans la prédiction des mouvements. L'intérêt de cette recherche était d'analyser le rôle respectif joué par les indices temporels et par les modifications proprement cinématiques.

Elle a consisté à présenter sur un écran, en utilisant la technique décrite précédemment, un *l* en mouvement appartenant soit à *ll*, soit à *ln*. Une fois enregistrés, les paramètres temporels du *l* ont été transformés. La durée totale du *l* a été normalisée : les *l* de *ll* et *ln* présentaient donc une durée identique (1 sec). Par ailleurs, les profils de vitesse ont également été modifiés de manière à ce qu'ils ne respectent plus la loi de co-variation vitesse-courbure. Sous sa forme simplifiée, cette loi précise que la vitesse instantanée d'un mouvement est directement fonction de la courbure de sa trajectoire ($V(t)=kC(t)^{\beta=2/3}$ où V est la vitesse instantanée, k une constante et C la courbure; Viviani & Terzuolo, 1982). Pour chaque *l*, 7 profils de vitesse ont été déterminés, ceci en manipulant l'exposant ß (cf. figure 1). Un des profils (exposant ß=4/6) respectait la loi de co-variation vitesse-courbure. En revanche, les 6 autres profils présentaient des valeurs de ß s'éloignant progressivement de la valeur de référence de ß. Par exemple, pour un des stimulus (ß=6/6), la vitesse restait constante tout au long de la trajectoire.

Les résultats (figure 1) montrent que le pourcentage de bonne réponses est comparable à celui observé dans les expériences précédentes lorsque les *l* sont de durées identiques mais réalisés avec des profils de vitesse respectant la loi de co-variation vitesse-courbure (ß=4/6). L'anti-

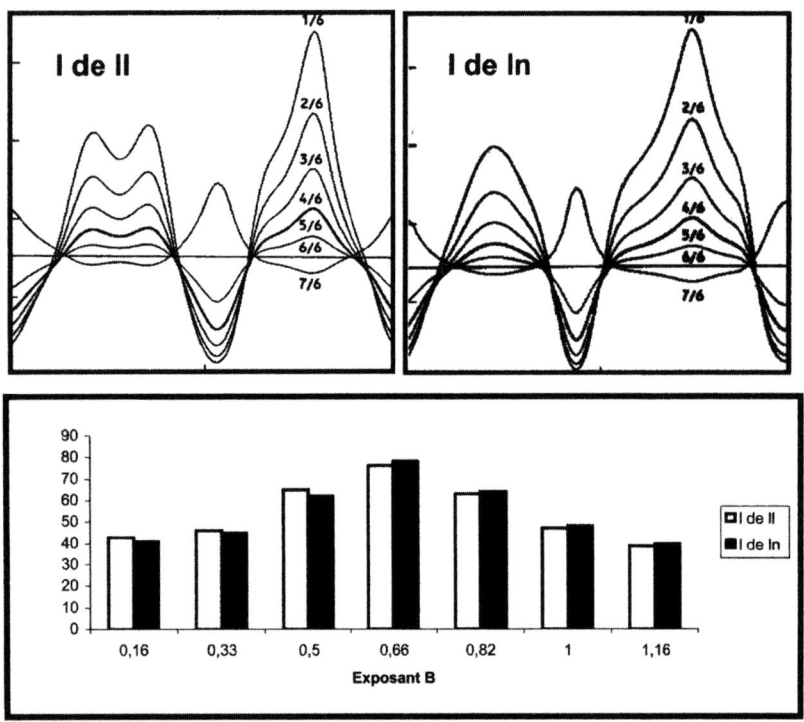

**Figure 1** — Caractéristiques cinématiques des stimulus présentés sur l'écran.
1) En haut : profils de vitesse normalisés (1 sec) pour le *l* de *ll* et le *l* de *ln*. Chaque *l* présente 7 valeurs de ß. Pour la valeur de ß=4/6, le profil de vitesse correspond à un mouvement humain respectant la loi de co-variation vitesse-courbure. Pour les autres valeurs de ß, le mouvement est considéré comme incorrect. Par exemple, pour ß=6/6, la vitesse est constante, et pour ß=7/6, le profil de vitesse est inversé.
2) En bas : pourcentage de bonnes réponses en fonction de la valeur de ß. Le pourcentage de bonnes réponses le plus élevé est observé pour ß=4/6. Il décroît progressivement lorsque ß s'éloigne de la valeur normale.

cipation perceptive ne s'appuie donc pas sur les différences de durée mais plutôt sur l'organisation générale du profil de vitesse. Ceci est confirmé par les résultats obtenus avec les autres valeurs de ß. En effet, les performances se détériorent progressivement lorsqu'on modifie le profil de vitesse de manière à ce qu'il s'éloigne de la règle de co-variation vitesse-courbure. Les caractéristiques cinématiques du mouvement constituent l'information essentielle pour le système visuel. L'organisation générale du mouvement et en particulier la régulation temporelle des phases d'accélération et de décélération joue donc un rôle décisif dans l'anticipation perceptive du mouvement.

L'ensemble des données montre donc que le système visuel peut utiliser les informations contenues dans une lettre pour prédire l'identité de la lettre suivante. Les informations cinématiques semblent jouer un rôle déterminant dans cette prédiction. En effet, la présence des seules informations spatiales ne permet pas d'anticiper la lettre suivante. Les différences d'inclinaison des *l* et l'augmentation de l'amplitude de la boucle du *l* sont perçues par les sujets, mais pas utilisées par le système visuel. La prédiction s'appuie essentiellement sur les informations cinématiques induites par les effets de contexte inter-lettres, sans que les sujets aient conscience des différences perceptives entre les stimulus.

Des résultats similaires ont été obtenus avec des mouvements séquentiels discrets faisant intervenir des mouvements d'atteinte de cibles (saisie, pointage). Comme pour les mouvements d'écriture, la technique consistait à présenter sur un écran un mouvement de saisie et à demander au sujet d'anticiper l'identité du mouvement suivant. On voyait la main en position de départ, puis le mouvement de saisie. L'image s'arrêtait au moment où le pouce et l'index entraient en contact avec l'objet. On expliquait au sujet que la saisie d'objet, apparaissant sur l'écran, correspondait à la première composante d'une séquence motrice consistant à transporter l'objet vers trois cibles de tailles différentes. Le sujet devait, à partir des informations contenues dans la saisie, prédire la taille de la cible sur laquelle était déposée l'objet. Les résultats montrent que le pourcentage moyen de bonnes réponses (62 %) est très nettement au dessus du hasard : les sujets peuvent utiliser les indices visuels d'anticipation motrice pour prédire l'identité des mouvements suivants. Une expérience complémentaire indique que cette anticipation perceptive s'appuie essentiellement sur la cinématique du mouvement balistique de la main et non pas sur les informations données par la régulation temporelle de la pince digitale à l'approche de l'objet. En effet, lorsqu'on ne présente que le mouvement balistique du poignet, matérialisé par le seul déplacement d'une pastille lumineuse (technique de Johansson), les capacités d'anticipation perceptive restent intactes.

Il est intéressant de noter que ces capacités d'anticipation perceptive sont encore plus efficaces lorsque que les séquences motrices font intervenir des objets usuels, ou impliquent des actions ayant une finalité fonctionnelle significative (Louis-Dam, Kandel & Orliaguet, 2000). En effet, il suffit de remplacer l'objet cylindrique par un verre de même taille pour observer une augmentation significative de bonnes réponses (71 %). Ce pourcentage augmente encore (82 %) si la saisie du verre est suivie d'actions se différenciant du point de vue de leur finalité fonctionnelle, par exemple lorsque la saisie est suivie de l'action de boire, changer le verre de position ou jeter le verre dans une boîte. Les différences cinématiques contenues dans le mouvement de saisie sont donc mieux utilisées lorsque l'action motrice et l'objet manipulé peuvent être intégrés dans un cadre moteur sémantiquement identifiable. Ceci pourrait faciliter l'activation des connaissances que le sujet a de son propre fonctionnement moteur ou permettre plus facilement l'évocation motrice des gestes perçus sur l'écran. Selon la familiarité de la situation, deux voies différentes pourraient être sollicitées (Rothi, Ochipa & Heilman, 1991), l'une sémantique reposant sur des représentations d'actions connues, l'autre non sémantique s'appuyant uniquement sur un traitement spatio-temporel des mouvements.

L'ensemble des données montre que le système visuel est capable de saisir les subtiles variations cinématiques contenues dans le mouvement et d'utiliser ces variations pour anticiper les mouvements suivants. Ce phénomène d'anticipation perceptive semble difficile à expliquer sans faire référence aux processus définissant la façon dont les unités d'actions sont composées entre elles par le système moteur. Dans la mesure où des indices cinématiques permettent la reconnaissance des actions, on peut supposer que cette reconnaissance ne relève pas uniquement d'un simple traitement visuel mais implique l'activation des systèmes responsables de la planification du mouvement, c'est-à-dire relève d'un couplage fonctionnel perception-motricité. (Rizolatti & Arbib, 1998; Jeannerod, 2001; Prinz, 1990). S'il en est ainsi, les activités d'anticipation perceptive devraient activer non seulement les structures visuelles mais également les structures motrices jouant un rôle dans la production du mouvement. Par ailleurs, les capacités d'anticipation perceptives devraient être au moins en partie dépendantes des compétences motrices des sujets. En d'autres termes, les sujets présentant des difficultés d'anticipation motrice devraient présenter des difficultés correspondantes sur le plan perceptif.

## ANTICIPATION PERCEPTIVE : RELATIONS MOTRICITÉ-PERCEPTION

L'étude du fonctionnement cérébral (*cf.* revue dans Jeannerod, 1999) a montré que les actions motrices simulées mentalement, réalisées ou observées font intervenir un réseau neuronal commun dans lequel on retrouve notamment le pariétal inférieur, l'aire prémotrice ventrale et une partie de l'aire motrice supplémentaire. Ces structures nerveuses pourraient donc constituer la base neurologique des représentations nécessaires à la production, à la simulation mais également à la perception des actions motrices. C'est ce que montrent en partie nos expériences sur l'anticipation perceptive.

Une de ces expériences (Chaminade, Meary, Orliaguet & Decety, 2001) a consisté à analyser les structures cérébrales activées lors de tâches d'anticipation perceptive impliquant des mouvements d'écriture et de pointage de cible. La procédure était identique à celle décrite précédemment. Les sujets devaient prédire l'identité du mouvement suivant à partir des informations cinématiques fournies par la première composante de la séquence motrice. On mesurait en parallèle l'activité cérébrale (PET Scan). Le but était d'identifier les corrélats neuro-anatomiques de l'anticipation perceptive et plus particulièrement l'effet de cette tâche perceptive sur l'activation de structures motrices participant à la préparation, la planification et l'exécution des mouvements d'écriture et de pointage.

Les résultats montrent que les deux tâches d'anticipation perceptive (écriture et pointage) engage des circuits pariéto-frontaux considérés comme des structures fondamentales pour le contrôle des actions (Fadiga, Fogassi, Gallese & Rizzolatti, 2000). Par ailleurs, on constate que l'anticipation des mouvements de pointage active spécifiquement le cortex pré-moteur gauche et la scissure intra-pariétale droite, c'est-à-dire deux régions anatomiquement et fonctionnellement impliquées dans la préparation et le contrôle visuel des mouvements de pointage et de saisie.

Pour les mouvements d'écriture, les résultats sont plus ambigus. On observe une activation de l'aire de Broca et du lobule pariétal supérieur gauche. L'activation de l'aire de Broca pourrait refléter une vocalisation mentale des digrammes. En revanche, l'activation du lobule pariétal supérieur est plus surprenante dans la mesure où l'écriture est connue pour activer habituellement les aires pariétales inférieures. Toutefois, une étude clinique récente (Chary, Méary, Orliaguet, David, Moreau &

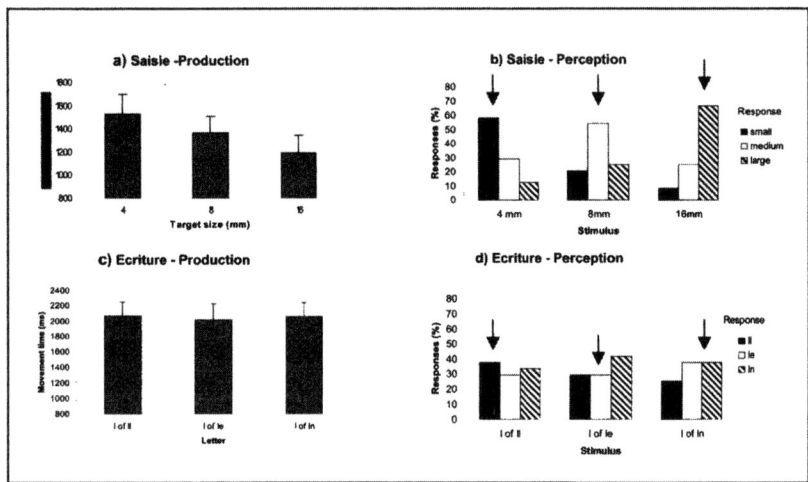

**Figure 2** — Production et perception visuelle des mouvements séquentiels chez la patiente DC.
a) Production des mouvements de saisie : durée du mouvement de saisie en fonction de la taille de la cible sur laquelle doit être déposé l'objet. La durée augmente en fonction de la difficulté de la 2$^e$ composante la séquence motrice ; b) Perception visuelle des mouvements de saisie : pour chaque stimulus le pourcentage de bonnes réponses est indiqué par une flèche. Il est supérieur au hasard ; c) Production des mouvements d'écriture : durée d'écriture de la lettre *l* en fonction de la lettre suivante (*ll*, *le* ou *ln*). La durée du *l* n'augmente pas en fonction des contraintes de la lettre suivante ; d) Perception des mouvements d'écriture : le pourcentage de bonnes réponses est indiqué par une flèche. Il n'est pas différent du hasard (33 %).

Kandel, 2004) fournit des arguments en ce sens. A la suite d'un accident vasculaire cérébral, une patiente DC est hospitalisée pour des troubles de la production écrite. L'imagerie cérébrale (IRMf) révèle une lésion de l'hémisphère gauche, incluant notamment le gyrus pariétal inférieur. L'examen neuro-psychologique permet de diagnostiquer une dysgraphie périphérique : les difficultés de DC portent uniquement sur la production motrice de séquences de lettres et on ne constate par ailleurs aucun trouble de la compréhension, de l'orthographe ou de connaissance de la forme des lettres.

L'expérience a consisté à analyser plus précisément les capacités d'anticipation motrice et perceptive de DC en utilisant les épreuves déjà décrites précédemment. Les résultats apparaissent sur la figure 2.

En ce qui concerne l'écriture, on constate qu'en production, les durées des différents *l* (*l* de *ll*, *le*, *ln*) ne présentent pas de différence significative : on n'observe donc aucun signe d'anticipation motrice. Dans la tâche d'anticipation perceptive, on voit que quel que soit le stimulus (*ll*, *le* ou *ln*), les pourcentages de bonnes réponses ne sont pas différents du hasard. DC est incapable d'utiliser les informations cinématiques contenues dans le *l* pour prédire l'identité de la lettre suivante. Pour ce qui relève des mouvements de saisie, les résultats sont différents. Lors de la production de la séquence, on observe une augmentation de la durée du mouvement de saisie en fonction de la difficulté du mouvement suivant, c'est-à-dire des signes très nets d'anticipation motrice. Par ailleurs, lors de la tâche d'anticipation perceptive, le pourcentage de réponses correctes est nettement au dessus du hasard, traduisant en cela de très bonnes capacités d'anticipation perceptive.

En résumé, les résultats des différentes études, qu'il s'agisse de l'imagerie cérébrale ou de l'analyse clinique neuro-pathologique, montrent que l'anticipation perceptive fait intervenir les structures cérébrales habituellement impliquées dans la planification et le contrôle du mouvement. L'existence de liaisons fonctionnelles entre la perception et motricité semble donc confirmée sur un plan neuro-anatomique. Il est donc possible d'interpréter l'anticipation perceptive comme étant le résultat d'un processus de simulation motrice intériorisée.

## CONCLUSION

Le système visuel est capable de percevoir des différences cinématiques très subtiles dans les premières composantes d'un mouvement séquentiel et de les mettre en correspondance avec les règles d'anticipation motrice. Il a donc accès non seulement aux caractéristiques spatio-temporelles du mouvement lui-même, mais également à ce qui dans le mouvement relève du but à atteindre, c'est-à-dire plus généralement à ce qui caractérise les intentions gestuelles. Par ailleurs, dans la mesure où la tâche d'anticipation perceptive active non seulement les aires visuelles mais également les aires motrices, on peut penser, comme cela a été proposé pour la compréhension des expressions du visage (Jeannerod, 2002), que la perception des indices spatio-temporels contenus dans le mouvement pourraient activer les actions intériorisées similaires à celles qui sont perçues. En d'autres termes, la lecture des gestes anticipateurs, c'est-à-dire l'identification des intentions attribuées aux mouvements d'autrui, pourrait être au moins en partie le résultat d'une simulation. De façon plus générale, ce mécanisme pourrait jouer un rôle décisif dans la communication inter-personnelle et donc avoir une fonction très importante dans les processus d'adaptation sociale. On comprend pourquoi les relations perception-motricité sont actuellement l'objet de discussions théoriques très importantes (Arbib, 2004) : elles apportent sans aucun doute un éclairage nouveau sur les origines et les mécanismes de la communication.

## Références bibliographiques

Arbib, M. (2004). «From Monkey-like Action Recognition to Human Language : An Evolutionary Framework for Neurolinguistics». *Behavioral and Brain Science* (in press).

Bertenthal, B.I., Profitt, B.R., Kramer, S.J. & Spetner, N.B. (1987). «Infant's encoding of kinetic displays varying in relative coherence». *Developmental Psychology, 23*, 171-178.

Chaminade, T., Meary, D., Orliaguet, J.-P. & Decety, J. (2001). «Is perceptual anticipation a motor simulation? A PET study». *Neuro-report, 12*, 3669-3674.

Chary C., Orliaguet, J.-P., Méary, D., David, D., Moreaud, O. & Kandel, S. (2004). «Influence of motor disorders on visual perception of human movements in a case of peripheral dysgraphia (2003)». *Neuro-case*, in press.

Cutting, J.E. & Kozlowski, L.T. (1977). «Recoginzing friends by their walk : Gait perception without familiarity cues». *Bulletin of the Psychonomic Society, 9*, 353-356.

Fadiga, L., Fogassi, L., Gallese, V. & Rizzolatti, G. (2000). «Visuomotor neurons : ambiguity of the discharge or "motor" perception?» *International Journal of Psychophysiology, 35*, 165-177.

Henry, F.M. & Rogers, D.E. (1960). «Increased response latency for complicated movements and a "memory drum" theory of neuromotor reaction». *Research Quarterly, 31*, 448-458.

Inhoff, A.W. (1986). «Preparing sequences of saccades under choice reaction conditions : Effects of sequence length and context». *Acta Psychologica, 61*, 211-228.

Jeannerod, M. (1999). «The 25th Barlett Lecture. To act or not to act : Perspectives on the representation of actions». *The Quarterly Journal of Experimental Psychology, 52*, 1-29.

Jeannerod, M. (2001). «Neural simulation of action : A unifying mechanism for motor cognition», *Neuroimage, 14*, 103-109.

Jeannerod, M. (2002). *La nature de l'esprit*, Paris : Editions Odile Jacob.

Johansson, G. (1950). *Event perception.* Uppsala : Almkvist & Wiksell.

Johansson, G. (1973). «Visual perception of biological motion and a model for its analysis». *Perception & Psychophysics, 14*, 202-211.

Kandel, S., Orliaguet, J.-P. & Boë, L.J. (2000). «Detecting anticipatory events in handwriting movements». *Perception, 29*, 953 964.

Kandel, S., Orliaguet, J.-P. & Viviani, P. (2000). «Perceptual anticipation in handwriting : The role of implicit motor competence». *Perception and Psychophysics, 62*, 706-716.

Klapp, S.T. & Wyatt, E.P. (1976). «Motor programming within a sequence of responses». *Journal of Motor Behavior, 8*, 19-26.

Klapp, S.T., Anderson, W.G., & Berrian, R.W. (1973). «Implicit speech in reading, reconsidered». *Journal of Experimental Psychology, 100*, 368-374.

Kozlowski, L.T. & Cutting, J.E. (1978). «Recognizing the sex of a walker from point-lights mounted on ankles : Some second thoughts». *Perception and Psychophysics, 23*, 459.

Louis-Dam, A., Kandel, S. & Orliaguet, J.-P. (2000). «Anticipation motrice et anticipation perceptive». *Psychologie Française*, 45, 333-342.

Marteniuk, R.G., Mac Kenzie, C.L., Jeannerod, M., Athenes, S. & Dugas, C. (1987). «Constraints on human arm movement trajectories». *Canadian Journal of Psychology*, 4, 365-378.

Méary, D., Chary, C., Palluel, R. & Orliaguet, J.-P. (2004). «Visual perception of writing and pointing movements». *Perception*, in revision.

Orliaguet, J.P., Kandel, S. & Boë, L.J. (1997). «Visual perception of cursive handwriting : Influence of spatial and kinematic information on the anticipation of forthcoming letters». *Perception*, 26, 905-912.

Prinz, W. (1990). «A common coding approach to perception and action». In O. Neumann & W. Prinz (Eds), *Relationships between Perception and Action*. Berlin : Springer-Verlag.

Rosenbaum, D.A. & Patashnik, O. (1980). «A mental clock-setting process revealed by reaction times». In G.E. Stelmach & J. Requin (Eds), *Tutorials in Motor Behavior*. Amsterdam : North-Holland.

Rizzolatti, G. & Arbib, M.A. (1998). «Language Within Our Grasp». *Trends in Neurosciences*, 21 (5) : 188-194.

Rosenbaum, D.A., Gordon, A.M., Stellings, N.A. & Feinstein, M.H. (1987). «Stimulus-response compatibility in the programming of speech». *Memory and Cognition*, 15, 217-224.

Rothi, L.J.G., Ochipa, C. & Heilman, K.M. (1991). «A cognitive neuropsychological model of limb praxis». *Cognitive Neuropsychology*, 8, 443-458.

Runeson, S. & Frykholm, G. (1981). «Visual perception of lifted weights». *Journal of Experimental Psychology : Human Perception and Performance*, 7, 733-740.

Semjen, A. & Garcia-Colera, A. (1986). «Planning and timing of finger tapping sequences with a stressed element». *Journal of Motor Behavior*, 12, 287-322.

Teasdale, N., Forget, R., Bard, C., Paillard, J., Fleury, M. & Lamarre, Y. (1993). «The role of proprioceptive information for the production of isometric forces and for handwriting tasks». *Acta Psychologica*, 82, 179-191.

Viviani, P. & Terzuolo, C.A. (1982). «Trajectory determines movement dynamics». *Neuroscience*, 7, 31-437.

Viviani, P. & Stucchi, N. (1992). «Motor-perceptual interactions». In G.E. Stelmach, J. Requin (Eds), *Tutorials in Motor Behavior II*. Amsterdam : North-Holland, pp. 229-248.

# Chapitre 9
# Le diable perceptif dans les details sensori-moteurs anticipatoires

Rudolph Sock et Béatrice Vaxelaire
en collaboration avec Véronique Ferbach-Hecker,
Johanna-Pascale Roy, Fabrice Hirsch, Kofi Adu Manyah,
Aline Asci, Mélanie Canault et Cyril Dubois

**INTRODUCTION**

La production de la parole est une activité motrice mettant en jeu divers articulateurs qui ont des degrés de liberté en excès. Cela signifie que les trajectoires que peuvent emprunter de tels articulateurs, lors de l'exécution de tâches phonétiques et phonologiques, sont multiples et complexes. Cependant, malgré la liberté d'action de ces structures articulatoires, leur coordination doit nécessairement se faire dans un *espace* déterminé. Cet espace est fortement contraint par essentiellement deux facteurs : les limites des possibilités des structures articulatoires et les exigences des modalités perceptives, auditive et visuelle.

Qui dit coordination évoque obligatoirement la notion de *temps* et, dans le décours temporel d'un geste finalisé, tel que cela pourrait se présenter en production de la parole, son *timing* fait apparaître trois *phases* majeures coexistantes : 1) une extension *anticipatoire*; 2) la partie dite «cible» du phénomène sémiotique ; 3) une extension *rétentrice*. Si la première et la troisième phase sont habituellement associées, lors de la description de l'action, au «futur» et au «passé» respectivement, la deuxième, elle, véritable domaine de la focalisation cognitive, correspondrait au «présent» décisif du geste. Or, les données perceptives attestées dans la littérature plaideraient plutôt pour une intégration de ces trois moments dans la perception de la catégorie sémiotique, que ce soit celle du phonème ou celle d'une séquence phonémique, etc. En effet, la perception de la «cible» ou du «présent» est liée à des patrons vers et depuis la cible, tout autant et même peut-être plus qu'à la «cible» elle-même.

Au vrai, le moment critique de la réalisation d'un geste linguistiquement *viable* ne correspond pas davantage au moment effectif de la formation définitive du geste qu'aux différentes *micro-phases* composant la phase majeure de l'extension anticipatoire articulatoire qui le précède. En d'autres termes, dans la temporalité d'un geste linguistique, pour atteindre, dans le conduit vocal résonant, des configurations adéquates, le moment crucial est ainsi celui qui précède l'émergence définie de ce geste; il est composé de divers possibles sensori-moteurs et ouvert sur de multiples catégories linguistiques sensorielles. En situation d'interaction entre un locuteur et un auditeur, l'inattendu, l'incertain ou encore la surprise peuvent être naturellement et systématiquement de mise, du début du déroulement de l'échange jusqu'aux toutes dernières millisecondes, avant l'apparition de la phase «cible» d'un geste linguistique spécifique.

Admettant, dans le domaine de la production-perception de la parole, que *le diable cognitif soit souvent dans les détails sensori-moteurs*, nous tenterons dans ce chapitre de le déceler et de révéler ses efficiences perceptives, audibles et visibles, particulièrement dans la phase anticipatoire ou *protentionnelle* — dans la conception husserlienne de la temporalité — localisée quelques millisecondes avant l'émergence d'un son cible. Nous verrons plus tard, en prenant appui sur une investigation empirique, qu'à ce moment-là, l'information sensorielle pertinente est déjà disponible, alors que les événements articulatori-acoustiques robustes lui correspondant ne sont pas encore au maximum de leur *genèse*.

Insistons, malgré l'intérêt que nous portons aux phases infinitésimales d'avant le surgissement de la forme acoustique et visuelle en relief, sur la nécessité, tout de même, d'appréhender l'émergence de nos entités phonologiques dans leurs contextes d'apparition, mot, énoncé, interaction..., où leurs propriétés sémiotiques et sémantiques prennent toute leur valeur.

Nous savons que, lors de toute coordination précise des articulateurs dans un espace donné, le chevauchement gestuel (*gestural overlap*) ou la coarticulation est une «règle» générale. Cependant, la production de certains sons requiert un taux de chevauchement plus prononcé que pour d'autres, un comportement coarticulatoire pouvant être particulièrement étendu dans des contextes spécifiques. Les recherches que nous menons dans le domaine de l'anticipation focalisent sur une catégorie de ces gestes coarticulés : celle des gestes anticipatoires *audibles* et *visibles*. Elles examinent divers aspects du contrôle et de la coordination de ces gestes pendant la production de la parole avec, en toile de fond, le *couplage structurel* constant entre efficacités sensorielles et gestes articulatoires.

Les gestes anticipatoires — compris ici simplement comme l'expansion ou l'extension de certains attributs d'un son à des segments adjacents ou avoisinants — sont souvent considérés comme apportant une contribution essentielle à la production de la parole. En effet, des données récentes indiquent que l'initiation précoce de certains gestes est nécessaire pour une perception adéquate du son, et c'est ainsi que les auditeurs exploiteraient des indices précoces liés à ces éléments anticipatoires dans la chaîne parlée (Abry & Lallouache, 1995 ; Maeda, 1999 ; Sock *et al.*, 1999). Dans cette perspective, où le comportement anticipatoire n'est conçu, en réalité, que comme l'extension de certaines caractéristiques d'un son ou d'une configuration visuelle à son entourage immédiat ou moins immédiat, la catégorisation de la notion du temps en *présent*, *passé* et *futur* ne peut plus être pertinente, puisque toute dimension dite anticipatoire ou rétentrice du son fait, au bout du compte, partie intégrante de l'identité articulatori-acoustique du phénomène émergent lui-même (Hecker, 2002 ; Hirsch *et al.*, 2003 ; Sock, 2003 ; Asci *et al.*, 2003).

La partie anticipatoire des gestes comporte ses portions audibles et inaudibles (Löfqvist, 1999). Signalons, toutefois, que les gestes inaudibles peuvent servir d'indices visuels de la parole, ou peuvent simplement servir, en initiant les mouvements aussi tôt que possible, à améliorer la précision des effecteurs finaux, et, en conséquence leurs efficacités perceptives (Vaxelaire *et al.*, 2002).

L'utilisation de tels indices, ou du décalage naturel des gestes articulatoires en avance sur le signal acoustique, a été démontrée pour le français, dans le domaine de la perception visuelle, par Cathiard *et al.* (1996) et par Roy (2004) pour des sujets malentendants et sourds profonds. Dans le domaine de la perception de la parole, et sur le plan acoustique-auditif, les résultats dont on dispose (Benguerel & Adelman, 1976) ne prennent, malheureusement, pas en compte la relation entre le niveau articulatoire et ses efficacités acoustiques.

Les recherches que nous résumons ici, dans le domaine de la production et de la perception de la parole, suivent de très près celle conduite par Lubker et Lindgren (1982) sur le suédois. Elles présentent des données articulatoires et acoustiques en soulevant des questions précises : (1) Quelle est l'extension temporelle de l'anticipation des gestes vocaliques et consonantiques ? (2) Est-ce que ces gestes anticipatoires contribuent à la perception auditive précoce d'une voyelle ou d'une consonne arrondie en français ? (3) Quel est le domaine de l'effet perceptif de ces gestes ? (4) De quelle manière la variation de la vitesse d'élocution et la stratégie individuelle du locuteur pourraient-elles influer sur l'extension perceptive de ces gestes anticipatoires ? L'augmentation de la vitesse d'élocution est en effet un moyen naturel de perturber le timing des gestes articulatoires. Il serait donc judicieux de savoir dans quelle mesure une perturbation motrice pourrait affecter l'organisation spatio-temporelle des gestes et leurs efficacités perceptives. Le fil conducteur de notre raisonnement dans ce travail doit beaucoup à Varela et Depraz (2003).

## LE PARADIGME DU *GATING*

Afin de vérifier les effets perceptifs des gestes anticipatoires, des tests de perception, reposant sur le paradigme du *gating* (dévoilement progressif d'un signal ou d'une séquence d'images) sont conduits pour chaque expérience. Dans cette méthode, l'on sélectionne une phrase ou une séquence cible, puis des segments sont tronqués de ce signal acoustique ou des images vidéo correspondant à la séquence en partant soit du début acoustique, soit de la première image de l'élément arrondi, en arrière dans le signal ou dans les images de la phrase porteuse. Ensuite, des sujets doivent identifier la voyelle ou la consonne manquante. Notons que les sujets se trouvant dans de telles conditions, sont en situation de tension ou de visée ouverte, étant donné que l'événement acoustique ou visuel présumé n'est pas encore livré, dans sa réalité effective, à leur conscience. Il s'agit ici du *vécu protentionnel* tel qu'il est spécifié par Husserl.

Les détails concernant ce paradigme de troncation du signal et le déroulement des tests de perception sont présentés *infra* pour une de nos expériences.

## UNE EXPÉRIENCE SUR L'ANTICIPATION MOTRICE

Pour cette expérience précise, les locuteurs étaient deux adultes de langue maternelle française (A.E. et M.M).

Le corpus est constitué des phrases suivantes : « Elle a tout faux », « Pour accourir » et « Les lames tachées ».

Les deux premières phrases fournissent les séquences $V_{1+C+V2}$, où $V_1$ est la voyelle non arrondie [a], C est soit [t] soit [k], et $V_2$ est la voyelle arrondie [u].

La troisième phrase offre la séquence $C_1VC_2$, où $C_1$ est la consonne [t], V est la voyelle [a] et $C_2$ la consonne labialisée [ʃ].

Des radiofilms ainsi qu'un enregistrement simultané du signal audio des productions des locuteurs ont été obtenus sous surveillance médicale, à l'aide d'une caméra 35 mm, d'un magnétophone stéréo et d'un microphone hautement directif (Brock, 1977).

Des événements temporels ont été détectés sur le signal audio et des relations temporelles spécifiques entre ces événements ont permis de déterminer, dans le domaine VCV, des durées acoustiques correspondant à des gestes articulatoires ouvrants et fermants du conduit vocal.

Des paramètres de mesures ont été déterminés sur les vues de profil, à l'aide d'une grille. Les articulateurs suivis pour l'analyse du comportement anticipatoire étaient les suivants : la protrusion des lèvres (déplacement horizontal), le déplacement vertical de la lèvre inférieure et de la mandibule et l'ouverture des lèvres (distance intéro-labiale). Les déplacements de la langue ont été mesurés aussi pour : la constriction vélaire du [u]; la constriction pharyngale du [a]; le contact apical du [t]; le contact vélaire du [k]; la constriction alvéolaire de la fricative.

## RÉSULTATS

### Timing des gestes
### Le contexte apical [atu]

Les données montrent pour le locuteur A.E., en vitesse d'élocution normale, que la protrusion ou la projection et l'arrondissement des lèvres s'installent de manière graduelle avant l'arrivée du contact apical. Il en est de même du déplacement vertical de la lèvre inférieure et du dos de la langue, contribuant eux aussi à la formation de la voyelle arrondie. Ce timing des gestes est structurellement comparable à celui observé pour le locuteur M.M., bien que l'amplitude de ses gestes soit moins prononcée. L'augmentation de la vitesse d'élocution ne modifie pas le timing des articulateurs sur le plan structurel (Vaxelaire *et al.*, 1999).

En résumé, ces résultats révèlent que les gestes liés à la voyelle arrondie sont anticipés bien avant l'apparition de l'occlusive et vont même aussi loin que dans les configurations tardives de la voyelle non arrondie [a]. La question qui se pose naturellement maintenant est la suivante : qu'advient-il des gestes labiaux (protrusion et ouverture) lorsque le geste du dos de la langue pour la formation de la voyelle [u] est aussi sollicité pour la production d'une consonne vélaire ? En d'autres termes, est-ce que le conflit entre les gestes vocalique et consonantique, au niveau du dos de la langue, aurait une incidence sur l'extension de l'anticipation des autres structures, même si ces structures sont anatomiquement indépendantes ?

L'analyse de la séquence suivante devrait nous fournir des éléments de réponse.

**Le contexte vélaire [aku]**

En vitesse d'élocution normale, pour les deux locuteurs, aussi bien la protrusion que le déplacement vertical de la lèvre inférieure et l'ouverture des lèvres varient avant le contact du dos de la langue. En vitesse d'élocution rapide, le timing des gestes des articulateurs est globalement le même, les valeurs de déplacement articulatoire étant relativement moins remarquables, dans ce contexte prosodique aussi pour le locuteur M.M. En général, on n'observe aucune stratégie compensatoire : il n'y a ni extension temporelle de l'activité anticipatoire labiale dans le temps, ni augmentation de son amplitude, lorsque le geste vocalique du dos de la langue est en conflit avec le geste consonantique.

**Le contexte [taʃ]**

L'analyse des données articulatoires et acoustiques nous indique, pour le locuteur A.E en vitesse d'élocution normale (figure 1), que tous les gestes effectués pour la production de la consonne fricative démarrent durant les configurations du conduit vocal associées à la production de la voyelle précédente. La protrusion de la lèvre supérieure, la réduction de la constriction apicale-laminale et l'augmentation de la constriction pharyngale, toutes liées à la production de la fricative, sont initiées (image 277) pendant la production de la voyelle (approx. images 276 à 279). Notons que l'image 277 correspond à une région stable de l'intervalle acoustique de la voyelle. Une réduction remarquable de la constriction consonantique (de 10 mm à 1 mm) est constatée à l'image 280, qui correspond au début acoustique de la friction consonantique. Une cons-

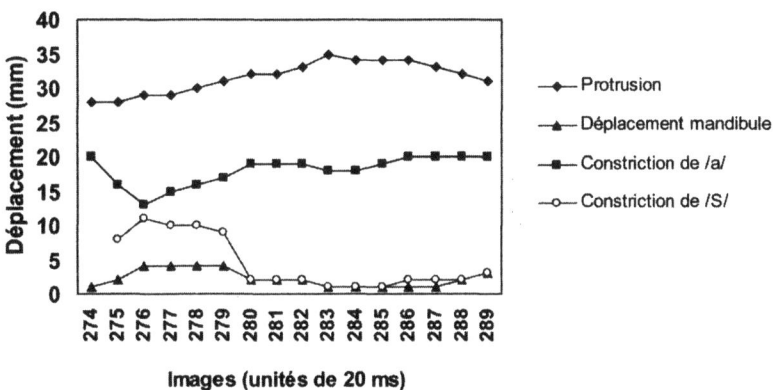

Figure 1 — Analyse image par image de la trajectoire des articulateurs durant la production de la séquence /aʃ/ par le locuteur AE.

triction apicale-laminale minimale (images 283 à 285) coïncide avec le pic de protrusion de la lèvre supérieure (image 283). En général, il semble que se dessine une certaine corrélation entre la constriction consonantique, la protrusion de la lèvre supérieure et l'élévation mandibulaire. À mesure que la constriction diminue, la protrusion, elle, augmente. La mandibule porte la langue et sa trajectoire verticale ressemble à celles de l'apex et de la lame de la langue en créant la constriction de la fricative. En vitesse d'élocution rapide, le timing relatif des articulateurs est sensiblement comparable à celui observé en vitesse d'élocution normale. Les résultats obtenus pour le locuteur M.M. ressemblent à ceux présentés ici pour le locuteur A.E., même si le locuteur M.M., ici aussi, affiche une dynamique de gestes moins ample par rapport à celle de A.E.

La section suivante tente : (1) d'établir des relations coarticulatoires sensori-motrices ; (2) de déterminer les effets perceptifs auditifs et l'extension de cette anticipation auditive.

**Perception auditive**
**Troncation et élaboration de la bande sonore**

Les troncations des signaux acoustiques ont été effectuées sur tous les signaux numérisés, pour les vitesses d'élocution normale et rapide. Le dernier point de troncation coïncide soit avec l'apparition d'une structure formantique (ou de résonances) clairement définie de la voyelle labialisée, soit avec le début du bruit de friction associé à la production de la consonne labialisée. C'est à partir de ce point de troncation extrême que les autres points de troncation ont été déterminés, en arrière dans les phrases porteuses de la séquence cible, en pas de 10 ms (supérieur aux 50 images/secondes disponibles).

Pour les phrases «Elle a tout faux» ou «Pour accourir», chaque séquence tronquée comprenait la suite [elat...] ou [puʀak..], plus un taux croissant d'informations acoustiques contenues dans l'intervalle plosion-friction de l'occlusive, qui précède l'apparition de la voyelle arrondie [u].

En ce qui concerne la phrase «Les lames tachées», la séquence tronquée comprenait la suite [lelamta...] plus un taux grandissant d'information acoustique contenue dans l'intervalle vocalique du [a], qui précède l'apparition de la consonne arrondie [ʃ].

La bande sonore contenait les stimuli tronqués, disposés en ordre aléatoire, qui ont été entendus par les auditeurs.

### Jugements des auditeurs

Une vingtaine d'adultes, tous de langue maternelle française, ont servi de sujets pour l'expérience de perception auditive de la voyelle arrondie. Ils étaient tous naïfs par rapport au but de l'expérience et ne présentaient aucun problème d'audition ou de production de la parole. Les tests se sont déroulés dans une salle insonorisée de l'Institut de Phonétique de Strasbourg.

Dans le cas de la perception de la voyelle arrondie, il a été dit aux sujets qu'ils allaient entendre l'une des phrases tronquées suivantes : (1) «Elle a tes faux» (2) «Elle a tout faux» (3) «Elle a ta faux», soit trois phrases qui fournissent les séquences [ate], [atu] et [ata] respectivement, pour le contexte apical. En ce qui concerne le contexte vélaire, les auditeurs devaient être attentifs à ces trois phrases tronquées : (1) «Pour acquérir» (2) «Pour accourir» (3) «Pour accabler», qui nous livrent les séquences [ake], [aku] et [aka]. Cependant, dans cette expérience précise, seule la phrase numéro 2, dans chaque contexte, a été effectivement présentée aux auditeurs, les deux autres servant ici uniquement de distracteurs. Signalons, toutefois, que les résultats obtenus dans une expérience similaire n'ont indiqué aucun changement significatif lorsque les deux phrases tronquées avaient été réellement livrées aux auditeurs (Hecker, 2002).

Par rapport à la perception de la consonne labialisée, l'analyse des données est en cours : en conséquence, seuls les résultats globaux et préliminaires seront présentés ici.

Des feuilles de réponse ont été fournies aux auditeurs et, durant les 4 secondes d'intervalle entre les stimuli, les auditeurs devaient remplir deux tâches pour chacun des stimuli : (1) marquer à l'aide d'une croix laquelle des trois voyelles [e a u] ou des deux consonnes [s] [ʃ] ils pensaient avoir entendue et (2) attribuer un poids de certitude ou de confiance à leur réponse, un poids qui pouvait varier dans une échelle allant de «1» à «5», où «1» indiquait peu de confiance dans leur choix et «5» indiquait une certitude absolue.

**Les effets perceptifs des gestes anticipatoires : généralités**

La valeur moyenne du seuil de confiance, pour tous les stimuli et pour tous les auditeurs, était calculée, ainsi que l'écart type. Les résultats nous indiquent que la plupart des jugements avaient été donnés avec un taux de confiance satisfaisant dans les deux vitesses d'élocution. De plus, le pourcentage de réponses correctes est hautement corrélé avec le seuil de confiance, ce qui montre que les sujets étaient confiants tout en étant performants, par rapport à la tâche d'identification qu'ils devaient remplir.

Le seuil de confiance diminue progressivement à mesure que l'on s'éloigne de la voyelle arrondie, *i.e.* à mesure que l'information sensorielle disponible diminue. Cependant, il ne s'agit nullement d'un modèle linéaire mais plutôt d'une hyperbole, étant donné que la réduction du seuil de confiance devient moins sensible à mesure que les points de troncation sont temporellement distants du début acoustique de la voyelle.

**Les effets perceptifs de l'anticipation dans le contexte apical [atu]**

Les résultats obtenus pour [atu] montrent que les auditeurs parviennent à identifier une voyelle, même lorsque celle-ci a été enlevée du signal acoustique. Le pourcentage de réponses correctes est corrélé avec le point de troncation ou la distance de la voyelle : il est élevé lorsqu'on est proche de la voyelle arrondie, mais diminue brutalement à partir d'une certaine distance de cette voyelle cible.

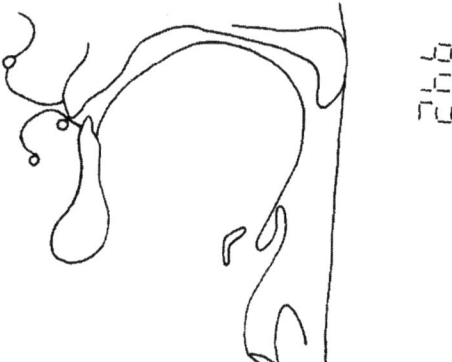

**Figure 2** — Un geste anticipatoire audible à 10 ms du début acoustique de la voyelle.

Signalons qu'en vitesse d'élocution normale, les scores sont très élevés, jusqu'à 50 ms de la voyelle, mais chutent remarquablement dès que le point de troncation devient temporellement plus éloigné, soit à partir du deuxième point de troncation. En vitesse d'élocution rapide, les scores très élevés près de la voyelle chutent brutalement au-delà de 40 ms de la voyelle cible, soit à partir du troisième point de troncation. Pour le locuteur M.M., le pourcentage de réponses correctes est également corrélé avec le point de troncation : il reste élevé seulement jusqu'à 10 ms de la voyelle arrondie dans les deux vitesses d'élocution, mais baisse sensiblement au-delà de cette date. Cette reconnaissance tardive de la voyelle tronquée, à seulement 10 ms de son apparition, correspond, sur le plan moteur, aux configurations du conduit vocal situées après le relâchement du contact apical et la protrusion maximale. L'identification coïncide en effet avec l'arrivée de l'événement « ouverture minimum des lèvres » (voir figure 2).

## Les effets perceptifs de l'anticipation dans le contexte vélaire [aku]

Dans ce contexte aussi, le pourcentage de réponses correctes est hautement corrélé avec le point de troncation, dans les deux vitesses d'élocution.

Les données montrent que les auditeurs parviennent à identifier la voyelle tronquée jusqu'à 60 ms de l'apparition de la structure formantique, en vitesse d'élocution normale. À cette date, le relâchement dorso-vélaire a déjà eu lieu et la projection des lèvres, accompagnée d'une ouverture minimale de celles-ci, est aussi constatée (figure 3). En vitesse d'élocution rapide, l'identification se fait jusqu'à 50 ms de la voyelle

Figure 3 — Un geste anticipatoire audible à 60 ms du début acoustique de la voyelle.

cible. Pour ce qui concerne le locuteur M.M., l'identification est correcte à partir de 20 ms de la voyelle en vitesse d'élocution normale; elle se fait plus tôt en contexte rapide, au deuxième point de troncation, qui est à 30 ms de la voyelle.

De manière générale, il semble que l'identification de la voyelle arrondie [u] se fasse plus précocement dans ce contexte vélaire, par rapport au contexte apical précédent, et cela quels que soient le locuteur et la vitesse d'élocution.

**Relations sensori-motrices**

En résumé, les résultats relatifs à la perception auditive des gestes vocaliques anticipatoires (pourcentages de réponses correctes et seuils de confiance) montrent que le geste d'arrondissement ainsi que celui de la constriction de la voyelle labialisée traversent la consonne intervocalique et peuvent même atteindre les dernières configurations du [a]. Cependant, il s'agit là de l'extension anticipatoire de gestes, certes visibles mais pas audibles, puisque la partie auditivement efficace de ces gestes se situe après le relâchement de l'occlusion, en direction de la voyelle labialisée.

La perception anticipatoire de la voyelle [u] est plus précoce dans le contexte vélaire. On explique ce phénomène par rapport au relâchement de l'occlusion (apicale ou vélaire). Comme ce relâchement arrive plus tôt dans le contexte vélaire par rapport au contexte apical, la perception de la voyelle subséquente se fait plus précocement. La formation de la consonne vélaire (contact - tenue - relâchement) dure moins longtemps

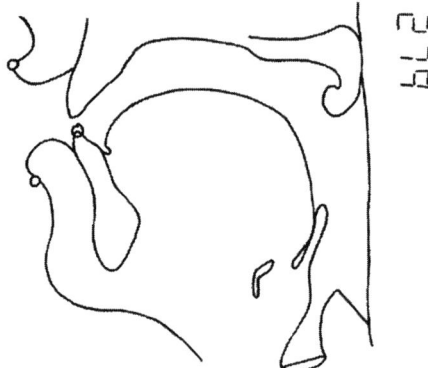

**Figure 4** — Un geste anticipatoire inaudible du /ʃ/.

que celle de la consonne apicale, en quelque sorte pour permettre l'émergence de la voyelle [u], avec laquelle elle partage le même lieu d'articulation. Soulignons qu'au relâchement des occlusions, la protrusion labiale est toujours à sa valeur maximale, ce qui renforce l'efficacité anticipatoire auditive de la voyelle.

Les données perceptives préliminaires analysées pour les gestes anticipatoires de la fricative montrent qu'aucun de ces gestes n'est auditivement efficace (figure 4).

S'ils ont été initiés dans les configurations du conduit vocal associées à la production de la voyelle, l'identification de la consonne n'est pourtant pas possible au début acoustique du bruit de turbulence de la consonne (figure 5).

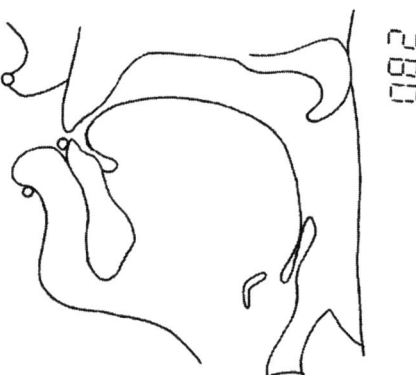

**Figure 5** — Un geste inaudible durant la production du /ʃ/.

**Figure 6** — Un geste audible durant la production du /ʃ/.

À cette date, la constriction apicale-laminale effectuée pour la réalisation de cette consonne est effectivement remarquable, mais néanmoins inaudible. Les gestes deviennent audibles seulement lorsque cette constriction minimale est couplée au pic de protrusion et à une ouverture des lèvres minimale (figure 6).

Notons aussi qu'avec une constriction linguale minimale et une ouverture des lèvres également au minimum, la cavité sub-linguale est au maximum, facteur qui semble contribuer à l'identité acoustique de la consonne fricative.

La réaction des auditeurs aux productions de nos deux locuteurs semble dépendre d'une différence de stratégies anticipatoires. Si, pour A.E., la perception de la voyelle peut se faire en contexte VCV dès le relâchement, avec une protrusion maximale, la combinaison de ces deux gestes ne suffit pas pour une perception anticipatoire chez M.M. Pour ce dernier, il faudrait de surcroît leur associer une ouverture minimale des lèvres, geste qui n'arrive que quelques millisecondes plus tard, par rapport au pic de protrusion et au relâchement. Ainsi, la perception anticipatoire de la voyelle se fait toujours plus tardivement chez M.M. que chez A.E.

Étant donné, par ailleurs, que le timing relatif reste comparable dans les deux vitesses d'élocution, on ne trouve pas de comportement cohérent quant à la perception auditive anticipatoire suivant la variation de la condition prosodique. Encore une fois, tout dépend de l'arrivée des événements articulatoires critiques : l'identification peut se faire à partir du relâchement, mais la reconnaissance anticipatoire n'est optimale que lorsque l'ouverture des lèvres est au minimum. Cette dernière configuration peut s'obtenir avec ou sans protrusion maximale des lèvres.

Pour conclure, nous proposons de répondre clairement aux quatre questions que nous nous sommes posées au début de cette investigation, à savoir :

(1) Quelle est l'extension temporelle de l'anticipation des gestes vocaliques et consonantiques ?
Réponse : Cette extension est variable, qu'il s'agisse d'un geste vocalique ou d'un geste consonantique. Elle ne devrait pas être exprimée en seules durées absolues, étant donné la grande élasticité du signal de parole, mais plutôt en termes articulatori-acoustiques événementiels.

(2) Est-ce que ces gestes anticipatoires contribuent à la perception auditive précoce d'une voyelle ou d'une consonne arrondie en français ?
Réponse : Si les gestes vocaliques anticipatoires contribuent à la reconnaissance précoce d'une voyelle protruse, les gestes consonantiques anticipatoires, quant à eux, sont inaudibles. En revanche, ils servent à améliorer la perception auditive de la consonne labialisée au moment de son émergence acoustique. Nous y reviendrons ci-après.

(3) Quel est le domaine de l'effet perceptif de ces gestes ?
Réponse : Ce domaine d'efficacité sensorielle est en fonction des événements moteurs localisés dans la façade anticipatoire des gestes vocaliques. En général, nos données montrent que son étendue dépend du moment de l'arrivée de l'événement articulatoire du «relâchement» et de l'émergence de l'événement cinématique du «pic de vitesse». À partir de ces dates, la perception précoce de la voyelle va en s'améliorant, à mesure que d'autres événements articulatori-acoustiques tels que l'ouverture minimale des lèvres et le pic de protrusion, apparaissent. Précisons que si les différentes micro-phases situées avant le relâchement sont inaudibles (par ex. le silence acoustique de la consonne intervocalique non voisée), elles contribuent néanmoins, de manière graduelle, dynamique et non linéaire, au remplissage du «vide» auditif perceptif. Les facteurs dynamiques qui participent, de manière anticipatoire, à l'apparition auditive d'une forme vocalique arrondie à venir, par exemple la projection simultanée des lèvres, le geste d'élévation mandibulaire (qui est significatif dans certains cas), le déplacement vertical de la lèvre inférieure, la réduction de l'aire intéro-labiale, le resserrement de la constriction linguale..., constituent tous ce «vide» auditif intensément actif. Nous avons ainsi affaire à la genèse, en arrière-plan, de la temporalité minutieuse des gestes articulatoires, couplée à celle de leurs corrélats acoustiques afin d'obtenir la conscience d'imminence à l'apparaître protentionnel. Nous suivons ici James (in Varela & Depraz, 2003), dans ses *Principles of Psychology*, qui décrit ce «vide» pour le flux de

conscience, à propos de l'expérience qui consiste à avoir un mot sur le bout de la langue (*Tip-of-the-Tongue*). Le processus de tension vers l'identification du nom ressemble fortement à celui vers la reconnaissance catégorielle de nos sujets, dans les tâches d'identification perceptive catégorielle d'entités vocaliques et consonantiques. En effet, les quelques millisecondes qui précèdent l'émergence de l'entité à identifier correspondent à un intervalle relativement «accidenté» sur les plans moteurs et sensoriels, où le timing des événements articulatori-acoustiques, ainsi que l'amplitude des gestes, peuvent varier d'un locuteur à l'autre. Et c'est cette variation dans l'organisation temporelle de cette micro-phase qui induit des fluctuations dans le seuil de confiance des sujets dans la dimension spatiale de la protention, avant d'atteindre le sentiment de justesse focalisatrice (Varela & Depraz, 2003); un sentiment qui coïncide avec le moment effectif de la formation définitive de l'entité à identifier.

(4) De quelle manière la variation de la vitesse d'élocution et la stratégie individuelle du locuteur pourraient-ils influencer l'extension perceptive de ces gestes anticipatoires?
Réponse :
a) La variation de la vitesse d'élocution perturbe, de manière remarquable, les durées absolues des séquences, mais ne modifie pas le timing relatif des événements articulatoires. Il s'en suit que l'augmentation de la vitesse d'élocution ne joue pas un rôle significatif sur l'extension auditive anticipatoire ;
b) Le comportement des auditeurs dépend de la coordination gestuelle de chaque locuteur. La réaction des auditeurs à la production d'un locuteur spécifique sera donc comparable de façon structurelle d'un auditeur à l'autre. Cette ressemblance en comportement auditif, nous venons de l'expliquer plus haut, dépend largement du timing des événements moteurs apparaissant sur la portion anticipatoire audibles des gestes vocaliques.
Il est clair, arrivé au terme de cette étude, que les efficiences perceptives, audibles et visibles des événements articulatoires et acoustiques, sont particulièrement proéminentes dans la phase anticipatoire d'un élément linguistique à venir. Alors que cet élément n'a pas encore émergé complètement dans la réalité physique et observable des signaux articulatoires et acoustiques, voilà que les *détails* des *esquisses* de ses composantes sensori-motrices nous offrent déjà suffisamment d'informations perceptives cognitives permettant de saisir et d'identifier cet élément dans sa *globalité*. Cette globalité cognitive, dynamique et constamment en mouvement est, quant à elle, constituée au moins d'un *focus* au centre, des phases de protention et de rétention qui précède, et suit respectivement le focus cognitif.

## REMERCIEMENTS

Nos recherches sur « l'Anticipation » ont été soutenues par le Programme « Cognitique » du Ministère de la Recherche (ACT 1b 2001-2003), attribué à l'Institut de Phonétique de Strasbourg, E.A. 3403. Nous remercions Fabrice Marsac pour la relecture du manuscrit et pour les critiques et les commentaires précieux qu'il nous a faits.

### Références bibliographiques

Abry, C., Lallouache, T. (1995). « Le MEM : un modèle d'anticipation paramétrable par locuteur. Données sur l'arrondissement en français ». *Les cahiers de l'ICP. Bulletin de la Communication Parlée*, 3, 85-99.

Adu Manyah, K. (2003). « Vowel quantity contrasts in Twi ». Proceedings of the XVth International Congress of Phonetic Sciences, Barcelona, 3185-3188.

Asci, A., Vaxelaire, B., Hecker, V., Hirsch, F., Guedet, M. (2003). « Anticipatory and carryover coarticulation in Turkish ». Proceedings of the XVth International Congress of Phonetic Sciences, Barcelona, 447-450.

Benguérel, A.P., Adelman, S. (1976). « Perception of coarticulated lip rounding ». *Phonetica*, 33, 113-126.

Brock, G. (1977). « Méthode de synchronisation graphique image/son pour l'exploitation des films radiologiques ». Présentation de l'appareillage réalisé à l'Institut de Phonétique de Strasbourg. Travaux de l'Institut de Phonétique de Strasbourg 9, 221-232.

Canault, M. (2003). « Les voyelles à 3 ans et demi. Étude phonologique et acoustique ». D.E.A. de Sciences du Langage. Institut de Phonétique de Strasbourg - E.A. 3403. Université Marc Bloch.

Cathiard, M.-A., Lallouache, T., Abry, C. (1996). « Does movement on the lips mean movement in the mind? » In D. Stork and M. Hennecke (Eds), *Speechreading by Humans and Machines*, NATO ASI Series 150, 211-219.

Dubois, C. (2003). « Éléments préliminaires pour l'étude de la neuroanatomie générale de la production-perception de la parole ». Maîtrise de Phonétique Générale et Expérimentale. Institut de Phonétique de Strasbourg - E.A. 3403. Université Marc Bloch.

Hecker Ferbach V. (2002). « La perception auditive de l'anticipation des gestes vocaliques en français ». Doctorat des Sciences du Langage. Institut de Phonétique de Strasbourg - E.A. 3403. Université Marc Bloch.

Hirsch, F., Sock, R., Connan, P.-Y., Brock, G. (2003). « Auditory effects of anticipatory rounding in relation with vowel height in French ». Proceedings of the XVth International Congress of Phonetic Sciences, Barcelona, 1445-1448.

Klatt, D. (1975). « Voice onset time, frication and aspiration in word-initial consonant clusters ». *Journal of Speech and Hearing Research*, 18, 686-706.

Lubker, J.F., Lindgren, R. (1982). « The perceptual effects of anticipatory coarticulation ». In P. Hurme (ed.), *Papers in Speech Research*, Institute of Finnish Language and Communication, University of Jyväskylä, 252-271.

Maeda, S. (1999). « Labialization during /k/ followed by a rounded vowel is not anticipation but the auditorily required articulation ». 14th Int. Congr. of Phonet. Sciences, San Francisco, Vol. 1, 41-44.

Roy (2004). «Étude de la perception des gestes anticipatoires d'arrondissement par les sourds et les malentendants». Doctorat des Sciences du Langage. Institut de Phonétique de Strasbourg - E.A. 3403. Université Marc Bloch.

Sock, R. (2003). «Comprendre les gestes anticipatoires audibles et inaudibles». In *Stratégies et parcours. De l'anticipation à la didactique du FLE*. Sciences Cognitives, Linguistique et Intelligence Artificielle (SCOLIA) 17. Eds. 11-28.

Sock, R., Hecker, V., Cathiard, M.-A. (1999). «The perceptual effects of anticipatory labial activity in French». 14th Int. Congr. of Phonet. Sciences, San Francisco, Vol. 5, 2057-2060.

Stetson, R.H. (1928). «Motor phonetics : A study of speech movements in action». *Archives Néerlandaises de Phonétique Expérimentale, 3* (réédition 1987; J.A.S. Kelso, K.G. Munhall, Boston : Little, Brown and Company), 1-216.

Vaxelaire, B., Sock, R., Bonnot, J.-F., Keller, D. (1999). «Anticipatory labial activity in the production of French rounded vowels». 14th Int. Congr. of Phonet. Sciences, San Francisco, Vol. 1, 52-56.

Vaxelaire, B., Sock, R., Hecker, V. (1999). «The perceptual effects of anticipatory gestures in the production of French rounded vowels». Eurospeech'99. 6th European Conference on Speech Comunication and Technology, 5-10 September 1999, Budapest, Hungary, vol. 1, 165-168.

Varela, F., Depraz, N. (2003). «Au cœur du temps : l'auto-antécédence II». *Intellectica, 36/37*, 183- 203.

# Chapitre 10
# Modéliser le physique pour comprendre le contrôle : le cas de l'anticipation en production de parole

Pascal Perrier
avec la collaboration de Yohan Payan et Romain Marret

**INTRODUCTION**

Pour étudier, comprendre et modéliser le contrôle des gestes de la parole, comme d'ailleurs pour étudier le contrôle moteur des gestes humains en général, le substrat de base est constitué d'une quantité très importante de données physiologiques, cinématiques, acoustiques et éventuellement dynamiques, collectées sur des locuteurs humains. L'intérêt d'une telle démarche d'investigation expérimentale est indéniable puisqu'elle a permis de déterminer les corrélats physiques, articulatoires et acoustiques essentiellement, des sons de la parole et de leurs enchaînements.

Cependant, pour comprendre comment la production de la parole est contrôlée, cette démarche, pour indispensable qu'elle soit, ne suffit pas. En effet, le système périphérique de production de la parole a des caractéristiques qui lui sont propres et qui influent sur la façon dont les articulateurs de la parole (mandibule, langue, lèvres, velum, cordes vocales) se déplacent au cours du temps, ainsi que sur la façon dont ils interagissent les uns avec les autres. Nos systèmes de mesure physiologique, cinématique, acoustique ou dynamique, aussi sophistiqués soient-ils, ne permettent donc pas d'observer les conséquences directes des commandes envoyées par le système nerveux central, mais seulement celles de l'interaction entre ces commandes et le système physique de production de la parole. Les incidences de ce constat sur l'interprétation des données recueillies sur des locuteurs sont potentiellement d'importance (pour une discussion, voir par exemple Perrier *et al.*, 1996a, et Perrier *et al.*, 2003) et c'est pourquoi, dans cet article, nous nous proposons d'évaluer la contribution potentielle de facteurs purement biomécaniques dans les cas d'anticipation en production de la parole.

## QUELQUES NOTIONS SUR L'ANTICIPATION EN PRODUCTION DE PAROLE

L'étude de la production de la parole s'appuie sur le postulat que la production d'une chaîne de phonèmes est fondamentalement une tâche séquentielle consistant à produire le phonème (i) avant le phonème (i+1) et après le phonème (i-1). On parle alors d'anticipation lorsqu'on trouve, soit dans les signaux articulatoires soit dans le signal acoustique, des indices sur les caractéristiques du phonème (i+1) avant qu'on ait atteint la réalisation du phonème (i).

De nombreux travaux expérimentaux ont mis en évidence des phénomènes d'anticipation et ont contribué ainsi aux grands débats sur le contrôle de la production de la parole. Les plus fameux d'entre eux, parce qu'ils ont débouché sur des propositions importantes concernant la modélisation du contrôle de la production de la parole, sont ceux de Henke (1966) (modèle *look-ahead*, utilisé pour le français par Benguerel & Cowan, 1974), Bell-Berti *et al.* (Bell-Berti & Harris, 1981; Boyce *et al.*, 1990) (modèle *time-locked*), Perkell (1990) (modèle *hybride*), et Abry & Lallouache (1991; 1995) (*Modèle de l'Expansion du Mouvement*). Dans tous les cas, les observations expérimentales ont clairement démontré que le geste articulatoire sous-jacent à la production d'un son élémentaire à l'intérieur d'une chaîne phonétique donnée pouvait commencer bien avant que le son élémentaire précédent n'ait été émis. Mais les contrôles sous-jacents proposés pour expliquer ces données diffèrent selon les auteurs. Sans rentrer dans les détails de ces propositions, qui ne seront pas débattues dans cet article, rappelons pour résumer quelles en sont les grandes tendances. Pour le modèle *look-ahead*, les traits articulatoires caractérisant un phonème se rétro-propagent aux phonèmes précédents tant qu'ils sont compatibles avec les traits caractéristiques de ces derniers; c'est donc un modèle que l'on pourrait qualifier de «tout phonologique», dans la lignée de l'école linguistique du MIT, où les caractéristiques propres du système de production sont résolument ignorées. À l'opposé, le modèle *time-locked*, dans la tradition «tout dynamique» des Laboratoires Haskins, met l'accent sur les contraintes dynamiques des articulateurs de la parole, et propose que la durée de l'anticipation soit déterminée par le temps de réponse des articulateurs à une commande gestuelle, et ceci afin que la configuration articulatoire requise soit atteinte au moment où le son associé est émis. Le modèle *hybride* est, comme son nom l'indique, un mélange des deux modèles précédents ; ainsi, selon lui, le mouvement commencerait bien aussi tôt que la description phonologique l'autorise, mais la dernière partie du mouvement vers la position cible serait essentiellement déterminée par les caractéristiques dynamiques des articulateurs mis en jeu. Enfin, le *Modèle d'Expansion du Mouvement* propose que, pour un geste articulatoire donné, la durée de l'anticipation augmente linéairement avec le temps séparant deux sons successifs pour lesquels ce geste articulatoire est pertinent, et ceci selon une stratégie propre à chaque locuteur. La durée d'anticipation peut ainsi, pour certains locuteurs, atteindre celle que prédirait le modèle *look-ahead*, mais ce n'est pas non plus systématiquement le cas ; cette durée d'anticipation ne peut, par ailleurs, pas être inférieure à un seuil minimum, en l'occurrence la durée d'anticipation qui est mesurée quand deux sons, pour lesquels le geste articulatoire considéré est pertinent, se succèdent immédiatement.

Le rôle que jouent ces phénomènes d'anticipation dans l'interaction locuteur/auditeur a par ailleurs été clairement mis en évidence par un ensemble de tests perceptifs, et ceci à plusieurs occasions, tant dans le domaine auditif (Benguerel & Adelman, 1976 ; Hirsch *et al.*, 2003 ; Roy *et al.*, 2003 ; Vaxelaire *et al.*, 2003) que dans le domaine visuel (Cathiard, 1994 ; Cathiard *et al.*, 1998). Ceci suggère que ces phénomènes d'anticipation constituent une partie importante de la caractérisation physique de la parole : le locuteur les produit, et l'auditeur sait les interpréter pour savoir ce qui va venir. On peut donc penser qu'ils constituent même une partie de la représentation que locuteur et auditeur ont d'une séquence phonétique donnée. En dépit des propositions d'adaptation proposées par Boyce *et al.* (1990), nous ne pensons pas que le modèle *time locked*, qui ne prend pas en compte la possibilité d'un contrôle central d'au moins une partie de ces phénomènes d'anticipation, puissent rendre compte des durées d'anticipation observées par exemple par Benguerel & Cowan (1974) ou Abry & Lallouache (1995). Nous restons convaincus que de telles durées ne peuvent être obtenues que si une large partie des phénomènes d'anticipation est le résultat d'une planification centrale. Cependant, rejoignant en cela Bell-Berti & Harris (1981), nous n'écartons pas *a priori* la possibilité que les caractéristiques physiques du système périphérique de production de la parole puissent contribuer à une partie de l'anticipation mesurée sur les signaux articulatoires et acoustiques de la parole.

Cette hypothèse est confirmée par les travaux de Ostry *et al.* (Ostry *et al.*, 1996 ; Perrier *et al.*, 1996a) qui ont évalué les contributions potentielles des caractéristiques mécaniques de la mandibule à l'anticipation mesurée sur les signaux de mouvements mandibulaires dans des séquences du type Voyelle-Consonne plosive-Voyelle (VCV dans la suite) impliquant un mouvement d'élévation puis d'abaissement de la mandibule. Ces auteurs ont, en effet, comparé des données cinématiques sur les mouvements de la mandibule mesurées sur des locuteurs au cours de la production de la parole et des simulations obtenues avec un modèle biomécanique de la mandibule (Laboissière *et al.*, 1996) dont les mouvements étaient générés, selon la *Théorie du Point d'Équilibre* de Feldman (1986), par le déplacement contrôlé de son état d'équilibre entre des positions cibles associées aux différents phonèmes de la séquence VCV considérée. Ils ont ainsi montré, en faisant de nombreuses simulations dont les commandes motrices ne différaient l'une de l'autre que dans la séquence CV, les commandes relatives à la séquence VC restant strictement identiques, que des effets d'anticipation existaient qui modifiaient la trajectoire du modèle dans la séquence VC (celle dont les commandes motrices n'étaient pas modifiées), et ceci de manière qualitativement comparable aux données mesurées sur des locuteurs. Ils montraient ainsi, pour la première fois de manière explicite, que, sans qu'aucune anticipation n'existe au niveau de la commande centrale, des effets d'anticipation pouvaient être observés sur les données cinématiques. Dans le cadre du modèle proposé, ces phénomènes, que nous qualifierons d'*anticipation périphérique* parce que mesurés sur les signaux cinématiques mais pas sur les signaux de contrôle, étaient essentiellement dus à l'inertie du système et à la façon dont la force musculaire était générée.

Ces travaux nous ont incités à poursuivre dans cette voie, mais cette fois-ci non plus sur la mandibule mais sur la langue, articulateur hautement déformable dont les caractéristiques inertielles et mécaniques, et la fonction dans la production de la parole, diffèrent grandement de celles de la mandibule.

## ANTICIPATION EN PAROLE ET CARACTÉRISTIQUES PHYSIQUES DE LA LANGUE

### Modélisation biomécanique de la langue

Pour cette étude, nous avons utilisé un modèle biomécanique bi-dimensionnel de la langue dont les caractéristiques ont été décrites en détail dans Payan & Perrier (1997) et Perrier *et al.* (2003). Nous n'en rappellerons donc ici que les grandes lignes et incitons le lecteur à se reporter à ces deux publications pour plus de détails. Il s'agit d'une modélisation à éléments finis, dont les caractéristiques élastiques ont été adaptées à partir de données sur les muscles rapides (par exemple le muscle cardiaque) de façon à ce que des mouvements d'amplitude réalistes puissent être générés avec des vitesses tangentielles réalistes et avec des forces musculaires de l'ordre de quelques newtons. La forme au repos de la structure à éléments finis a été adaptée de façon à représenter fidèlement la forme de la langue d'un locuteur de langue française en position neutre correspondant globalement à un schwa. Chaque muscle est représenté dans la structure à éléments finis par un sous-ensemble d'éléments spécifique dont les caractéristiques élastiques sont susceptibles de varier lorsque le muscle est recruté. Les forces musculaires sont appliquées en certains nœuds de la structure à éléments finis *via* des macro-fibres dont les directions principales sont conformes aux données anatomiques sur la structure musculaire de la langue. Tout comme dans le modèle de mandibule utilisé par Ostry *et al.* (*cf.* section 2.), le mécanisme de génération et de contrôle de la force musculaire est inspiré de la *théorie du point d'équilibre* de Feldman (1986). Six muscles sont modélisés : le génioglosse que nous divisons en deux entités indépendantes, postérieure et antérieure, le hyoglosse, le styloglosse, le longitudinal supérieur, le longitudinal inférieur, et le vertical. Ils permettent de rendre compte correctement des principales déformations de la langue dans le plan sagittal.

Pour une séquence de phonèmes donnée, des positions d'équilibre cibles sont définies pour chaque phonème, et le mouvement est produit entre ces positions cibles par la variation à vitesse constante des variables de contrôle spécifiant cet état d'équilibre. Les variables temporelles des commandes motrices spécifient la durée de la transition entre positions cibles ainsi que la durée de tenue de ces positions. Précisons enfin que dans la version du modèle que nous avons utilisée pour ce travail, la mandibule est fixe.

### Évaluation de l'influence de caractéristiques biomécaniques de la langue sur l'anticipation dans les mouvements linguaux en parole

Pour évaluer l'influence potentielle des caractéristiques biomécaniques de la langue sur l'anticipation mesurée sur les mouvements de la parole, nous avons généré des séquences Voyelle1-Voyelle2-Voyelle 3 (V1-V2-V3 dans la suite) et des séquences $V_1$-Consonne-$V_2$. Pour ne mesurer que les effets potentiels de la biomécanique de la langue, la position cible adoptée pour un phonème donné a été la même pour toutes les séquences, et ceci quels que soient les autres phonèmes de la séquence considérée. En d'autres termes, dans cette phase du travail, nous n'avons pris en compte aucun effet potentiel de planification centrale.

## Séquences V1-V2-V3

Nous avons fait un ensemble de simulations où les commandes motrices de la séquence V1-V2 ont été maintenues constantes pendant que celles de V3 variaient d'une simulation à l'autre. Nous avons alors observé si la trajectoire de la langue pour la séquence V1-V2 était affectée par la variation de V3. Trois conditions temporelles ont été testées : dans la condition 1, le temps de transition entre positions cibles était égal à 50 ms et le temps de tenue des cibles à 150 ms ; dans la condition 2, le

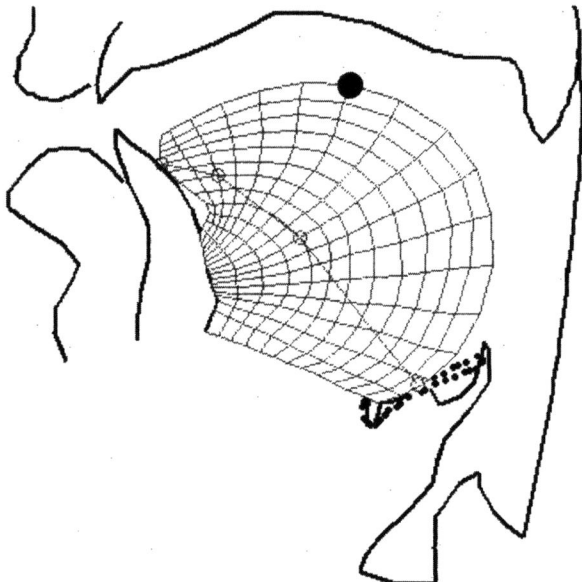

**Figure 1** — Point sur le contour de la langue (cercle plein) dont les mouvements seront représentés dans les figures suivantes. Cette vue représente la coupe sagittale du conduit vocal du modèle. Les traits noirs représentent les contours pharyngaux (à droite) et palataux (en haut), les lèvres supérieure et inférieure, le contour de l'incisive centrale (en bas à gauche), l'os hyoïde (en pointillé), l'épiglotte et le haut larynx (en bas à droite). Les traits grisés représentent le modèle à éléments finis de la langue.

temps de transition entre positions cibles était égal à 30 ms et le temps de tenue des cibles à 80 ms, afin de simuler un faible ratage de cibles (*cf.* Loevenbruck & Perrier, 1993 ; Perrier *et al.*, 1996b) ; dans la condition 3, le temps de tenue des cibles est encore plus réduit (40 ms) de façon à provoquer un ratage de cible plus net.

Les résultats que nous avons ainsi obtenus sont illustrés par les figures 2 à 4. Elles représentent les déplacements horizontaux et verticaux d'un point situé sur le contour supérieur du modèle de langue, dans la région palatale (*cf.* figure 1), ainsi que sa vitesse tangentielle, et ceci pour les séquences [schwa-a-e-a] *versus* [schwa-a-e-i], dans les 3 conditions temporelles évoquées ci-dessus. Même si, évidemment, les caractéristiques cinématiques ne sont pas les mêmes en tous les points de la langue, ce point est bien représentatif des effets globaux que nous avons observés. Dans ces trois figures, la langue est au départ dans sa position de

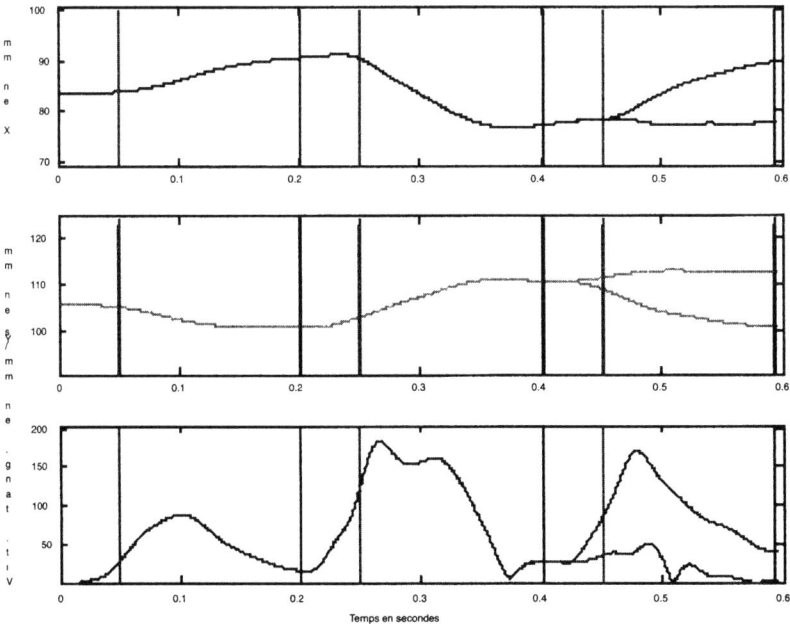

**Figure 2** — Déplacements horizontaux (en haut) et verticaux (au milieu), et vitesse tangentielle (en bas) du point du contour supérieur du modèle représenté à la figure 1 pour les séquences [schwa-a-e-a] (trait continu) et [schwa-a-e-i] (trait tireté) pour la condition temporelle 1. Les traits verticaux pointillés marquent le début de la tenue des commandes motrices cibles de chacun des trois phonèmes autres que le schwa ; les traits verticaux tiretés en marquent la fin.

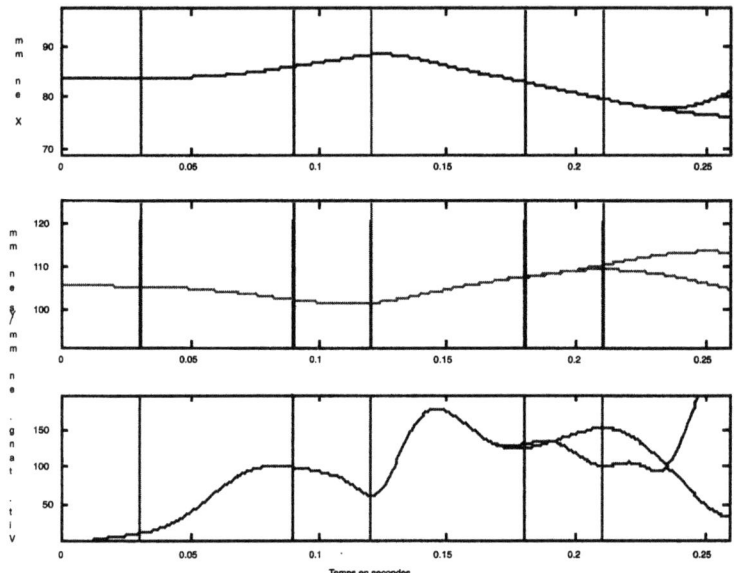

**Figure 3** — Même chose que sur la figure 2, mais pour la condition temporelle 2.

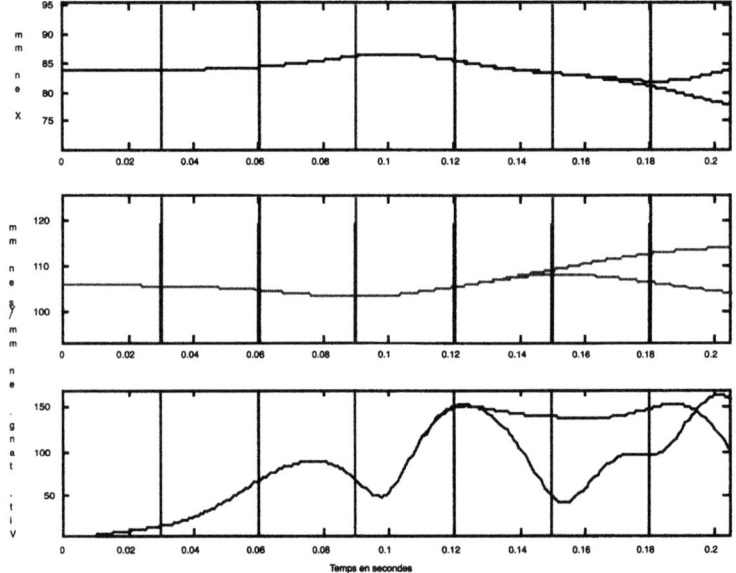

**Figure 4** — Même chose que sur la figure 2, mais pour la condition temporelle 3.

repos (schwa). La langue recule ensuite (la variable horizontale x croît) et s'abaisse (la variable verticale y décroît) vers le [a]. Selon la condition temporelle, la position du [a] est maintenue plus ou moins longtemps, puis la langue avance (x décroît) et remonte (y croît) vers le [e] qui à son tour est maintenu plus ou moins longtemps suivant la condition temporelle. Enfin, selon la nature de la troisième voyelle, la langue va reculer et s'abaisser (vers le [a]) ou continuer son mouvement d'avancée et d'élévation (vers le [i]). Les différences entre ces trois figures seront commentées dans la section «Analyse des résultats» ci-dessous.

**Séquences V1-[k]-V2**

Nous avons ensuite fait, pour les trois mêmes conditions temporelles, un ensemble de simulations incluant la consonne plosive [k]. Il convient de préciser ici que, dans le modèle de contrôle que nous avons adopté, les consonnes sont définies comme les voyelles, c'est-à-dire par une position d'équilibre cible. Mais, à la différence des voyelles qui peuvent atteindre cette position d'équilibre cible si les contraintes dynamiques et temporelles le permettent, la consonne plosive ne peut jamais l'atteindre car la langue est stoppée en chemin par le palais. Les positions d'équilibre cibles associées aux consonnes plosives sont donc des cibles virtuelles et inaccessibles. C'est ainsi que, dans notre modèle de contrôle, le contact avec le palais est réalisé, sur la surface voulue et pour la durée voulue (Fuchs et al., 2001). Rappelons aussi que si les ratages de cibles sont possibles avec les voyelles sans que la perception du signal acoustique soit nécessairement mise en danger, ils ne peuvent pas exister avec des consonnes plosives, pour lesquelles le contact avec le palais est indispensable et ceci pour une durée suffisante.

Nous présentons ici les résultats des simulations pour les séquences [schwa-a-k-e] *versus* [schwa-a-k-ɔ] (*cf.* figures 5 à 7). Comme dans les séquences de voyelles, la langue est au départ dans sa position de repos, puis elle recule et s'abaisse pour atteindre le [a]. Elle monte ensuite pour aller produire le [k] qui est marqué par un long plateau selon la direction y dans les conditions temporelles 1 et 2. Ce plateau, plus long que celui que nous observions pour les voyelles sur les figures 2 et 3, est dû au contact entre la langue et le palais qui bloque l'ascension de la langue vers sa cible virtuelle. Puis, selon la voyelle suivante, la langue va s'abaisser en allant soit vers l'avant ([e]) soit vers l'arrière ([ɔ]). Les différences entre ces trois figures seront commentées dans la section «Analyse des résultats» ci-dessous.

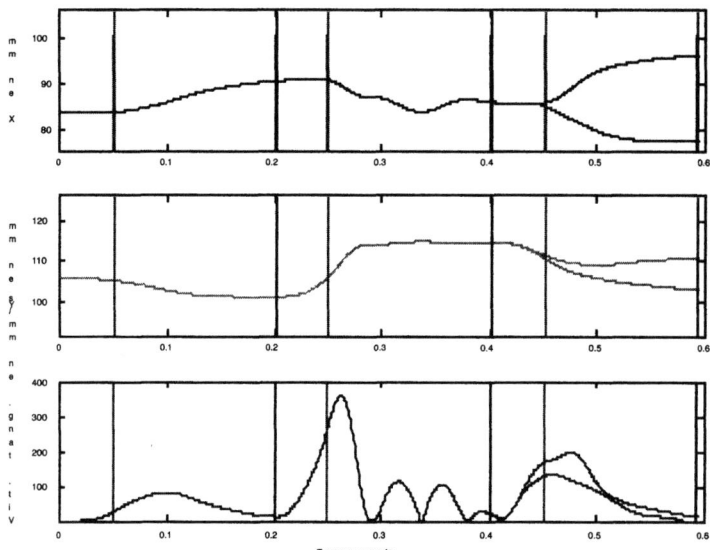

**Figure 5** — Déplacements horizontaux (en haut) et verticaux (au milieu), et vitesse tangentielle (en bas) du point du contour supérieur du modèle représenté à la figure 1 pour les séquences [schwa-a-k-e] (trait continu) et [schwa-a-k-O] (trait tireté) pour la condition temporelle 1. Pour plus de détails voir figure 2.

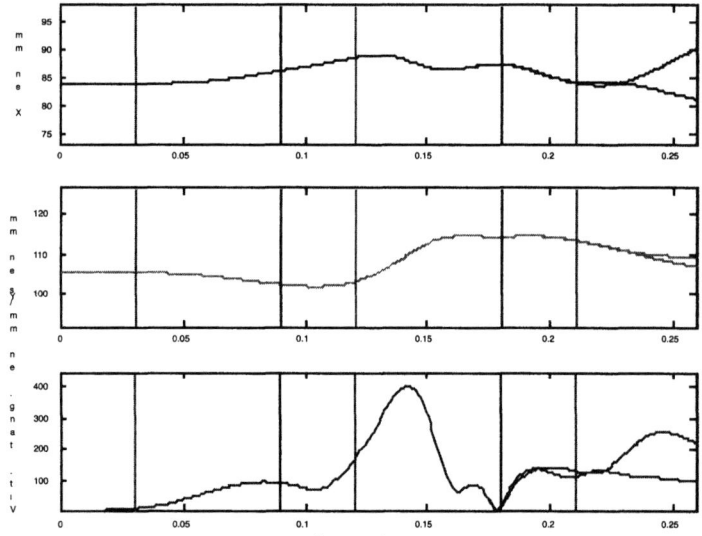

**Figure 6** — Même chose que sur la figure 5, mais pour la condition temporelle 2.

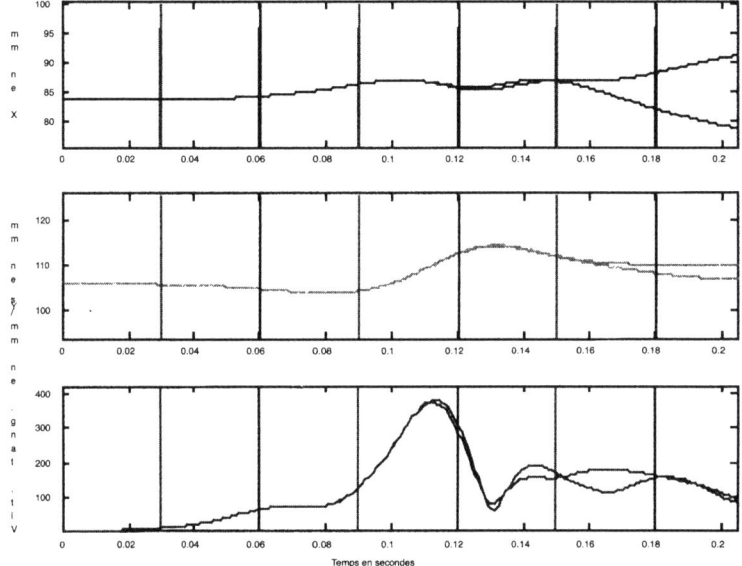

Figure 7 — Même chose que sur la figure 5, mais pour la condition temporelle 3.

## Analyse des résultats

Dans la condition temporelle 1, on observe pour la séquence V1-V2-V3 des plateaux sur les signaux de position tant dans la direction horizontale que dans la direction verticale. Les positions cibles des différentes voyelles sont donc bien atteintes. On n'observe aucun effet d'anticipation : les positions selon x et y, et la vitesse tangentielle sont, en effet, rigoureusement identiques jusqu'à l'instant où la langue quitte la position cible du [e] (au temps 0.415). Dans les conditions temporelles 2 et 3, on n'observe plus de plateaux sur les signaux de position, et les positions atteintes pour les voyelles [a] et [e] sont plus proches de la position de repos. On assiste à un phénomène de ratage de cible, et ceci de manière d'autant plus marquée que la durée de la tenue des cibles est réduite (de la condition 2 à la condition 3). Ces phénomènes de ratage de cible s'accompagnent d'une séparation claire des signaux de position selon y avant que la position la plus haute du [e] n'ait été atteinte. Dans la condition 2, la position la plus haute du [e] est en effet atteinte à l'instant 0.210 alors que les signaux se séparent dès l'instant 0.195. Ceci est encore plus marqué dans la condition 3 avec respectivement les instants 0.155 pour le [e] et 0.135 pour la séparation. Dans les deux conditions, le signal de position de la séquence [schwa-a-e-i] est plus haut que celui de la séquence [schwa-a-e-a]. Cette différentiation qui intervient dans la transition [ae] pourrait donc être interprétée comme le signe d'une anticipation de la production de la voyelle V3. En l'occurrence, il n'en est rien, puisque les commandes motrices cibles du [a] et du [e] sont rigoureusement les mêmes pour les deux séquences. Nous assistons donc à un phénomène «d'anticipation périphérique» observable sur les signaux cinématiques, mais non planifié au niveau des commandes motrices.

Pour ce qui concerne les simulations du type [V1-C-V2], on constate qu'aucune séparation nette des signaux de position n'existe avant que la langue ne s'abaisse à la suite du contact consonantique entre la langue et le palais. On observe, certes, dans les conditions 2 et 3, de petites différences entre les signaux de position selon la direction x, mais elles sont très faibles et ne constituent en aucun cas une séparation : la différence ne va pas dans la direction des positions caractéristiques selon x des voyelles subséquentes. Selon nous, cette absence «d'anticipation périphérique» est associée au fait que, même dans la condition 3, le contact entre la langue et le palais existe. Il n'y a donc pas de ratage de cible, même s'il semble que la durée du contact dans la condition 3 soit trop brève pour correspondre à une production correcte de consonne plosive.

Ainsi, les simulations font apparaître que l'influence des caractéristiques biomécaniques de la langue sur la lecture cinématique que l'on peut faire des phénomènes d'anticipation se limite au cas où des phénomènes de ratage de cible apparaîtraient. Et, dans ce cas, ce que nous appelons l'«anticipation périphérique» s'avance au plus jusqu'à la transition vers le son qui précède celui vers lequel cette anticipation est dirigée (dans nos exemples V2). Dans le cas des consonnes, où aucun ratage de cible ne peut être toléré, il n'existe donc pour la langue aucun phénomène d'«anticipation périphérique». Cela peut sembler, à première vue, en contradiction avec les résultats obtenus pour la mandibule par Ostry *et al.* (Ostry *et al.*, 1996; Perrier *et al.*, 1996a). Mais l'observation attentive des simulations proposées par ces auteurs montre que les phénomènes d'anticipation qu'ils ont simulés étaient effectivement associés au ratage de la cible consonantique : c'est parce que la mandibule va moins haut qu'elle commence plus tôt à s'abaisser vers la voyelle subséquente. Ce ratage de cible consonantique, impossible pour la langue dans le cas d'une production consonantique correcte, est en revanche tout à fait possible pour la mandibule qui est moins contrainte en position que la langue car, contrairement à cette dernière, elle ne donne pas au conduit vocal sa forme précise. Nos résultats et ceux de Ostry *et al.* sont donc parfaitement compatibles. Ils tendent tous deux à montrer le rôle majeur du phénomène de ratage de cible dans l'existence d'un phénomène d'«anticipation périphérique».

Dans tous les cas, les simulations générées avec le modèle de langue, tout comme celles qu'ont publiées Ostry *et al.*, tendent à montrer que le phénomène «d'anticipation périphérique» est limité en amplitude et que son empan temporel est faible. Il est donc vraisemblable que les données cinématiques en parole, montrant des phénomènes d'anticipation importants en amplitude et en durée, sont essentiellement le résultat d'une stratégie de contrôle de haut niveau. Dans la partie 4, nous proposons d'évaluer une version préliminaire d'un modèle de contrôle qui verrait l'anticipation comme une des conséquences naturelles d'une stratégie de contrôle optimal de la production de la parole visant à minimiser l'effort du locuteur tout en assurant la qualité perceptive du son produit.

**Anticipation en parole : le résultat d'une stratégie de contrôle optimal ? Implémentation du contrôle optimal**

La stratégie de contrôle optimal que nous avons implémentée s'inspire de propositions désormais classiques dans le domaine du contrôle moteur, qui reposent sur les deux postulats suivants (Kawato *et al.*, 1990; Jordan & Rumelhart, 1992) :

(1) La planification d'une séquence gestuelle consiste à rechercher la séquence de commandes motrices qui produit le mouvement désiré en optimisant un certain critère;

(2) L'optimisation de ce critère met en jeu des *modèles internes* des relations entre les commandes motrices et les variables physiques de la tâche motrice à exécuter.

**Élaboration d'un modèle interne statique**

La question de la complexité des modèles internes nécessaires à cette planification est un enjeu important de la modélisation du contrôle moteur, et elle est toujours au centre de nombreux débats actuels (voir par exemple la controverse entre Gomi & Kawato, 1996, et Gribble *et al.*, 1998). Dans ce contexte, nous avons adopté le parti pris de la parcimonie et avons choisi d'exploiter, dans notre modélisation de la planification en parole, un modèle interne *statique* des relations entre les commandes motrices du modèle de langue et les caractéristiques spectrales du signal acoustique de parole produit à partir de la forme de langue ainsi générée et pour des lèvres ouvertes (du type /i/ ou /a/). Nous avons développé par ailleurs (Perrier, 2003), pour le contrôle de la parole, les arguments en faveur de ce modèle interne statique par opposition à des modèles plus complexes tels que ceux que proposent Kawato *et al.* (Kawato *et al.*, 1990).

Par *modèle interne statique*, nous entendons un modèle des relations entre valeurs des commandes motrices pour une position cible de la langue et fréquences des maxima du spectre du signal de parole associé (les *formants*). C'est donc un modèle qui n'intègre aucune information cinématique (maximum de vitesse, ou accélération) ni dynamique (mécanismes de génération des forces). Pour constituer ce modèle interne, nous avons procédé en plusieurs étapes (Marret, 2002). La première a consisté à générer l'aire du conduit vocal (on parle de *fonction d'aire du conduit vocal*) à partir de la forme bi-dimensionnelle du modèle de langue dans le plan sagittal de la tête (*cf.* Perrier *et al.*, 1992). Nous avons arbitrairement considéré le cas d'une aire aux lèvres de l'ordre de 3 cm$^2$. Ceci permet de générer toutes les voyelles ayant des lèvres ouvertes (pour le français /i/, /e/, /ɛ/, /a/, /ɔ/,/œ/), et nous nous sommes limités à ces cas-ci dans le cadre de la présente étude. Pour chaque forme du modèle de langue dans le plan sagittal de la tête, il a été ainsi possible de générer une forme tri-dimensionnelle du conduit vocal (la *fonction d'aire du conduit vocal*). Dans une seconde étape, cette fonction d'aire a été utilisée comme variable d'entrée d'un modèle harmonique du conduit vocal (Badin & Fant, 1984) qui calcule les formants du signal de parole à partir d'une forme du conduit vocal. Ainsi, il a été possible de connaître pour tout jeu de commandes motrices cibles les formants du signal de parole associé, en nous limitant, nous le répétons, au cas d'une aire aux lèvres de 3 cm$^2$. Nous avons alors généré 3.000 formes du modèle de langue et les 3.000 valeurs des 3 premiers formants (F1, F2, F3) associés. L'étape finale a consisté à apprendre les relations entre les commandes motrices et les valeurs (F1, F2, F3) correspondantes et à les généraliser en utilisant un réseau de neurones à fonctions radiales de base (Poggio & Girosi, 1989). Nous avons ainsi généré un modèle fonctionnel qui, sans nécessiter la résolution des équations du mouvement du modèle biomécanique de la langue, fournit pour un jeu de commandes motrices cibles une bonne approximation des 3 premiers formants du signal de parole correspondant.

**Génération de séquences optimales**

Le modèle interne statique ainsi constitué a été exploité pour générer des séquences de voyelles (à lèvres ouvertes, nous l'avons dit). Pour cela, il faut trouver, pour chaque séquence de voyelles, la séquence des commandes motrices cibles qui optimise un coût intégrant deux critères (Marret, 2002) : la minimisation du chemin parcouru au cours de la séquence dans l'espace des commandes motrices et l'optimisation de l'effet perceptif produit. Pour ce second critère, nous avons défini dans les plans (F1, F2) et (F2, F3) des zones de l'espace acoustique correspondant à des réalisations correctes pour chacune des voyelles à lèvres ouvertes du français. Nous avons ensuite défini une variable qui, pour chaque voyelle, prend une valeur très faible tant que le patron (F1, F2, F3) reste dans la zone de l'espace perceptif de cette voyelle, et qui devient très vite très grand si on s'éloigne de cette zone. La minimisation de ce critère global est obtenue à l'aide du modèle interne statique décrit plus haut via l'algorithme du gradient.

## RÉSULTATS

La figure 8 présente les résultats de la simulation des séquences [schwa-a-ɛ-i] *versus* [schwa-a-ɛ-O] obtenue à l'aide de ce modèle de contrôle optimal. On note que l'anticipation de la voyelle V3 se traduit par une séparation très marquée des signaux de position aussi bien selon la direction x que selon la direction y. De plus, cette séparation intervient non pas à la fin de la transition de [a] vers [ɛ] (c'est-à-dire autour de l'instant 0.480) comme c'était le cas lorsque on observait une «anticipation périphérique», mais dès la fin de la voyelle [a] (au temps 0.23). Comparée à l'influence des caractéristiques biomécaniques de la langue montrée dans la section 3, l'anticipation planifiée selon le modèle de contrôle optimal proposé a donc des incidences beaucoup plus importantes tant du point de vue de la durée de l'anticipation que de l'amplitude de son influence sur les signaux de position. Cela est dû au fait que la planification modifie les commandes motrices cibles correspondant à chaque phonème de la séquence de façon à minimiser le coût décrit ci-dessus.

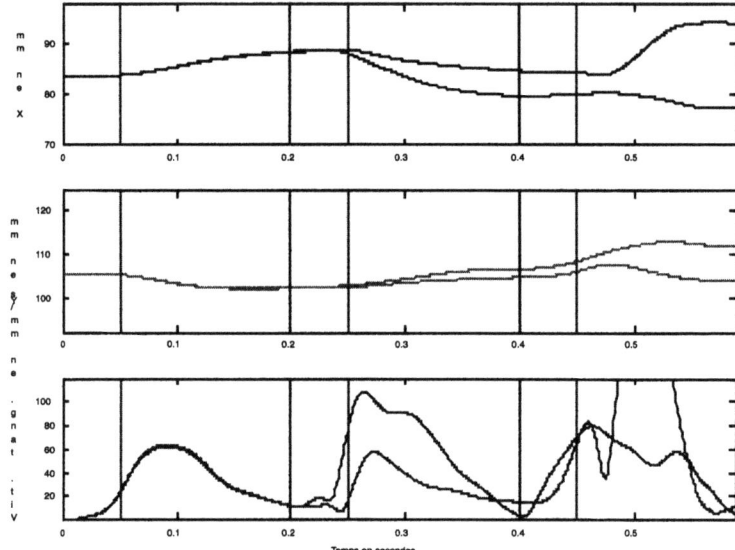

**Figure 8** — Déplacements horizontaux (en haut) et verticaux (au milieu), et vitesse tangentielle (en bas) du point du contour supérieur du modèle représenté à la figure 1 pour les séquences [schwa-a-ε-i] (trait continu) et [schwa—a-ε-ɔ] (trait tireté) généré par notre modèle de contrôle otpimal. Pour plus de détails voir figure 2

## CONCLUSIONS

Les simulations que nous avons effectuées avec un modèle biomécanique bi-dimensionnel de la langue ont permis une évaluation de l'influence potentielle des caractéristiques physiques de cet articulateur sur les phénomènes d'anticipation mesurés sur les signaux acoustiques ou articulatoires de la parole. Nos conclusions majeures sont :

(1) Cette influence est limitée au cas où un phénomène de ratage de cible existerait, c'est-à-dire à la production de séquences de voyelles, puisque la position de la langue est fortement contrainte lors de la production des consonnes.

(2) Cette influence, quand elle existe, ne se rétropropage pas au-delà de la voyelle qui précède le son vers lequel l'anticipation est dirigée, et son amplitude reste faible.

En conséquence, il semble bien que dans l'immense majorité des cas, l'anticipation mesurée soit la conséquence de stratégies de contrôle de haut niveau. Nous proposons que le contrôle de cette anticipation n'ait pas de caractère spécifique et que ce phénomène soit le résultat d'une stratégie de contrôle générale visant à minimiser l'effort du locuteur tout en préservant la qualité perceptive du son produit. Les résultats que nous avons obtenus avec une version préliminaire d'un modèle de ce type de contrôle optimal vont dans le sens de notre hypothèse. Il reste à l'évaluer plus précisément en les confrontant plus en détail aux nombreuses données sur l'anticipation en parole. Il sera en particulier important de voir comment un tel modèle sera capable de rendre compte de la variabilité interlocuteur mise en évidence entre autres par Abry & Lallouache (1995).

## REMERCIEMENTS

Ce travail a été réalisé dans le cadre du projet «Contrôle du mouvement en production de la parole et l'efficacité perceptive des gestes anticipatoires» financé par le Ministère Français de la Recherche dans le cadre du programme «Cognitique» (Projet ACT1B 2001-2003 ; Responsable : Rudolph Sock, Institut de Phonétique de Strasbourg).

### Références bibliographiques

Abry, C. & Lallouache, T. (1991). «Does increasing representational complexity lead to more speech variability? On explaining some French data by current models of anticipatory rounding». In O. Engstrand & C. Kylander (Eds), *Current Phonetic Research Paradigms : Implications for Speech Motor Control* (pp. 1-5). Perilus, XIV, University of Stockholm, Sweden.

Abry, C. & Lallouache, T. (1995). «Modeling lip constriction anticipatory behaviour for rounding, in French with the MEM (*Movement Expansion Model*)». *Proceedings of the 13th International Congress of Phonetic Sciences*, Vol. 4 (pp. 152-155).

Badin, P. & Fant, G. (1984). «Notes on vocal tract computations», *STL QPSR, 2-3*, 53-108.

Benguerel, A.P. & Cowan, H.A. (1974). «Coarticulation of upper lip protrusion in French». *Phonetica, 30*, 41-55.

Benguerel, A.P. & Adelman, S. (1976). «Perception of coarticulated lip rounding». *Phonetica, 33*, 113-126.

Bell-Berti, F. & Harris, K.S. (1981). «A temporal model of speech production». *Phonetica, 38*, 9-20.

Boyce, S.E., Krakow, R.A., Bell-Berti, F. & Gelfer, C.E. (1990). «Converging sources of evidence for dissecting articulatory movements into core gestures». *Journal of Phonetics, 18*, 173-188.

Cathiard, M.A. (1994). *La perception visuelle de l'anticipation des gestes vocaliques*. Doctorat UPMF, Grenoble.

Cathiard, M.A., Abry, C. & Schwartz, J.L. (1998). «Visual perception of glides *versus* vowels : The effect of dynamic expectancy». *Proceedings of AVSP'98* (pp. 115-120). Terrigal, Sydney, Australia.

Feldman, A.G. (1986). «Once more on the Equilibrium-Point Hypothesis (? model) for motor control». *Journal of Motor Behavior, 18* (1), 17-54.

Fuchs S., Perrier P. & Mooshammer C. (2001). «Étude expérimentale de l'influence du palais sur les caractéristiques cinématiques des gestes linguaux». *Travaux de l'Institut de Phonétique de Strasbourg* (pp. 71-88). Université Marc Bloch, Strasbourg.

Gomi, H. & Kawato, M. (1996). «Equilibrium-point control hypothesis examined by measured arm-stiffness during multi-joint movement». *Science, 272*, 117-120.

Gribble, P.L., Ostry, D.J., Sanguineti, V. & Laboissière, R. (1998). «Are complex control signals required for human arm movement?» *Journal of Neurophysiology, 79* (3), 1409-1424.

Henke, W.L. (1966). *Dynamic articulatory model of speech production using computer simulation*. Unpublished Doctoral Dissertation, Massachusetts Institute of Technology, Cambridge, Ma, USA.

Hirsch, F., Sock, R., Connan, P.Y. & Brock, G. (2003). «Auditory effects of anticipatory rounding in relation with vowel height in French». *Actes du 15$^e$ Congrès International des Sciences Phonétiques* (pp. 1445-1448). Barcelona, Espagne.

Hogan N. (1984). «An organising principle for a class of voluntary movements». *J. Neuroscience, 4*, 11, 1745-2754.

Houde, R.A. (1967). *A study of tongue body motion during selected speech sounds*. Unpublished Ph.D. Dissertation, University of Michigan.

Jordan, M.I. & Rumelhart, D.E. (1992). «Forward Models : Supervised Learning with a Distal Teacher». *Cognitive Science, 16*, 316-354.

Kawato, M., Maeda, Y., Uno, Y. & Suzuki, R. (1990). «Trajectory formation of arm movement by cascade neural network model based on minimum torque-change criterion». *Biological Cybernetics, 62*, 275-288.

Laboissière, R., Ostry, D.J. & Feldman, A.G. (1996). «The control of multi-muscle systems : human jaw and hyoid movements». *Biological Cybernetics, 74* (3), 373-384.

Lœvenbruck, H. & Perrier, P. (1993). «Vocalic reduction : prediction of acoustic and articulatory variabilities with invariant motor commands». *Actes de EUROSPEECH, 93* (pp. 85-88), Berlin.

Marret, R. (2002). *Apprentissage des relations entre commandes musculaires et géométrie de la langue*. Mémoire de DEA en Sciences Cognitives. Institut National Polytechnique de Grenoble.

Ostry, D.J., Gribble, P.L. & Gracco, V.L. (1996). «Coarticulation of jaw movements in speech production : Is context sensitivity in speech kinematics centrally planned?» *Journal of Neurosciences, 16* (4), 1570-1579.

Payan, Y. & Perrier, P. (1997). «Synthesis of V-V Sequences with a 2D Biomechanical Tongue Model Controlled by the Equilibrium Point Hypothesis». *Speech Communication, 22*, (2/3), 185-205.

Perkell, J.S. (1990). «Testing theories of speech production : implications of some detailed analyses variable articulatory data». In W.J. Hardcastle & A. Marchal (Eds), *Speech production and speech modelling* (pp. 268-288). Kluwer Academic Publishers.

Perrier, P., Boë, L.J. & Sock, R. (1992). «Vocal Tract Area Function Estimation From Midsagittal Dimensions With CT Scans and a Vocal Tract Cast : Modeling the Transition With Two Sets of Coefficients». *J. Speech and Hearing Research, 35*, 53-67.

Perrier P., Ostry, D.J. & Laboissière, R. (1996a). «The equilibrium Point Hypothesis and its application to speech motor control». *J. Speech and Hearing Research, 39* (2), 365 378.

Perrier, P., Lœvenbruck, H. & Payan, Y. (1996b). «Control of tongue movements in speech : The Equilibrium Point hypothesis perspective». *Journal of Phonetics, 24,* 53-75.

Perrier, P., Payan, Y., Zandipour, M. & Perkell J. (2003). «Influences of tongue biomechanics on speech movements during the production of velar stop consonants : A modeling study». *Journal of the Acoustical Society of America, 114* (3), 1582-1599.

Perrier, P. (2003). «About speech motor control complexity». *Proceedings of the 6th International Seminar on Speech Production* (pp. 225-230). Macquarie University, Sydney, Australia.

Poggio, T. & Girosi, F. (1989). *A theory of networks for approximation and learning.* A.I. Memo 1140, Artificial Intelligence Laboratory, Massachusetts Institute of Technology.

Roy, J.P., Sock, R., Vaxelaire, B., Hirsch, F. & Ferbach-Hecker, V. (2003). «Auditory Effects of anticipatory and carryover Coarticulation. X-Ray and acoustic data». *Actes du 6th International Seminar on Speech Production* (pp. 243-248). Macquarie University, Sydney, Australia.

Vaxelaire, B., Sock, R., Asci, A., Ferbach-Hecker, V. & Roy, J.P. (2003). «Audible and inaudible anticipatory gestures in French» *Actes du XV$^e$ Congrès International des Sciences Phonétiques* (pp. 447-450). Barcelone.

Ziert, A., Hoole, P. & Tillmann, H.G. (1999). «Development of a system for three-dimensional fleshpoint measurement of speech movements». *Actes du XIV$^e$ Congrès International des Sciences Phonétiques,* 73-76.

# QUATRIÈME PARTIE

# SÉMANTIQUE ET ANTICIPATION

# Chapitre 11
# La co-énonciation, carrefour des anticipations linguistiques

Catherine Fuchs

La problématique ici retenue est une problématique d'ordre linguistique. Les sujets parlants, lorsqu'ils produisent ou interprètent un énoncé au sein d'un discours, mettent en œuvre des stratégies anticipatrices qui, selon les cas, peuvent être couronnées de succès ou bien au contraire échouer. S'il revient au psycholinguiste d'observer ces stratégies dans des situations de communication effectives et d'en comprendre le fonctionnnement au plan cognitif, il appartient en revanche au linguiste de s'interroger sur les propriétés du système de la langue qui fondent la possibilité même de telles stratégies anticipatrices, et permettent d'éclairer les conditions de leur succès ou de leur échec.

Kleiber (2003) a dressé un panorama d'ensemble des « dimensions de l'anticipation en linguistique ». Sa typologie repose sur les distinctions suivantes :

– anticipation de production, dite «active» (du côté du locuteur) *vs* anticipation de compréhension, dite «passive» (du côté de l'interlocuteur);

– anticipation, qualifiée d'«objective», inhérente à une expression linguistique *vs* anticipation, qualifiée de «subjective», dépendant du choix du locuteur.

En prenant appui sur cette double distinction, méthodologiquement nécessaire, je voudrais montrer ici :

– que l'anticipation de production et l'anticipation de compréhension, bien que distribuées de façon privilégiée du côté respectivement du locuteur et de l'interlocuteur, interviennent néanmoins toutes les deux aussi bien dans le processus d'encodage que dans celui de décodage ;

– que le rôle de la langue, en matière d'«anticipation objective», ne consiste pas simplement à fournir un réservoir de marqueurs spécialisés dans l'expression de l'anticipation, mais consiste plus largement à faire émerger des «configurations signifiantes» à mesure que se construit l'énoncé linéaire — configurations qui, selon les cas, viennent conforter ou au contraire contrecarrer les stratégies anticipatrices des sujets.

## 1. L'ANTICIPATION DANS LA PRODUCTION DE L'ÉNONCÉ

Lorsqu'il produit un énoncé, l'émetteur doit procéder à la linéarisation des éléments linguistiques qu'il sélectionne pour exprimer son intention de signification. Ce passage d'une intention de signification globale (plus ou moins déterminée, plus ou moins continue) à la séquence linéaire que constitue l'énoncé se fait par une suite d'opérations à différents niveaux, qui aboutissent à un ordonnancement d'unités discrètes sur la chaîne. La linéarisation engage la dimension temporelle (produire un énoncé oral ou écrit est un processus qui s'inscrit nécessairement dans le temps) et implique de la part de l'émetteur une planification à plus ou moins long terme, au sein de chaque énoncé, et d'un énoncé à l'autre.

La langue, en tant que système de signes, offre à l'émetteur tout un ensemble de marqueurs lui permettant de baliser sa production textuelle. Certains de ces marqueurs assurent une articulation cohérente avec le co-texte antérieur (rappels lexicaux, reprises anaphoriques, etc.). D'autres opèrent une visée prospective anticipatrice du co-texte ultérieur : ce sont les unités de la langue spécialisées dans la construction de ce que Kleiber nomme une «anticipation objective». Citons en particulier les annonces cataphoriques[1] :

(1) *L'image de ses soldats piétinés a secoué l'Espagne* [extrait du journal *Le Monde*]

et les énumérations sérielles :

(2) *Les outils de poche les plus utiles sont (dans l'ordre) : premièrement un canif, deuxièmement un tournevis à manche isolant, et troisièmement une pince d'électricien ou une clé* [extrait d'un *Guide de l'outillage*].

La stratégie planificatrice de l'émetteur en train de construire son énoncé connaît parfois certains ratés. L'intérêt des psychologues et des psycho-linguistes pour les erreurs langagières, et en particulier pour les erreurs d'anticipation, ne date pas d'hier. Dès 1951, Lashley s'appuie sur ces dernières pour rejeter les modèles mécanicistes antérieurs (fonctionnant pas à pas, de gauche à droite) et pour réhabiliter la notion de «représentation mentale» : «Selon Lashley, l'esprit humain calcule, l'esprit humain planifie, l'esprit humain anticipe. Il n'est donc pas cette bête machine fonctionnant sur la seule base d'une suite ordonnée d'activitations et d'inhibitions «gauche-droite», telle que d'aucuns ont pu en rêver aux débuts de l'Intelligence Artificielle»[2]. Par la suite, nombre de travaux expérimentaux se fonderont sur l'observation des erreurs d'anticipation pour construire des «modèles de performance» cognitivement plausibles[3].

Pour le linguiste, l'observation de cas attestés de tels dérapages de construction — très fréquents en particulier dans les corpus oraux — montre que les ruptures ainsi induites, loin d'être de simples accidents de performance, trouvent leur explication au niveau même des règles linguistiques sous-tendant la constitution des énoncés. Certaines de ces ruptures tiennent à la pression du «déjà produit», d'autres à celle de l'«à produire».

### La pression du «déjà produit»

À un point donné de la construction de l'énoncé, l'occurrence d'une entité linguistique particulière peut (pour des raisons syntaxiques et/ou sémantiques) faire basculer la construction en cours, qui bifurque alors vers une autre construction. Dans un cas de ce genre, l'émetteur est conduit à dévier sa visée anticipatrice du co-texte ultérieur, sous la pression de l'entité linguistique en question qui retravaille le co-texte antérieur et, ce faisant, reconstruit une nouvelle configuration signifiante.

Exemple de bifurcation due à des raisons d'ordre syntaxique :

(3) *Je me suis senti que je devenais tout sale* [exemple repris de Gadet (1991)].

Ici, la visée anticipatrice *je me suis senti* → *devenir* se trouve déviée du fait de l'occurrence de *senti* qui surimpose la construction *(je me suis) senti ~ j'ai senti*, d'où la nouvelle suite *senti que...*

Exemple de bifurcation due à des raisons d'ordre lexico-sémantique :

(4) ... *son éternel fichu de laine dont pendaient les pompons crasseux* [Dorgelès; exemple cité par Le Bidois (1952)].

Ici, la visée anticipatrice *son éternel fichu de laine dont* → *les pompons crasseux pendaient* (avec ordre sujet-verbe entraîné par la valeur génitive du relatif) se trouve déviée du fait de l'occurrence de *dont* qui surimpose la réinterprétation sémantique *(son éternel fichu de laine) dont ~ d'où*; l'ordre verbe-sujet est alors induit par cette nouvelle valeur d'origine de mouvement[4].

## La pression de l'«à produire»

À un point donné de la construction de l'énoncé, il arrive qu'advienne une sorte de téléscopage de constructions, dû à une surcharge de l'«à produire» visé. Dans un cas de ce genre, l'émetteur est amené à substituer au co-texte ultérieur prévu une autre suite, sous la pression d'une anticipation en quelque sorte surdéterminée : l'«à produire» visé est tellement prégnant qu'il induit un cumul de configurations signifiantes.

Exemples de tels téléscopages :

(5) *On ne peut rien aller contre ce projet* [exemple repris de Gadet (1991)];

(6) *Il est important de leur doter des moyens nécessaires* [exemple oral].

Ici, le co-texte ultérieur prévu *rien* → *faire contre ce projet, leur* → *donner les moyens nécessaires* est remplacé par une autre suite équivalente *faire contre ce projet* ~ *aller contre ce projet, donner les moyens nécessaires* ~ *doter des moyens nécessaires*, mais qui entre en conflit avec le co-texte antérieur *rien (faire contre) # pas (aller contre), leur (donner les moyens) # les (doter des moyens)*.

Dans une perspective très similaire, il arrive que l'«à produire» visé induise un glissement lexical :

(7) *J'en ai donné quelques mots* [exemple oral].

Ici, le co-texte ultérieur prévu *donné quelques* → *exemples* est remplacé par la suite *mots*, qui, en retour, entre en conflit de construction avec le co-texte antérieur *donner (exemples) # dire (mots)*.

De même, c'est sans doute la pression de l'«à produire» visé qui permet d'expliquer la postposition anomale du sujet nominal dans la relative suivante :

(8) *... ce terreau où puisent leur substance les années à venir* [Corthis; exemple cité par Le Bidois (1952)].

On sait en effet que, en présence d'un objet direct, c'est l'ordre sujet-verbe-objet qui s'impose normalement dans la relative; on peut donc supposer qu'ici, le co-texte ultérieur prévu était *ce terreau où* → *les années à venir puisent leur substance*, mais que par anticipation la suite verbe-objet a été ressentie par l'émetteur comme équivalente à un prédicat (du type *s'alimenter*), rendant dès lors possible la postposition du sujet derrière ce groupe prédicatif[5].

Que la pression provienne du «déjà produit» (qui fait dévier l'anticipation) ou de l'«à produire» (qui surcharge l'anticipation), on voit donc qu'à mesure même qu'il construit linéairement son énoncé, l'émetteur peut être amené à réaménager tout à la fois le co-texte antérieur et le cotexte ultérieur visé, sous l'effet d'une surimposition de configurations signifiantes induite par les opérations énonciatives mises en œuvre.

## 2. L'ANTICIPATION DANS LA RÉCEPTION DE L'ÉNONCÉ

Lorsqu'il décode un énoncé, le récepteur est conduit à anticiper, à mesure du déroulement linéaire, sur la suite de la séquence, construisant ainsi certaines configurations signifiantes qui lui semblent plausibles du point de vue de l'interprétation, à partir des indications que lui donnent les marqueurs linguistiques. Ces configurations partielles, qui représentent autant de «paris» sur la suite, peuvent, selon les cas, se trouver confirmées ou au contraire infirmées au fil du décodage. La stratégie planificatrice du récepteur est donc elle aussi susceptible de ratés : il arrive que ses attentes soient déçues et que le fil du texte bloque l'intégration ultérieure de constructions partielles; les «bonnes formes» présumées se révèlent alors être trompeuses, en raison de la labilité des marqueurs linguistiques.

Ces «ratés» en discours de la stratégie anticipatrice du récepteur ont fait l'objet de maintes études expérimentales de la part des psycho-linguistes au tournant des années 1980-1990[6]. C'est tout particulièrement la problématique de l'ambiguïté lexicale qui a retenu l'attention des chercheurs étudiant les processus à l'œuvre en matière d'«accès lexical»[7]. Sans chercher ici à entrer dans les débats théoriques concernant les processus cognitifs en jeu (modularisme ou interactivisme? activation multiple ou unique? traitement séquentiel ou parallèle?, etc.), je me contenterai de rappeler que les travaux récents portant sur l'observation des mouvements oculaires au cours de la lecture ont permis de mettre en évidence que le récepteur opère des retours en arrière lorsque son anticipation interprétative se trouve mise en échec : si la configuration signifiante construite sur la base du co-texte gauche se révèle erronée, c'est-à-dire impossible à intégrer de façon cohérente dans la suite de l'énoncé (co-texte droit), l'attente du récepteur est déçue et il lui faut alors revenir jusqu'au point où il peut reconstruire une nouvelle interprétation.

Riche en expressions homonymiques ou polysémiques (qu'il s'agisse d'unités lexicales ou de constructions syntaxiques), la langue est, de ce fait, pourvoyeuse d'ambiguïtés — sources d'autant d'embarras interprétatifs pour le récepteur[8]. En matière d'ambiguïté syntaxique, on sait la fortune qu'ont connue auprès des psycho-linguistes les célèbres «phrases labyrinthes» (anglais : *garden path*), du type *The horses jumped over the barn fell*.

Si l'on considère, de même, l'exemple français suivant :

(9) *L'Europe attend des candidats
une clarification* [titre du journal Le Monde],

on voit que certaines structurations syntaxiques (donnant lieu à la construction immédiate de configurations signifiantes) sont, à l'évidence, plus typiques que d'autres — en l'occurrence la structuration S V O. Dès lors que trois éléments successifs peuvent être compris selon cette structuration (*L'Europe attend des candidats*), le récepteur tend à considérer que l'énoncé est complet ou n'appelle plus que des circonstants; c'est pourquoi, s'il rencontre à la ligne suivante un élément d'une autre nature (par exemple un nominal comme *une clarification*), il se trouve confronté à une impasse et doit revenir sur son interprétation préalable de *des candidats* comme objet direct.

De même, dans nombre de cas, une configuration signifiante se construit préférentiellement en rattachant un constituant prépositionnel ou adverbial «au plus près», plutôt que «au plus haut» dans l'arbre syntaxique. D'où, par exemple, lors de l'interprétation d'un énoncé comme (10) ci-dessous, un retour en arrière au moment du décodage du second membre de la comparaison (après *que celui*) :

(10) *Le style du maire de Paris était plus celui d'un homme d'État que celui du président de la République*

car l'anticipation la plus courante consiste à amorcer une comparaison au plus près, c'est-à-dire avec *celui d'un homme d'État*; d'où l'attente d'une suite du type ... *que celui* → *d'un simple citoyen*.

Par ailleurs, on rappellera que les configurations signifiantes émergent souvent sous l'influence d'un co-texte gauche dit «inducteur», c'est-à-dire dont le sémantisme tend à filtrer de façon préférentielle l'un des sens d'une expression ambiguë. Ainsi, le début (ici souligné) de l'énoncé :

(11) <u>*Ma marchande de fruits et légumes*</u> *me disait récemment qu'on trouve de plus en plus d'avocats véreux au Palais de Justice*

constitue-t-il un contexte inducteur en faveur de l'interprétation «avocats véreux» = «fruits avariés», d'où l'attente d'une suite du type : *on trouve de plus en plus d'avocats véreux* → *au marché*, et la nécessité d'un retour en arrière ré-interprétatif lors de l'occurrence de *Palais de Justice*.

Dans tous les cas qui viennent d'être évoqués, on voit que l'interprétation d'un énoncé est un processus actif qui procède de façon non strictement linéaire. On voit également que les anticipations interprétatives déçues et les mouvements de réinterprétation qui s'ensuivent trouvent leur source dans l'émergence de configurations signifiantes construites à travers les opérations énonciatives (c'est-à-dire lors de la mise en fonctionnement de la langue).

## 3. LA CO-ÉNONCIATION, OU L'ANTICIPATION MUTUELLE

La production et la réception ne sont pas des activités disjointes. En particulier, la production anticipe la réception — et ce, de multiples façons.

**La visée du récepteur par l'émetteur**

L'émetteur construit son texte en fonction de sa visée du récepteur : les connaissances et les affects qu'il prête au récepteur, ou qu'il veut lui imposer, conditionnent — c'est bien connu — son choix des constituants linguistiques, de leur ordre linéaire et de la structure communicative globale[9] : tout cela participe de l'anticipation, de la part l'émetteur, de la réception de son énoncé par son interlocuteur.

*Le guidage du récepteur par l'émetteur*

Par ailleurs, l'émetteur aide et guide constamment le travail du récepteur : auto-corrections, auto-reformulations[10], recours au métalangage sont autant de façons de prévenir, par anticipation, d'éventuels malentendus. À cet égard, l'émetteur n'attend pas d'avoir fini de produire son énoncé pour s'interroger sur la façon dont celui-ci sera reçu : c'est à mesure même qu'il construit son énoncé qu'il s'entend (ou se lit) et, le cas échéant, se corrige. Il anticipe donc le décodage du co-texte gauche déjà produit et du co-texte droit restant à produire, et procède en permanence à des réajustements : il s'agit ici de ce que Kleiber (2003) dénomme «anticipation-réaction». L'énoncé en cours de construction est donc tout à la fois «tissé» (tel un tissu mêlant la trame et le droit fil, il procède d'un entremêlement d'opérations de production et de réception) et «feuilleté» (c'est-à-dire constitué de strates successives d'auto-corrections et d'auto-reformulations immédiates, qui fonctionnent comme autant d'«instructions de sens» en direction du récepteur).

Exemple :

(12) *Trois mille experts se réunissent aujourd'hui pour parler de l'avenir de la forêt à Paris, pas de la forêt à Paris, ils se réunissent à Paris pour parler de l'avenir de la forêt dans le monde* [exemple oral entendu sur A2, repris de Authier (1995)].

Très fréquent est le recours à des instructions méta-linguistiques destinées à lever préventivement d'éventuelles ambiguïtés (réelles ou supposées). Exemples[11] :

(13) *Peuvent entrer à l'École, les candidats*<sup>(note)</sup> *qui [...]*
note : *Dans cette brochure, <u>les mots «candidats» et «étudiants» désignent à la fois les jeunes gens et les jeunes filles</u>.*
[extrait de la brochure de présentation d'une grande école parisienne]

(14) *Même ses amis politiques* [= «les amis de Sarkozy»], *des amis à amitié limitée, n'en peuvent mais. Ils développent une sarkozyte aiguë, une sorte <u>d'affection — comprenez syndrome, pas tendresse</u> — une sorte d'affection donc, qui se traduit par une forte irritation. Ça démange, ça gratte, ça sarkoze, et plus on en parle, plus il cause.*
[extrait d'une chronique du journal *Le Monde*]

Il arrive d'ailleurs que cette ressource de la langue soit exploitée de façon systématique par certains auteurs à des fins humoristiques, témoin cet extrait feignant de lever des ambiguïtés potentielles concernant les antécédents des pronoms anaphoriques :

(14) *D'abord, rien n'est pire que d'entrer dans un hôtel avec un griffon bâtard, sinon avec un bébé. Les concierges <u>les</u> refusent carrément. Les maîtres d'hôtel <u>les</u> chassent à coups de torchon (<u>les griffons bâtards : pas toujours les bébés;</u> du moins quand on <u>les</u> surveille : <u>les maîtres d'hôtel</u>)* [extrait de Nicole de Buron : *Dix jours de rêve*, Flammarion].

## *Le fourvoiement involontaire du récepteur par l'émetteur*

Dans tous les cas qui viennent d'être évoqués, on voit que l'émetteur est à lui-même son propre récepteur, en temps réel (c'est-à-dire tout au long du processus de production de l'énoncé). Pour autant, il n'est pas toujours nécessairement ce bon récepteur qui, par anticipation, dépiste et prévient les risques d'erreurs interprétatives : il arrive aussi qu'il n'ait pas conscience de tels risques et produise malgré lui un énoncé ambigu[12].

Pris involontairement au piège de la linéarité, il arrive que l'émetteur soit conduit à produire une séquence susceptible de faire émerger une configuration signifiante qu'il n'avait pas prévue et qui n'est pas conforme à son intention de signification. Les exemples de ce type sont légion, à preuve les trois propos suivants, tenus par des hommes politiques :

(15) *Je ne serai pas le premier président à perdre une guerre.*

(16) *J'entends ne pas abandonner la politique du franc fort pour lutter contre le chômage.*

(17) *J'avais la hantise de gouverner pour tous les Français.*

Certains journaux se sont fait une spécialité de relever de tels énoncés malencontreux, particulièrement lorsqu'ils prêtent à effet comique comme les deux exemples ci-dessous :

(18) *Les députés doivent débattre cet après-midi du plan gouvernemental de relance de la croissance d'Alain Juppé.*

(19) *C'est en principe le 1$^{er}$ juin que devrait être discuté au Parlement le projet de loi sur la famille du ministre des affaires sociales, Simone Veil.*

### *Le fourvoiement volontaire du récepteur par l'émetteur*

L'anticipation, par l'émetteur, de l'interprétation de son énoncé par le récepteur peut, à l'inverse, lui permettre de conduire sciemment son interlocuteur sur de fausses pistes. Il y a alors tromperie volontaire par imposition de configurations signifiantes linguistiquement plausibles (du fait de la polysémie des expressions choisies), mais référentiellement fausses.

Deux exemples littéraires, qui jouent sur le dédoublement du récepteur (interlocuteur/lecteur), illustreront ce cas. Le premier est celui de Valmont écrivant à Mme de Tourvel (Lettre XIII des *Liaisons dangereuses*) :

(20) *Jamais je n'eus tant de plaisir <u>en vous écrivant</u>; jamais je ne ressentis, <u>dans cette occupation</u>, une émotion si douce et cependant si vive.*

Ces énoncés sont destinés à être compris par Mme de Tourvel comme signifiant «en vous écrivant = du fait que je vous écris» et «cette occupation = le fait de vous écrire»; mais le lecteur sait qu'en réalité, Valmont étant en galante compagnie, «en vous écrivant = pendant que je vous écris» et «cette occupation le fait de vous écrire» (!)

Le second exemple est tiré de la pièce de Boissy intitulée *Les dehors trompeurs ou l'homme du jour* (acte III, scène 3) :

(21) Le baron : — *Auprès de son amie, elle vous servira.*
*Elle est simple à l'excès; mais on peut la conduire :*
*Sait-elle votre amour?*
Le marquis : — *Tout a dû l'en instruire.*
*J'ai fait en sa présence éclater ma candeur,*
*Et <u>comme</u> ma maîtresse elle connaît mon cœur.*

Ici, «comme» est produit par le marquis pour être interprété par le baron dans un sens de comparaison («de la même manière que»), mais le public sait qu'en réalité la jeune personne en question est bel et bien sa maîtresse, et que donc «comme» prend une valeur de qualification («en tant que»).

*La réponse du récepteur*

Tous les exemples qui précèdent pourraient laisser penser que seul l'émetteur «aurait la main», en quelque sorte, dans ce jeu de la co-énonciation : il pourrait, à sa guise — et sauf aveuglement involontaire — aider ou au contraire duper le récepteur, à travers la construction d'un énoncé auto-interprété et modulé; alors que le récepteur serait, pour sa part, totalement lié à l'énoncé reçu, qu'il aurait pour seule tâche de décoder. Une telle conclusion ne serait pas exacte. Non seulement le décodage est, on l'a vu, un processus actif de construction/déconstruction/reconstruction de configurations signifiantes mais, qui plus est, il entre également une part d'image et d'anticipation de la production dans la réception : «Pourquoi m'a-t-il dit ce qu'il m'a dit comme il me l'a dit? Et qu'attend-il de mon interprétation?» Le récepteur a donc, lui aussi, une certaine prise sur son interlocuteur. Prenons le cas où il réagit à un énoncé qu'il perçoit comme ambigu. Il peut, ayant décodé le double sens (voulu ou non par l'émetteur), simuler le malentendu et répondre en fonction d'une intention de signification qu'il anticipe ne pas être conforme à celle de son interlocuteur. Cette façon de «désarçonner» l'adversaire est courante, on le sait, dans les échanges à la Pierre Dac, du type :

(22) — *L'alcool tue lentement*
     — *Ça ne fait rien, je ne suis pas pressé.*

C'est, en quelque sorte, «la réponse du berger» (récepteur devenu à son tour émetteur) «à la bergère» (émetteur précédent).

## Références bibliographiques

Authier, J. (1995). *Ces mots qui ne vont pas de soi. Boucles réflexives et non-coïncidences du dire*. Paris, Larousse, 2 volumes.

Fromkin, V. (1971). «The non-anomalous nature of anomalous utterances». *Language, 47* (1), 27-52.

Fromkin, V. (1973). *Speech errors as linguistic evidence*. The Hague, Mouton.

Fromkin, V. (1980). *Errors in linguistic performance : Slips of the tongue, ear, pen and hand*. New York, Academic Press.

Fuchs, C. (1996). *Les ambiguïtés du français*. Gap/Paris, Ophrys.

Fuchs, C. (2004). «De l'"exception à la règle" au conflit d'indices : étude de quelques cas "anomaux" de postposition du sujet nominal dans des relatives en français». *Faits de Langues, 23*.

Gadet, F. (1991). «La distance syntaxique dans les ruptures de construction». In Parret H. (ed.), *Le sens et ses hétérogénéités*, Paris, Éditions du CNRS, 69-79.

Garrett, M. (1980). «Levels of processing in sentence production». In Butterworth B. (ed.), *Language production*, Vol. 1 (Speech and talk), London, Academic Press.

Gorfein, D. (ed.) (1989). *Resolving semantic ambiguity*. New York, Springer.

Kess, J. & Hoppe, R. (1981). *Ambiguity in Psycholinguistics*. Amsterdam, Benjamins.

Kleiber, G. (2003). «Dimensions de l'anticipation en linguistique». *SCOLIA, 14*, 55-68.

Lashley, K. (1951). «The problem of serial order in bahavior». In Jefferess L. (ed.), *Cerebral Mechanisms in Behavior : the Hixon Symposium*, New York, Wiley.

Le Bidois, R. (1952). *L'inversion du sujet dans la prose contemporaine (1900-1950) et plus particulièrement dans l'œuvre de Marcel Proust*. Paris, D'Artrey.

*Lexique* (1989) n° 8, «L'accès lexical». Lille, Presses universitaires.

Nespoulous, J.-L. (2004). «Linguistique, pathologie du langage et cognition : des dysfonctionnements langagiers à la caractérisation de l'architecture fonctionnelle du langage». In Fuchs C. (ed.), *La linguistique cognitive*, Gap/Paris, Ophrys & édition de la Maison des sciences de l'homme.

Rossari, C. (1994). *Les opérations de reformulation ; analyse du processus et des marques dans une perspective contrastive français-italien*. Berne, Lang.

Roulet, E. (1987). «Complétude interactive et connecteurs reformulatifs». *Cahiers de linguistique française, 8*, 111-140.

Small, S., Cottrell, G. & Tanenhaus, M. (Eds) (1988). *Lexical Ambiguity Resolution*. San Mateo, Morgan Kaufmann.

## Notes

[1] C'est moi qui souligne les marqueurs concernés dans les exemples (C.F.).
[2] Citation de Nespoulous (2004).
[3] Voir par exemple les études de Fromkin et le modèle de Garrett (références en bibliographie).
[4] Sur ce type d'exemple de postposition anomale du sujet nominal, voir Fuchs (2004).
[5] Sur ce type d'exemple de postposition anomale du sujet nominal, voir Fuchs (2004).
[6] Voir par exemple l'ouvrage de Kess & Hoppe (1981), ainsi que le recueil de Gorfein (ed.) (1989).
[7] Voir notamment la 2e partie (intitulée «Empirical studies») du recueil de Small, Cottrell & Tanenhaus (Eds) (1988) et le numéro 8 de la revue *Lexique* (1989).
[8] Pour une présentation d'ensemble de cette problématique, voir Fuchs (1996).
[9] Voir sur ce point les enseignements de la rhétorique, ou les théories pragmatiques des actes de langage.
[10] *Cf.* les travaux pragmatiques portant sur les «connecteurs reformulatifs», abordés comme les indices d'un changement de perspective énonciative émanant d'une «rétrointerprétation», de la part de l'émetteur, d'un mouvement discursif antérieur : voir par exemple Roulet (1987) ou Rossari (1994).
[11] C'est moi qui souligne les expressions concernées (C.F.).
[12] La plupart des exemples de la présente section 3 sont repris de Fuchs (1996).

# Chapitre 12
# Effets des genres discursifs sur l'usage des SN(pro-)nominaux ordinaux

Catherine Schnedecker

## INTRODUCTION

Notre propos concerne les marqueurs référentiels pronominaux *le premier/le second* et, secondairement, les SN nominaux comprenant les adjectifs *premier/second*. Ces groupes nominaux ont pour propriété remarquable de se manifester le plus souvent en couple ou en série de sorte que la présence de *le premier* permet d'anticiper celle de *le second* suivant des mécanismes décrits dans C. Schnedecker (1998, 1999, 2000, 2001). Ils ne semblent *a priori* en rien prédestinés à tel genre ou type de texte particulier, mais un examen attentif montre pourtant que, d'un genre discursif ou d'un type textuel à l'autre, leur usage se différencie assez nettement en fonction de trois facteurs : le type ontologique des référents en cause, les relations de cohérence en jeu dans les différentes séquences textuelles et la fonction discursive qu'y jouent ces marqueurs. Ce qui signifie que les mécanismes d'anticipation sont conditionnés également au niveau du genre discursif.

## 1. LES SN EN *PREMIER/SECOND* : CONDITIONS D'EMPLOI *SINE QUA NON*

Les SN en *premier/second* sont spécialisés, comme il est dit dans les travaux fondateurs de R. Veland (1986, 1989), dans l'expression de la référence en milieu «de surabondance référentielle», autrement dit dans les milieux comportant au moins deux référents, désignés *via* un SN pluriel, comme dans (2), ou des SN au singulier coordonnés (1), ces formes pouvant se cumuler (2) :

1) **Johan Mendel**₍₁₎ et **Ivan Pavlov**₍ⱼ₎lui apportent chacun leur grille de déchiffrement génétique pour **le premier**₍ᵢ₎, mésologique pour **le second**₍ⱼ₎ (Tournier, cité par R. Veland, 1989 : 59, son ex. 4; les indices sont de l'auteur).

2) **Deux risques** guettent l'historiographie africaniste : **les préjugés d'inspiration raciste et l'idéalisation au nom de nobles finalités relevant de l'éthique**. **Le premier** a marqué la vision colonialiste traditionnelle, **le second** l'école «révisionniste», née dans le sillage du mouvement d'émancipation des peuples africains entre les années 60 et 70, auquel elle apportait ainsi son soutien (*MD*).

La nécessité pour la source de désigner une entité complexe tient au sémantisme des SN ordinaux dont les adjectifs ne qualifient pas à proprement parler, ce que prouve la difficulté de paraphraser (3) par (4), mais instituent une relation à deux termes entre un SN désignant un ensemble et un élément prélevé sur cet ensemble.

3) Lucie est **première**

4) *Lucie a une caractéristique : elle est première/autre; Lucie a la caractéristique d'être première/autre; être première/autre est une caractéristique de Lucie (d'après les tests de M. Riegel, 1985)

La partitivité des SN ordinaux est étayée en outre (et entre autres) par le fait que ceux-ci intègrent des structures partitives typiques en $SN_1$ *de/d'entre* $SN_2$ comme en (5) :

5) La **seconde** des/d'entre les marathoniennes minimes de Basse-Terre a battu un record national

## 2. CARACTÉRISTIQUES DES EMPLOIS DES SN CORRÉLÉS DANS DES SÉQUENCES NARRATIVES ET INFORMATIVES CENTRÉES SUR DES PERSONNAGES

Dans les séquences narratives ou informatives, ces SN présentent au moins trois caractéristiques. Premièrement, le nombre de référents impliqués est de deux, le plus souvent, comme l'illustre (6) :

6) Pour une poignée de millions de dollars, **Julia Roberts** *et* **Sharon Stone** cassent leur image hypersexuée en remettant leur titre en jeu. **La première** est la bonne à tout faire rousse et victorienne du Dr Jekyll dans *Mary Reilly*. **La seconde**, une pute camée-déglinguée dans l'enfer d'un Las Vegas seventies visité par Martin Scorsese. (*Biba*, avril 96)

Qui plus est, le mode de donation initial de ces référents augure des modalités de reprise plurielle ou conjointe qui les rendent aussi saillants l'un que l'autre. Dans cette hypothèse, il n'est pas étonnant que les modalités de leur reprise procèdent par alternance, les maillons des deux chaînes se trouvant ainsi étroitement imbriqués, comme le schématise (i) :

(i) $SN_1/SN_2...EA_1...EA_2...EA'_1...EA'_2...EA''_1...EA''_2...$ (où EA = expression anaphorique)

Ceci expliquant sans doute en partie cela, ce mode de référenciation reste ponctuel. Sans doute, le fait d'avoir à garder deux référents en mémoire, de devoir «zapper» successivement sur l'un puis l'autre pour interpréter les chaînes alternées est-il plus coûteux cognitivement que l'interprétation d'une séquence textuelle monoréférentielle.

Deuxièmement, les anaphoriques couplés se manifestent dans des environnements syntaxiques où se cumulent deux formes de parallélisme : celui des fonctions syntaxiques (entre anaphoriques mais aussi entre sources et anaphores) et celui de la structure de leur phrase d'accueil comme cela est schématisé en (7) :

> 7) **Léna et Madeleine** ont chacune fait un mariage de raison. Juive ukrainienne, **la première** a épousé Michel pour échapper aux camps de concentration. <<Ils ont deux filles>>. **La seconde** s'est mariée avec un comédien raté, Costa, pour oublier la mort accidentelle de son premier époux abattu par la milice. <<Elle est mère d'un petit garçon>>. (Résumé de *Coup de foudre*, *Télérama*)

Ces régularités syntaxiques ne sont pas de simples «effets de rhétorique», mais elles visent à alléger le traitement de phrases-hôtes des anaphores pronominales, en les uniformisant pour aider à mémoriser les éléments nombreux de la configuration discursive.

Troisièmement, les référents des SN couplés des séquences narratives/expositives sont placés sous le signe ambivalent de l'identité et de l'altérité. L'*identité* s'exprime de multiple manière, au moyen des SN au pluriel désignant l'ensemble-source, qui inscrivent d'office les référents dans une classe commune (*cf. supra* : *deux risques* (2)), des prédicats s'appliquant à l'ensemble et qui dotent ces référents d'une identité *occasionnelle* et, enfin, de tout un réseau d'expressions la signifiant, d'une manière ou d'une autre : adjectifs *même* ou *identique*, adverbes comme *ensemble* ou encore locutions verbales (*être jumeaux*) (*cf.* 7 et 8) :

> 8) Alfredo et Olmo sont nés **le même jour** sur le domaine d'une riche famille d'Emilie. Le premier, du côté des propriétaires, le second dans le clan des métayers. Les deux gamins grandissent **ensemble**, complices de jeux mais déjà séparés par leur éducation et leur instinct de classe. (*Télérama*, résumé de *1900*)
>
> 9) Imaginez que le lévorphanol et la dextro méthorphane **sont des jumeaux**, dis-je. Ils ne sont pas le même être mais **ils** *paraissent* **identiques** — sauf que l'un est droitier et l'autre gaucher. L'un est chétif, l'autre assez costaud pour assommer un homme. (P. Cornwell)

L'identité n'est toutefois pas absolue sans quoi l'opération de partition et, partant, l'emploi des expressions partitives que sont les corrélats ne seraient pas motivés. En théorie, l'opération de partition impose en effet une double contrainte. Il faut d'abord que les référents présentent des propriétés qui les distinguent de leur ensemble d'appartenance (G. Kleiber & R. Martin, 1977; R. Martin, 1983; G. Kleiber, 2001). Il faut ensuite — corrélats obligent — qu'ils se distinguent l'un de l'autre. La différence est marquée alors par des unités verbales comme en (10) et au moyen des prédicats des propositions hôtes des anaphoriques, qui entretiennent très souvent également des rapports d'antonymie ou de contradiction, conventionnels ou établis par le discours :

10) (...) tout *sépare* les deux hommes. **L'un** est flic, branché et libertin. **L'autre** gendarme, bourru et moral (résumé de Chat et chien, *Télérama*, février 95)

## 3. CARACTÉRISTIQUES DES EMPLOIS DES SN CORRÉLÉS DANS DES SÉQUENCES EXPLICATIVO-ARGUMENTATIVES

Dans les séquences explicativo-argumentatives, le comportement des anaphores ordinales diffère sensiblement de celui que l'on vient de voir. Pour mettre en évidence ces différences, nous allons reprendre point par point les rubriques détaillées dans le point (2).

La différence majeure tient au nombre de référents en jeu, multiplié dans les extraits argumentativo-explicatifs, comme l'illustre (11) :

11) La sphère éducative est confrontée à **cinq pièges majeurs**, résultant des mutations politiques, sociales et économiques de ces trente dernières années qui ont vu le mode de vie se centrer sur l'hyper-consommation et la marchandisation généralisée de tout bien et service, l'explosion des nouvelles technologies et la mondialisation libérale (*MD*).

Il en découle, au plan du suivi référentiel, que le mode de reprise alternée, évoqué précédemment, est difficilement concevable car il serait aussi difficile à planifier qu'à interpréter. Ainsi, la reprise anaphorique opère-t-elle le plus souvent sur le mode de la succession, comme l'illustre (12) :

12) Résoudre le problème inverse consiste à inférer la distribution de courant à l'intérieur du cerveau à partir de celle mesurée à sa surface (en EEG) ou à quelques centimètres de sa surface (en MEG). Cette résolution n'est pas univoque. Ainsi, la solution trouvée doit être considérée comme l'une des solutions possibles et discutée en tant que telle. Dans les méthodes de résolution, on distingue **les méthodes non linéaires**$_i$ et **les méthodes linéaires**$_j$. **Les premières**$_i$ ont été utilisées dans la grande majorité des travaux de localisation des signaux électromagnétiques. **Leur**$_i$ popularité provient de leur simplicité d'utilisation et de leur capacité à tester des modèles d'activation. **Leur**$_i$ limite tient à une vision réductionniste et peu physiologique des activations (par exemple, le dipôle de courant), à la nécessité d'un *a priori* sur la localisation des sources et au petit nombre de sources qu'elles autorisent. **C'est dans la catégorie linéaire**$_j$ que l'on retrouve le plus grand nombre de méthodes, dont plusieurs sont en évaluation. Cet effort de développement provient en partie du fait que c'est par **ces dernières méthodes**$_j$ que l'on pourrait obtenir une véritable imagerie électromagnétique, la modélisa-

tion du signal n'étant pas contrainte à quelques sources. **Leur$_j$** limite est l'utilisation quasiment obligatoire de paramètres dit «de régularisation» qui imposent la convergence vers une solution. En outre, **ces méthodes$_j$** sont sujettes à des biais de localisation et à l'apparition de sources «fantômes» des sources principales sans qu'il soit possible de les identifier (*CP*).

Deuxièmement, Les séquences explicativo-argumentatives-hôtes des SN ordinaux manifestent des types de parallélismes plus contraints que ceux des textes narrativo-expositifs, car ils concernent principalement les fonctions grammaticales comme dans (12), et ce, de manière moins systématique, ce que montre l'exemple (13) où l'un des deux pronoms est sujet, l'autre COD :

13) La question du comment comporte **deux aspects**. **Le premier**, celui des solutions techniques aux diverses fonctions des systèmes spatiaux, a reçu beaucoup d'attention. Une abondante littérature existe déjà sur l'approvisionnement énergétique de la Terre à partir du flux solaire et sur l'extraction et l'élaboration des matériaux de la Lune et des astéroïdes. La faisabilité technique se trouvant ainsi largement explorée, reste la faisabilité programmatique qui constitue **le second aspect**, et le plus difficile.

Quant au parallélisme phrastique, il est fonction de la distance qui sépare les expressions anaphoriques et donc moins perceptible quand celle-ci est conséquente, soit que le parallélisme structurel ait été abandonné comme dans (14), délibérément long pour les besoins de la démonstration (nous reviendrons sur cet aspect) :

14) Coups d'État, renversements d'alliances, mouvements sociaux et processus électoraux chaotiques accompagnent la transition politique entamée il y a dix ans sur le continent noir. Cependant, contrairement aux autres vagues de démocratisation (Europe du Sud et Amérique latine notamment), la disparition des partis uniques et la sortie des autoritarismes se sont effectuées en Afrique dans un contexte marqué par **trois facteurs structurants malheureusement négligés par les analystes**.
**Le premier** est la concomitance de la démocratisation et de l'«informalisation» de l'économie et des structures étatiques. En effet, au début des années 80, les mécanismes culturels et institutionnels qui rendaient possible l'assujettissement avaient atteint leurs limites. Par-devers le masque de l'ordre et de la loi et du théâtre d'État, un mouvement souterrain de dispersion graduelle du pouvoir était en cours. Cette évolution s'accentuait avec l'aggravation des contraintes liées au remboursement de la dette et l'application des politiques d'ajustement structurel. La menace d'insolvabilité générale pesant sur les économies ne se relâchant pas, l'effilochement s'est poursuivi tout au long des années 90, la crise prenant des formes parfois inattendues.
Loin d'y mettre un terme ou de conduire à l'État de droit et à la «bonne gouvernance» escomptés par les institutions financières internationales, le double impératif d'ouverture politique et de libéralisation économique accentuera, presque partout, l'émasculation de l'État. Celui-ci ayant perdu ses capacités à gérer le risque et l'imprévu autrement que par la force, c'est donc dans un contexte de violence sociale que se dérouleront les tentatives de sortie de l'autoritarisme.
Cette dispersion a imprimé aux démocratisations africaines un aspect singulier. D'une part, l'affaiblissement des capacités administratives de l'État y va de pair avec la privatisation de certaines de ses fonctions régaliennes. D'autre part, la prime accordée à la

dérégulation se traduit sur le terrain par un mouvement général de désinstitutionnalisation, lui-même propice à la généralisation des pratiques informelles. On retrouvera ces dernières non seulement dans le secteur de l'économie, mais au cœur même de l'État et de l'administration, et dans tous les aspects de la vie sociale et culturelle liés à la survie quotidienne. Or, leur généralisation a entraîné non seulement une prolifération des instances de production des normes, mais aussi une démultiplication sans précédent des possibilités de contournement des règles et des lois, au moment même où les capacités de sanction détenues par les pouvoirs publics étaient les plus affaiblies. Dès lors, les conduites visant à infléchir les normes aux fins d'accroître les rentes et tirer le bénéfice maximum de la défaillance de l'État ont prévalu aussi bien chez les agents publics que privés.

**Deuxième facteur** : la démocratisation survient à un moment où, du fait de la brutalité de la crise, la diffraction de la société s'accélère. En plus des situations-limites que sont les guerres, les recompositions territoriales, les déplacements forcés de populations et les massacres, elle se traduit par la multiplicité des identités, des allégeances, des autorités et des juridictions, l'accentuation de la mobilité et de la différenciation, la vélocité dans la circulation des idées, des signes et des symboles, les capacités accrues de conversion des choses en leur contraire : tout sera utilisé pour atteindre toutes sortes de fins et tout deviendra objet de négociation et de marchandage.

Les conséquences de ce nouvel état culturel sur la constitution des mouvements sociaux et la formation des alliances et des coalitions sont considérables. Le temps court, les «coups» ponctuels et les impératifs de conquête immédiate du pouvoir ou la nécessité de le conserver à tout prix sont privilégiés au détriment des «projets» à long terme et de la recherche des alternatives. Il en résulte une instabilité structurelle, les alliances se nouant et se dénouant constamment. Sur un autre plan, l'opposition, faiblement institutionnalisée, agit au gré d'une multiplicité d'arrangements, zigzaguant constamment, au gré des circonstances.

De nouveau espace de liberté

**Enfin, troisième facteur**, il n'existait, au début des années 90, ni modèle théorique ni tradition de réflexion critique et autonome sur l'État de droit, les formes de la citoyenneté et les institutions de la démocratie sur le continent. L'atrophie intellectuelle du mouvement de démocratisation a permis la montée en force des idéologies nativistes et de nouvelles cosmologies articulées autour de symboliques religieuses et de la réhabilitation des forces occultes.

**Ces trois facteurs** ont lourdement pesé sur les résultats de la démocratisation.

Il résulte de ces observations que les référents désignés par les SN ordinaux ou en *autre* sont moins concernés par les questions d'identité/altérité, évoquées à propos des séquences narrativo-expositives, en ce sens que l'indication d'identité se limite au SN désignant leur appartenance à un ensemble commun : *deux aspects* (13), *trois facteurs structurants malheureusement négligés par les analystes* (14), etc.

Au terme de cette partie, l'étude comparée de séquences typologiquement et génériquement contrastées se révèle fort édifiante. Elle montre en effet que les différences typologiques/génériques des emplois des SN en *premier/second* opèrent suivant quatre critères : 1) le type de référent en cause, 2) la configuration des chaînes de référence auxquelles ces référents prêtent (alternance *vs* succession; brièveté *vs* longueur relative), 3) la présence plus ou moins appuyée de formes variées de parallélismes, 4) les liens sémantiques plus ou moins forts qui unissent les référents concernés. Il reste maintenant à motiver ces différences d'emploi.

## 4. DES RELATIONS DE « RESSEMBLANCE » (*CF.* J.R. HOBBS, 1990; A. KEHLER, 2002) EXPLOITÉES DIFFÉREMMENT SELON LES GENRES/TYPES DE DISCOURS

Dans les deux types de séquences considérés, les relations qu'établissent les SN ordinaux entre leurs propositions d'accueil et celle de leur source participent de la famille des relations de cohérence appelée par J.R. Hobbs (1990) et, à sa suite, par A. Kehler (2002) «relation de ressemblance», caractérisée comme suit :

> The recognition of Resemblance requires that commonalities and contrasts among corresponding sets of entities and relations be recognized. For each relation, the hearer identifies a relation $p_1$ that applies over a set of entities $a_1, ..., a_n$ from the first sentence $S_1$, and a corresponding relation $p_2$ that applies over a corresponding set of entities $b_1, ..., b_n$ from the second sentence $S_2$. Coherence results from inferring a common (or contrasting) relation $p$ that subsume $p_1$ et $p_2$, along with a suitable set of common (or contrasting) properties $q_1$ of the arguments $a_i$ et $b_i$ (A. Kehler, 2002, 15).

Parmi les diverses relations de ressemblance dégagées par les auteurs (*i.e.* parallélisme, contraste, exemplification, généralisation, exception et élaboration, *cf.* A. Kehler, *op. cit.*, 19), trois retiendront notre attention dans la mesure où elles correspondent aux faits relevés plus haut. Il s'agit premièrement de la relation dite de *parallélisme*, fondée sur les propriétés communes inférées des entités et des prédicats qui leur sont appliqués, et son alter ego, la relation de *contraste*, fondée sur les différences perceptibles à partir d'une communauté de propriétés[1]. La troisième relation qui nous concerne, l'élaboration, est définie comme suit :

> Elaborations are generally restatements; thus while the corresponding relations and entities are constrained to be the same, the perspective from or level of details at which they are described will generally be different (A. Kehler, *op. cit.*, 18).

Ces trois relations aident à expliquer les emplois contrastés des SN couplés en *premier/second*. Nous allons voir comment.

### 4.1. La relation de parallélisme/contraste à l'œuvre dans les séquences narrativo-expositives

Dans les séquences narrativo-expositives, la réunion de deux individus sans attache particulière au départ est toujours peu ou prou étonnante, compte tenu du fait que la qualité première des individus humains tient précisément à leur unicité. Dès lors, les situations de dualité, quelle que soit la raison qui les suscite (l'actualité — *cf.* les articles de journaux consacrés à Matisse/Picasso, Manet/Velasquez, Chirac/Jospin, etc., durant l'année 2002 — ou une aventure commune — *cf.* notamment le roman éponyme de Flaubert *Bouvard et Pécuchet*), appellent fatalement la comparaison, donc la mise en évidence de ressemblances et de différences, suivant des modalités qui usent parfois du paradoxe (sur le thème du «tout paraît les réunir mais tout les oppose» ou «tout paraît les opposer mais tout les réunit»). C'est en tout cas ce qui transparaît fréquemment dans les «attaques» des séquences, notamment journalistiques, telles que (15), où le phénomène rare de l'homonymie patronymique intrigue et génère certaines attentes (notamment un lien familial) :

> 15) **Il ne faut pas confondre Michael Collins et Michael Collins. Le premier** était irlandais. **Le second** aussi. Mais **le premier** était né dans le comté de Cork et **le second** à Limerick. **Le premier**, héros de l'indépendance de son pays, est mort assassiné en 1922 à l'âge de 32 ans. **Le second**, en pleine santé, âgé aujourd'hui de 36 ans, pourrait devenir, lui, le héros de la nouvelle littérature irlandaise (*Nouvel Obs*, 20/04/00).

On comprend ainsi mieux la régularité des dispositifs textuels visant les fins de mise en parallèle ou en contraste, notamment le mode de donation initial des référents *via* des SN pluriel ou conjoints, qui met les référents sur un pied d'égalité et augure une reprise anaphorique plurielle ou alternée, la présence d'un double réseau de formes anaphoriques :

– des SN pronominaux ou nominaux définis pluriels destinés à faire valoir les points communs aux deux entités ;

– les SN ordinaux qui mieux qu'aucune autre expression référentielle favorisent une saisie relationnelle, en ce sens qu'un SN de ce type évoque toujours, en arrière plan, son point de repère ou son ensemble-source. En outre, ils mettent en lumière les différences/divergences entre les référents, et ce d'autant plus efficacement que la reprise alternée des référents fait ressortir trait à trait leurs différences, comme l'illustre parfaitement (16) :

> 16) Pour comprendre, il faut d'abord comparer.

| | |
|---|---|
| **DSK** est un prof d'université. **Fabius** est un énarque normalien. | *[formation]* |
| **L'un** est rond et séducteur. **L'autre** est sec et élégant. | *[physique]* |
| **Strauss-Kahn** est brouillon. **Fabius** est précis. **Le premier** a de l'humour. **Le second**, de l'ironie. | *[moral]* |

DSK ne se méfie de personne. **Fabius** se méfie de tout le monde. **DSK** pense
– à tort – n'avoir que des amis. **Fabius** croit – à tort – n'avoir que des ennemis.
**L'un** finit toujours par se réconcilier. **L'autre** pardonne parfois, mais n'oublie jamais.

*[relationnel]*

---

**DSK** commet beaucoup d'erreurs qu'il sait toujours réparer. **Fabius** fait peu de fautes, mais elles lui coûtent très cher. **Le premier** est un homme de contact. **Le second** est un homme de réseau. **DSK** pense d'abord au monde. **Fabius** part toujours de la France. **Strauss-Kahn** croit au mouvement spontané de la société. **Fabius** est un homme de l'État. **L'un** est un chef de bande. **L'autre** est le leader d'un courant.
**DSK** est un jopiniste atypique. **Fabius** est fabiusien. *[sens politique]*

---

**Ces deux hommes** ne vivent pas sur la même planète ! (*Nouvel Obs*, 24/1/2002)

Enfin, on s'explique mieux les diverses formes de parallélisme fonctionnel et structurel évoquées dans le point (2). On voit d'ailleurs le jeu qu'autorisent les expressions couplées dans (17) par exemple :

17) **Le premier** était irlandais. **Le second** aussi.

où ce qui est prédiqué à propos des référents est identique en sorte qu'on aurait pu s'attendre à une formulation du genre de «Tous deux sont irlandais» qui, en la circonstance, n'aurait pas été congruente avec l'intention annoncée par le locuteur de dissocier les référents.

### 4.2. La relation d'élaboration à l'œuvre dans les séquences explicativo-argumentatives

La relation d'élaboration à l'œuvre dans les séquences explicativo-argumentatives tient à trois paramètres.
D'abord, étant donné le nombre de référents en présence, les stratégies de parallélisme et de contraste exploitées dans les textes narrativo-expositifs sont plus difficiles à appliquer aux textes explicativo-argumentatifs, on l'a dit. Il suffit d'imaginer une séquence telle que (ii) pour comprendre les difficultés auxquelles elle expose tant le locuteur que l'interprète :

ii) $ERI_1$  $ERI_2$  $ERI_3$  $ERI_4/ER$ $_{(1+2+3+4)}$
   $EA_1$  $EA_2$  $EA_3$  $EA_4$
   $EA'_1$  $EA'_2$  $EA'_3$  $EA'_4$
   $EA''_1$  $EA''_2$  $EA''_3$  $EA''_4$
   $EA'''_1$  $EA'''_2$  $EA'''_3$  $EA'''_4$
(où ERI = expression référentielle introductrice ; EA = expression anaphorique)

En production, les stratégies anaphoriques seraient fort limitées : hormis la redénomination *via* les noms propres ou la répétition des ordinaux, le locuteur n'aurait guère de ressources lexicales. Pour ce qui concerne la compréhension, l'interprète serait censé garder vivaces en mémoire un certain nombre d'entités et autant de prédicats. L'éparpillement de l'information ajouté au «zapping» cognitif auquel l'interprète est contraint doivent rendre les opérations de décodage et d'intégration des informations relativement coûteuses. C'est pourquoi prévaut la stratégie par «blocs», telle que schématisée en (iii) :

*iii) $ERI_1$    $ERI_2$    $ERI_3$    $ERI_4/ER$ (1+2+3+4)*
*$EA_1$    $EA'_1$    $EA''_1$    $EA'''_1$*
*$EA_2$    $EA'_2$    $EA''_2$    $EA'''_2$*
*$EA_3$    $EA'_3$    $EA''_3$    $EA'''_3$*
*$EA_4$    $EA'_4$    $EA''_4$    $EA'''_4$*

Cette stratégie impose que les référents sont introduits successivement. Par conséquent, une des fonctions des SN ordinaux dans ce genre/type de texte consiste à marquer l'ordre du discours. Ceci explique d'ailleurs l'ambivalence syntaxique des marqueurs, qui fait qu'ils oscillent entre une fonction référentielle et une fonction de structuration discursive. C'est le cas dans l'extrait (14), vu plus haut, où l'on observe un comportement ambivalent des SN ordinaux. Le premier est bien intégré à la phrase, où il occupe la fonction de sujet grammatical. Les deux suivants sont en revanche «en suspens». Ils ne sont pas régis par le verbe de la phrase qui les suit mais occupent davantage le rôle d'un complément de phrase, un peu à la manière d'adverbes de structuration discursive par lesquels ils se laissent d'ailleurs aisément remplacer, comme le montre (18) :

18) Coups d'État, renversements d'alliances, mouvements sociaux et processus électoraux chaotiques accompagnant la transition politique entamée il y a dix ans sur le continent noir. Cependant, contrairement aux autres vagues de démocratisation (Europe du Sud et Amérique latine notamment), la disparition des partis uniques et la sortie des autoritarismes se sont effectuées en Afrique dans un contexte marqué par **trois facteurs structurants malheureusement négligés par les analystes**.

**Le premier** est la concomitance de la démocratisation et de l'«informalisation» de l'économie et des structures étatiques. (...)

**Deuxièmement** : la démocratisation survient à un moment où, du fait de la brutalité de la crise, la diffraction de la société s'accélère. (...)

**Enfin, troisièmement**, il n'existait, au début des années 90, ni modèle théorique ni tradition de réflexion critique et autonome sur l'État de droit, les formes de la citoyenneté et les institutions de la démocratie sur le continent.

Par ailleurs, la nature des référents entre partiellement en compte dans la fonction structurante des SN ordinaux. Il s'agit en effet très souvent de référents abstraits : des (re)constructions intellectuelles (*facteur* (14)) ou discursives (*aspects* (13)), autrement dit des entités dont le mode d'existence ou les manifestations passent nécessairement par le discours.

L'énoncé de ces entités est donc soumis à la linéarité discursive, que traduisent les SN ordinaux. Le nombre et la nature des référents expliquent également sans doute les modalités particulières suivant lesquelles les référents sont introduits puis «élaborés» dans le discours. Lorsqu'ils sont introduits, ces référents font en effet l'objet d'une proposition «à part», ce qui est sans doute lié aux contraintes informationnelles mises au jour par K. Lambrecht (1994) comme quoi on n'introduirait qu'une entité référentielle à la fois. Leur nature abstraite doit également peser sur ce type de stratégie. En outre, les SN ainsi introduits ont une teneur informationnelle très faible, compte tenu de leur caractère abstrait et général. En soi, les noms de *facteur* ou d'*aspect* ne disent pas grand chose. On s'attend donc à ce que le locuteur se montre plus explicite dans la suite de son propos. Par ailleurs, la précision numérique apportée, le cas échéant, par le cardinal (*deux*, *trois*, etc.) repose sur un principe de différenciation, de partition (sans quoi l'article pluriel suffirait amplement à la tâche) qui appelle également des justifications.

Dans cette perspective, la relation entre le SN-source et les ordinaux anaphoriques tient bien de l'élaboration telle que définie plus haut. En effet, d'une part, les SN ordinaux apportent la spécification appelée par le déterminant cardinal du SN, en indiquant que la différenciation des référents des SN s'appuie sur un principe d'ordre. D'autre part, le prédicat qui leur est appliqué fournit des précisions sur certains aspects des SN-sources abstraits et vagues qui servent d'amorce. C'est ainsi que, dans (19), les propositions-hôtes des ordinaux permettent de comprendre en quoi les deux idées dont il est question initialement sont révolutionnaires :

> 19) Ce texte, en dépit de son vocabulaire parfois peu scientifique et des erreurs concernant les localisations des aires impliquées dans la vision, contient **deux idées révolutionnaires**. **La première** est que, bien que continuant à parler d'esprits animaux, Willis propose que ceux-ci soient le produit de l'activité cérébrale et non d'entités dont l'origine reste de nature transcendantale comme chez Descartes. **La seconde** est que le cortex cérébral, dont on ne découvrira la composition et la structure que beaucoup plus tard, joue dans cette théorie un rôle fondamental, notamment comme support de la mémoire.

## CONCLUSION

Au terme de cette étude, nous espérons avoir démontré que les types/genres de texte ont des répercussions sur les modes de donation et de reprise référentielles. Le cas des SN ordinaux montre ainsi qu'un même type de SN anaphoriques est possible d'une exploitation différente en fonction de ce paramètre. La stratégie de parallélisme/contraste des textes narrativo-expositifs a des conséquences sur une distribution alternée et sur des formes de parallélismes marquées, opérant à différents plans de leur contexte immédiat. La relation d'élaboration à l'œuvre dans les séquences explicativo-argumentatives, quant à elle, conditionne plutôt une distribution par des blocs successifs au service de la structuration discursive et ménage le traitement de contenus abstraits en procédant par palier (du tout au parties, du général au particulier). Si les différences générées par les types/genres de texte sont aussi marquées pour une même catégorie d'anaphores, il y a fort à parier que les variations entre les différentes catégories anaphoriques et les stratégies de reprise doivent l'être tout autant, sinon plus. Mais, en ce domaine, les études sur le français restent encore trop limitées pour qu'on puisse se prononcer.

## Références bibliographiques

Godard, D. (1988). *La syntaxe des relatives en français*. Paris, CNRS.

Hobbs, J.R. (1990). *Literature and Cognition*. CSLI Lectures Notes 21.

Kehler, A. (2002). *Coherence, Reference and the Theory of Grammar*. CSLI, Stanford.

Kleiber, G. (2001). «Indéfinis : lecture existentielles et lecture partitive». In G. Kleiber, B. Laca, L. Tasmowski, *Typologie des groupes nominaux*, Rennes, P.U. Rennes, 47-97.

Kleiber, G. & Martin, R. (1977). «La quantification universelle en français». *Semantikos*, 2/1, 19-36.

Lambrecht, K. (1994). *Information Structure and sentence form*. Cambridge, U.P.

Martin, R. (1983). *Pour une logique du sens*. Paris, PUF.

Milner, J.-C. (1978). *De la syntaxe à l'interprétation*. Paris, Seuil.

Riegel, M. (1985). *L'adjectif attribut*. Paris, PUF.

Schnedecker, C. (1998). «*L'un* et *l'autre* ou quelques aspects d'une union libre». *Revue de Sémantique et Pragmatique*, 3, 177-195.

Schnedecker, C. (1999). «*L'autre...* sans *l'un*, à propos des emplois isolés du pronom indéfini *l'autre*». In C. Schnedecker, *Les corrélats anaphoriques. Recherches linguistiques*, 22, Paris, Klincksieck, 131-165.

Schnedecker, C. (2000a). «Des agents doubles de l'expression référentielle : *l'un/l'autre, le premier/le second*». A. Englebert, M. Pierrard, L. Rosier, D. Van Raemdonck, *Actes du XXIIe Congrès international de linguistique et philologie romanes*, Tome VII, Bruxelles/Tübingen, Niemeyer Verlag, 655-665.

Schnedecker, C. (2000b). «*L'un...* sans *l'autre* : encore un "indéfini" marginal». *Scolia*, 13, 195-213.

Schnedecker, C. (2000c). «"Ordres" des ordinaux pronominaux». *Travaux de linguistique*, 41, 7-34.

Schnedecker, C. (2001a). «Couples anaphoriques et cohésion discursive : quand *l'un* et *l'autre* font bande à part». In W. De Mulder, C. Vet, C. Vetters (Eds), *Anaphores pronominales et nominales*, Amsterdam/New York, Rodopi, 69-98.

Veland, R. (1986). «Coréférence pronominale non personnelle dans un texte français du XVIIIe siècle, et note sur l'évolution des facteurs de sélection du pronom *celui-ci*». *Neuphilologische Mitteilungen*, 87, 185-200.

Veland, R. (1989). «Les deux paires de représentants coréférentiels couplés en français contemporain *Celui-ci & celui-là* et *le premier & le second*». *Travaux de linguistique*, 18, 57-72.

## Note

[1] Elles sont formalisées comme suit par J.R. Hobbs et A. Kehler. Soit :
$S_1$ dont l'argument $p_1$ s'applique à une entité $a_1$ (et $a_2$, p.e. l'objet de $p_1$)
$S_2$ dont l'argument $p_2$ s'applique à une entité $b_1$ (et $b_2$, p.e. l'objet de $p_2$)
Et $p$ le prédicat subsumant $p_1$ et $p_2$, $q_1$ correspond à une propriété commune à $a_1$ et $b_1$

*Parallel* : Infer $p(a_1, a_n, ...)$ from the assertion of $S_1$ and $p(b_1, b_2, ...)$ from the assertion of $S_2$, where for some property vector $\vec{q}$, $q_i(a_i)$ and $q_i(b_i)$ for all $i$.
*Contrast* : : Infer $p(a_1, a_n, ...)$ from the assertion of $S_1$ and $\neg p(b_1, b_2, ...)$ from the assertion of $S_2$, in which for some property vector $\vec{q}$, $q_i(a_i)$ and $q_i(b_i)$ for all $i$.

# Chapitre 13
# Comment enchaîner en anticipant : remarques sur la cataphore possessive[1]*

Anne Theissen

Cet article se propose d'étudier un phénomène particulier d'anticipation linguistique : celui de la cataphore possessive. La cataphore — la dénomination est de Bühler (1934) — se définit classiquement comme un processus référentiel endophorique (Maillard, 1974) où, contrairement à l'anaphore, l'expression qui nécessite une saturation référentielle précède, textuellement, la source. Encore appelée *anaphore anticipante* (Lyons, 1980) ou *anticipation par représentant* (Bally, 1950), elle s'oppose ainsi à l'anaphore où la source précède normalement l'expression lacunaire, de telle sorte que, conçue uniquement en termes linéaires, elle équivaut à l'inverse de l'anaphore[2], comme l'illustre 1a),

> 1a) Lilla *tripotait la terre autour d'une de* ses *marguerites. Debout devant la fenêtre de* sa *cuisine,* Bitzl Bitzl *faisait mine de récurer la paillasse* (*Tout est illuminé*, J. Safran Foer, 58).

où l'interprétation du possessif anaphorique *ses* se réalise grâce à l'antécédent *Lilla* donné antérieurement dans le discours, alors que celle du possessif *sa* cataphorique renvoie à la source *Bitzl Bitzl* qui survient postérieurement. On voit alors où réside l'anticipation dans une construction telle que la cataphore. La particularité de ce processus référentiel est « de mettre en quelque sorte la charrue *anaphorique* avant les bœufs *antécédents* : au lieu de l'ordre anaphorique normal, qui consiste à présenter d'abord Y et ensuite seulement le X que sature ou complète Y, on anticipe en donnant par avance un X dont l'identification référentielle par Y ne se fait que postérieurement » (Kleiber, 2003 : 61).

Nous prendrons ici comme objet d'étude une construction anticipante particulière — celle de l'adjectif possessif cataphorique — avec pour but la résolution d'un problème classique, énigmatique : pourquoi dans la seconde phrase de 1a),

> *1a)* Lilla *tripotait la terre autour d'une de* ses *marguerites. Debout devant la fenêtre de sa* cuisine, Bitzl Bitzl *faisait mine de récurer la paillasse.*

peut-on avoir un enchaînement cataphorique alors que l'inverse c'est-à-dire un enchaînement anaphorique ne peut avoir lieu comme le montre 1b) ? :

> *1b)* *Lilla *tripotait la terre autour d'une de* ses *marguerites. Debout devant la fenêtre de la cuisine de* Bitzl Bitzl$_i$, il$_i$ *faisait mine de récurer la paillasse.*

En effet, la séquence 1b) montre clairement que l'ordre référentiel standard, celui qui mène de la source *Bitzl Bitzl* à l'expression à saturer *il* est impossible, la lecture disjonctive paraissant s'imposer.

Un tel constat donne une envergure textuelle nouvelle à la cataphore possessive puisqu'il montre que l'anticipation engagée par la cataphore possessive n'est pas essentiellement un phénomène stylistique comme peuvent le laisser entendre des sites tels que 2),

> *2)* Ses *thuriféraires l'assimilent à une preuve de libération, voire à la liberté intégrale.* Ses *contempteurs en parlent comme d'une drogue dure, coupable des pires méfaits : esclavage, addiction, destruction de soie et des autres, voire barbarie. Les hypocrites prétendent que le spectacle de* la pornographie, *car il s'agit de la pornographie, ne fait que les ennuyer quand, en réalité, elle provoque en chacun de nous soit le dégoût soit la fascination* (Marianne, octobre 2003).

mais peut véritablement favoriser l'enchaînement discursif là où l'anaphore coréférentielle échoue.

Notre démarche se fera en deux volets. Nous exposerons d'abord la problématique qui nous intéresse pour aborder ensuite le volet explicatif avec une solution syntaxique en termes de *c-commande*, la réponse de Van Hoek (1995) dans le cadre de la grammaire cognitive et notre propre solution en termes de repères.

## 1. LA CATAPHORE POSSESSIVE : UNE ANTICIPATION QUI S'IMPOSE

La cataphore possessive, telle qu'elle se présente dans la majorité des sites, se laisse déterminer, sémantiquement et syntaxiquement au moyen de quatre traits :

i) la *mixité* de sa référence : la cataphore de l'adjectif possessif que l'on peut représenter par *SN1 (Adj.Poss.$_i$ + N1)... SN2$_i$* suppose en effet une situation de coréférence, signalée par l'indice$_i$, entre le référent du possessif et celui de SN2 et une situation de non coréférence entre SN1 et SN2 (Härmä, 1987a; Lavric, 1993).

ii) la portée intraphrastique du phénomène (Härmä, 1987a) & b); Kesik, 1989; Lavric, 1993).

iii) l'appartenance, dans la grande majorité des sites, du SN possessif à un constituant frontal séparé du reste de la phrase qui exprime les circonstances[3] du procès principal de la phrase (Härma, 1987a; Van Hoek, 1995). De sorte que l'expression possessive cataphorique et l'expression-source ne sont généralement pas les arguments d'une même prédication[4].

iv) l'expression-source est, généralement, le sujet de la prédication principale (Carden, 1982; Härmä, 1987b; Van Hoek, 1995) : lorsqu'on a un SN cataphorique possessif qui se trouve dans un circonstant ou dans une apposition qui précède la proposition proprement dite, dans la grande majorité des cas, l'antécédent est le sujet de la proposition principale.

À ces quatre traits s'ajoute un constat *a priori* étonnant, si on substitue à ces SN cataphoriques leur SN nominal source, c'est-à-dire le SN qui explicite la référence effectuée, à savoir le SN sujet de la prédication principale (*cf.* iv), on s'aperçoit qu'il n'est alors plus possible de les reprendre anaphoriquement par un pronom. Le remplacement du possessif par l'expression source-sujet, avant même d'aller plus avant dans la lecture, donc en quelque sorte du point de vue de l'anticipation interprétative, entraîne une disjonction référentielle :

*3a) Livraison illicite. Pour financer* $ses_i$ *études, Markus Schneider$_i$ fait le coursier dans les rues de Berlin en rollers. Un jour, alors qu'il livre un paquet au cabinet d'avocats Hübner et Sterlitz, ses clients se font abattre sous ses yeux* (*TV Magazine*, juillet 2003).

*3b) \*Pour financer les études de Markus Schneider$_i$, il$_i$* (...)

*4a) La Crim'. À la suite du sabotage de* $sa_i$ *combinaison de protection, une chercheuse$_i$ a été exposée au virus mortel qu'elle étudiait. La malheureuse scientifique n'a plus que quelques jours à vivre* (*TV magazine*, mars 2003).

*4b) \*À la suite du sabotage de la combinaison de protection d'*une chercheuse$_i$, elle$_i$ (...)

Le constat devient encore plus intrigant lorsqu'on s'aperçoit que cela dépasse le cadre de la référence pronominale, mais concerne en fait toute expression coréférentielle anaphorique. On se trouve en effet dans l'incapacité d'établir un lien coréférentiel entre l'expression source — en site frontal — et le segment subséquent en position sujet comme l'attestent :

1) la difficulté pour un SN défini ou démonstratif à reprendre le SN indéfini :

4') *À la suite du sabotage de la combinaison de protection d'*une chercheuse,? la chercheuse/? cette chercheuse *a été exposée au virus mortel qu'elle étudiait.*

2) l'échec référentiel des SN *ce dernier* ou *celui-ci* — emplois que l'on attendrait pourtant adéquats[5] :

    3c) *Pour financer les études de* Markus Schneider$_i$,? ce dernier$_i$ /? celui-ci$_i$ *fait le coursier dans les rues de Berlin en rollers.*

    4c) *À la suite du sabotage de la combinaison de protection d'*une chercheuse,? cette dernière$_i$ /? celle-ci$_i$ *a été exposée au virus mortel qu'elle étudiait.*

Mais le problème n'est pas limité à l'anaphore, puisque même non anaphoriquement, la coréférence n'est pas permise[6] :

    3d) *? Pour financer* les études de Markus Schneider$_i$, Markus Schneider$_i$ *fait le coursier dans les rues de Berlin en rollers.*

Le problème est clair : le remplacement du possessif par l'expression-source a trois conséquences : i) l'attente du côté de l'interprétant d'une disjonction référentielle, ii) les difficultés d'une lecture coréférentielle, aussi bien en termes anaphoriques que non anaphoriques, entre l'expression-source et le sujet subséquent, et iii) de fortes contraintes pour le locuteur-émetteur. Le problème est donc double : pourquoi la coréférence ne s'établit-elle pas si l'on substitue au possessif le référent source et comment l'emploi du possessif résout-il cette énigme référentielle ?

Une précision supplémentaire doit être apportée à propos de iii). Kleiber (2003 et à par.[7]) montre qu'il faut séparer aussi bien pour l'*anticipation de production* (celle du locuteur-émetteur) que pour l'*anticipation de compréhension* (celle du locuteur récepteur) ce qui relève du choix des interlocuteurs et ce qui ressortit aux propriétés intrinsèques d'une expression ou d'une phrase. Or, dans le cas qui nous occupe, il est clair que l'anticipation est selon la caractérisation de Kleiber *objective*. Le locuteur est en effet libre de construire son discours en souhaitant ou non, selon ses visées discursives, une lecture coréférentielle. Toutefois, l'individualité du locuteur s'efface devant la construction du lien référentiel : le choix de la coréférence, dans les configurations étudiées, on l'a vu, privilégie manifestement l'anticipation *via* la cataphore possessive. De sorte qu'un premier résultat s'impose : «L'anticipation *liée à l'adjectif possessif*[8] est pertinente à un niveau qui relève du système linguistique général et non du seul choix de tel ou tel locuteur particulier» (Kleiber, 2003 : 57).

Reste à en expliquer le fonctionnement. Pour ce faire, on pense évidemment à une explication syntaxique liée à la spécificité des configurations syntaxiques, à une explication donc qui ne s'appuie pas uniquement sur l'ordre linéaire.

## 2. EXPLICATIONS

### 2.1. Explication en termes de *c-commande* (Reinhart, 1976, 1983)

Une explication syntaxique est fournie, comme on le sait, dans le cadre de la grammaire générative par la contrainte de *c-commande* de Reinhart (1976, 1983). Pour expliquer la mauvaise formation de la construction anaphorique en 3b) et l'absence de coréférence entre les éléments indexés,

3b) *\*Pour financer les études de* Markus Schneider$_i$, il$_i$ *fait le coursier dans les rues de Berlin en rollers.*

Reinhart recourt à une explication qui met en avant les relations de dominance syntaxique et non plus seulement une règle de précédence comme chez Langacker (1969)[9]. L'impossibilité d'une anaphore coréférentielle en 3b) a pour explication une violation de la contrainte de *c-commande* qui stipule qu'un anaphorique ne peut pas c-commander son antécédent.

Pour comprendre la solution de Reinhart, on va d'abord rappeler la définition de la *c-commmande* et celle de la contrainte qui lui est associée et montrer ensuite comment cette contrainte s'applique aux exemples.

La définition de la *c-commande* établit que :

Un nœud A c-commande un nœud B si

(a) A ne domine pas B, et inversement, et

(b) Soit (i) : le premier nœud à ramifications qui domine A domine B;[10]

Soit (ii) : le premier nœud à ramifications qui domine A (appelons le X) est lui-même immédiatement dominé par un nœud X', DE MÊME TYPE CATÉGORIEL QUE X et qui domine B.

Précisons que Reinhart entend par *nœuds de même type catégoriel* des nœuds qui représentent deux niveaux d'un même constituant. C'est ainsi que S et S' sont deux nœuds de même type catégoriel, puisqu'ils incarnent deux étages du même constituant *Proposition*.

Cette définition s'accompagne d'une contrainte qui régule le comportement des anaphores :

Contrainte de *c-commande*

Un anaphorique ne peut pas c-commander son antécédent (Zribi-Hertz, 1996 : 56).

Ce dispositif permet d'expliquer les contrastes entre 5a/b) et 6a/b),

5a) *Près de* lui$_i$, Pierre$_i$ *a vu un serpent.*

*5b) ? Près de* Pierre$_i$, il$_i$ *a vu un serpent.*
*6a) Dans* son$_i$ *lit,* Pierre$_i$ *passe ses meilleurs moments.*
*6b) ? Dans le lit de* Pierre$_i$, il$_i$ *passe ses meilleurs moments.*

qui sont similaires à ceux que nous avons observés en 3a/b).

Si nous considérons 7), la représentation structurale de 6b) (*cf.* Zribi-Hertz, 1996 : 53) :

7)

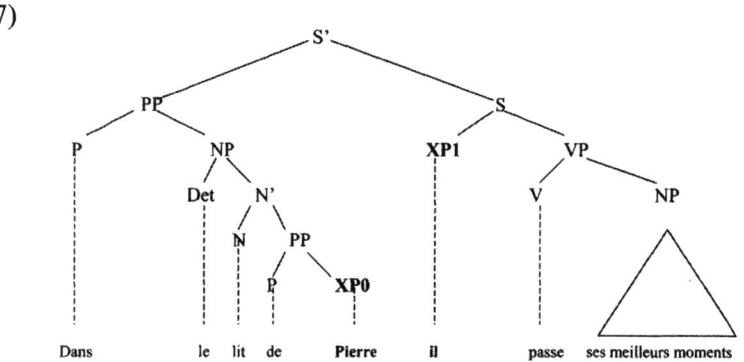

on s'aperçoit que *Pierre* et *il* ne peuvent pas être coréférentiels, puisque *il* c-commande son antécédent *Pierre* et que donc la contrainte de *c-commande* se trouve violée. La condition a) de la définition de *c-commande* est en effet respectée : *il* ne domine pas *Pierre*, et inversement *Pierre* ne domine pas *il*. Et le critère b) (ii) se trouve également vérifié : le premier nœud à ramifications qui domine *il* (à savoir S) est lui-même immédiatement dominé par un nœud de même type catégoriel S' qui domine *Pierre*[11].

Si nous considérons par contre 8), représentation structurale de 6a)

8)

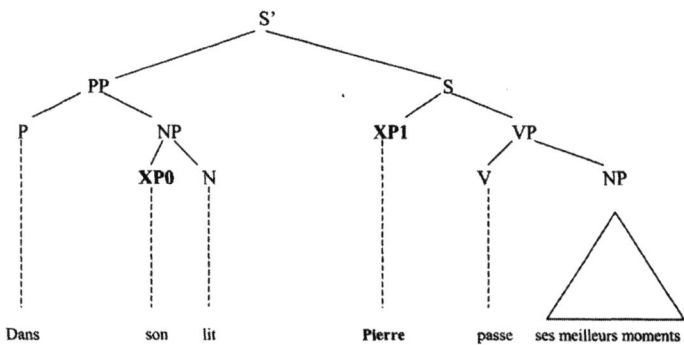

la coréférence entre le possessif et l'antécédent *Pierre* en position sujet est possible. La contrainte de *c-commande* se trouve ici respectée, puisque l'anaphorique ne c-commande pas son antécédent.

Cette explication syntaxique, fort satisfaisante et économique, puisqu'elle résout un problème de coréférence assez énigmatique relevé par tous les commentateurs depuis bon nombre d'années, se heurte néanmoins à différents obstacles[12] dont le principal tient au fait que l'analyse en termes de *c-commande* n'explique pas de façon positive comment la coréférence est permise entre une forme anaphorique et sa source. Elle attire en effet uniquement l'attention sur les configurations où l'établissement de la coréférence est impossible en vertu de la violation de la contrainte *c-commande*. On explique en effet qu'une forme ne peut pas être anaphorique en position de c-commande, mais on n'explique pas pourquoi cette forme peut être anaphorique lorsqu'elle ne c-commande pas sa source. L'erreur ou la lacune des apports syntaxiques réside dans le fait que ne sont prédites que les conditions de non anaphorisation, tandis que les conditions d'anaphorisation, c'est-à-dire les conditions pour que le lien coréférentiel souhaité s'établisse, ne sont pas stipulées. Le fonctionnement cataphorique de 6a),

6a) *Dans* son$_i$ lit, Pierre$_i$ *passe ses meilleurs moments.*

reste donc, d'une certaine manière, inexpliqué, puisqu'il n'est dit qu'une chose : il y a coréférence entre *son* et *Pierre* parce que *son* ne c-commande pas l'expression source. Sans doute est-ce parce que les explications syntaxiques trouvent là leurs limites dans la séparation qu'elles sont amenées à faire pour une même forme entre *anaphore* et *pronom*[13] selon que la résolution référentielle est intraphrastique ou extraphrastique. Les arguments ne manquent pourtant pas pour proposer un traitement unitaire de la référence et postuler un même processus référentiel aussi bien pour les cas intraphrastiques que les emplois interphrastiques.

## 2.2. Explication cognitive en termes de points de référence
(Van Hoek, 1995)

S'appuyant sur un des postulats fondamentaux de la grammaire cognitive qui stipule que la syntaxe n'est pas une composante autonome, Van Hoek entend montrer que les mêmes facteurs expliquent aussi bien la référence intraphrastique que la référence interphrastique. Sa solution, qui annule la différence entre pronom et anaphore postulée par la grammaire générative, repose sur deux principes :

(i) le degré d'accessibilité des expressions référentielles

Les expressions référentielles sont intrinsèquement dotées d'un degré d'accessibilité qui varie selon leur contenu sémantique (*cf.* Ariel, 1988, 1990; Ward *et al.*, 1991; Gundel *et al.*, 1993, etc.). Le choix de telle ou telle expression parmi différents marqueurs possibles pour un même référent est ainsi justifié en termes d'accessibilité : plus une expression est sémantiquement pleine (*cf.* un SN plein), moins le référent est accessible et, inversement, plus une forme est informativement faible (*cf.* le pronom), plus le référent qu'elle désigne est accessible. Le choix d'un marqueur référentiel particulier traduit donc par avance le degré de saillance ou d'accessibilité du référent.

(ii) la notion de points de référence

L'organisation saillancielle des configurations syntaxiques est décrite à l'aide des oppositions bien connues de *trajectoire/landmark* (*cf.* l'opposition *cible/cite*), *profil/base*[14] avec pour résultat la distinction de positions saillantes et non saillantes. Van Hoek ajoute à ces notions celle de *points de référence*. Les points de référence sont des éléments qui sont saillants dans le discours et qui servent à installer les autres entités du contexte. Ils sont définis comme ayant un domaine qui regroupe ou inclut les éléments qui sont construits ou situés par rapport à eux. Dans cette conception, le sujet a un statut spécial, puisqu'il est le point de référence de la phrase avec trois conséquences majeures à la clef : a) le sujet inclut dans son domaine tous les compléments ainsi que les éléments intégrés dans ces compléments, b) cette organisation domaniale implique une connexion ou *un contact mental* entre l'entité sujet et les éléments construits dans son domaine et, enfin, c) ce statut de *point de départ ou de point de ralliement* du sujet fait du sujet l'élément le plus saillant de la proposition.

La combinaison de ces deux principes permet à Van Hoek d'expliquer de façon assez élégante les contrastes 5a/b) et 6a/b) ainsi que le caractère étrange de 5c) et 6c) :

*5a) Près de* lui$_i$ (X), Pierre$_i$ *a vu un serpent.*

*5b) ? Près de* Pierre$_i$ (X), il$_i$ *a vu un serpent.*

*5c) ? Près de* Pierre$_i$ (X), Pierre$_i$ *a vu un serpent.*

*6a) Dans* son$_i$ (X) lit, Pierre$_i$ *passe ses meilleurs moments.*

*6b) ? Dans le lit de* Pierre$_i$(X), il$_i$ *passe ses meilleurs moments.*

*6c) ? Dans le lit de* Pierre$_i$(X), Pierre$_i$ *passe ses meilleurs moments.*

Appelons X la première position pour laquelle il faut choisir une expression référentielle. L'entité en position X, parce qu'elle fait partie d'un complément du verbe, appartient au domaine du sujet. Ce qui signifie que :

a) elle est construite/située par rapport au point de référence représenté par l'expression qui figure en position sujet;

b) il y a un contact mental ou une connexion instaurée par le sujet, en tant que point de référence, entre cette entité et celle en position sujet;

c) elle devient hautement saillante : étant donné que l'élément en X hérite, en quelque sorte, sa référence du point de référence sujet — *via* son appartenance au domaine du sujet.

On comprend alors l'anomalie des sites b), le caractère étrange de la série c) et pourquoi la position X est réfractaire à une expression de faible accessibilité. On ne peut en effet utiliser un marqueur d'accessibilité faible pour renvoyer à un référent qui, par l'entremise de son contact avec le sujet, élément le plus saillant de la proposition, est hautement accessible. L'emploi d'un SN plein comme *Pierre* présente le référent, par avance, comme une entité peu accessible; la contradiction dès lors s'installe et on s'explique qu'il ne peut y avoir coréférence entre cette entité peu saillante et l'élément le plus saillant de la proposition qu'est le sujet. L'utilisation d'un marqueur de faible accessibilité en position X entre, on le voit, en conflit avec le degré de haute accessibilité du référent réclamé par la configuration dans cette position. On comprend également pourquoi des énoncés comme 5a) et 6a) sont bien formés. L'utilisation d'un pronom dans le premier et celle du possessif dans le second, en tant que marqueurs de haute accessibilité, présentent comme fortement accessible l'entité en X. Le conflit saillanciel disparaît, la coréférence devient acceptable.

## 2.3. Une explication sémantico-pragmatique

Les emplois cataphoriques du possessif, on l'a dit, se distinguent notamment par leur appartenance à un segment frontal détaché du reste de la phrase et par la valeur sémantique globale de ce site puisqu'il spécifie généralement les circonstances de la prédication principale. De sorte qu'il ouvre, en quelque sorte, un espace discursif particulier où est repéré et/ou validé le procès décrit par le reste de la phrase.

Cette double caractérisation nous amène à poser une hypothèse à deux volets. Le premier volet, que nous ne faisons que signaler ici (*cf.* Theissen, à par.), consiste à considérer le site hôte du possessif comme un repère/cadre[15] dans lequel vient s'inscrire le reste de la proposition. Il constitue ainsi un préalable à l'action décrite postérieurement. Ce repérage ou cette localisation se faisant de différentes façons, des cadres distinctifs, du point de vue sémantique, peuvent être identifiés. À titre d'exemple, on parlera de *cadre spatial* pour l'exemple 1) (*Debout devant la fenêtre de sa cuisine, Bitzl Bitzl* etc.), de *cadre temporel* pour 4) (*À la suite du sabotage de sa combinaison de protection, une chercheuse* etc.) et de *cadre événementiel* pour 3) (*Pour financer ses études, Markus Schneidr*, etc.).

Nous postulons ensuite — second volet de notre hypothèse — l'existence de deux types de cadres : les *cadres autonomes* et les *cadres non autonomes*. Pour expliquer notre hypothèse, considérons la série 5) :

*5a) Près de* lui$_i$, Pierre$_i$ *a vu un serpent.*

*5b) \*Près de* Pierre$_i$, il$_i$ *a vu un serpent.*

*5c) ? Près de* Pierre$_i$, Pierre$_i$ *a vu un serpent.*

Guéron (1979 : 69), à propos de 5b), souligne que l'interprétation coréférentielle de *Pierre* et *il*,

«est pragmatiquement absurde, car cette phrase voudrait «dire que *il* est en même temps *près de Pierre* et identique à *Pierre*, situation exclue par les lois physiques de notre monde».

On peut également rendre compte des faits par une description en termes de cadres/repères si l'on considère la nature exacte des cadres que constituent les sites hôtes de l'occurrence cataphorique. On observe en effet une différence notable entre les segments frontaux *Près de Pierre* et *Près de lui*. La caractéristique du cadre *près de Pierre* en 5b) et 5c) réside dans le fait d'être référentiellement saturé. Le nom propre étant une expression référentiellement autonome, *Pierre* repère par lui-même son référent, sa référence se faisant indépendamment du reste de la phrase. Le SN *près de Pierre* construit de ce fait un cadre iconiquement détaché du reste de la phrase et référentiellement indépendant ou ce qu'on appellera un cadre *autonome*. Et c'est dans cet espace clos que l'action *voir un serpent* est validée. Or, si l'action se passe près de Pierre, cela signifie nécessairement qu'elle ne se déroule pas à l'endroit où se situe Pierre. La coréférence anaphorique entre *Pierre* et *il* donnerait en effet lieu à une contradiction logique en permettant à Pierre d'être à la fois à l'endroit du déroulement de l'action (*près de Pierre*) et à l'endroit où se situe l'agent de l'action. De fait, pour éviter cette contradiction logique, il y a nécessairement une différence d'identité entre Pierre et l'agent. Et la lecture disjonctive s'impose.

Mais les exemples 5b) et 5c) montrent également que la coréférence est difficile aussi bien en termes anaphoriques (*cf.* 5b) que non anaphoriques (*cf.* 5c). Or, l'emploi cataphorique du pronom aplanit toutes ces difficultés en 5a). L'usage de ce dernier ouvre en effet la voie à la coréférence mais, en même temps, et c'est là ce qui nous intéresse, il modifie, par son sens instructionnel, la nature du cadre donnant lieu à ce que nous appellerons un cadre *non autonome*. Le repère en 5a), par la présence du pronom, élément non saturé, par opposition aux sites 5b) et 5c), est lui aussi non saturé. Un calcul est donc nécessaire pour saturer le pronom et pour obtenir, postérieurement, un repère globalement saturé. Et cette recherche de complétude implique, contrairement aux sites 5b) et 5c), une ouverture du cadre au reste la phrase, puisqu'on va quérir une source dans la proposition subséquente pour saturer le pronom. De sorte qu'un cadre non autonome, parce qu'il faut saturer un de ses éléments, engage par avance, *via* la quête de la source, une dépendance sémantique vis-à-vis du reste de la phrase et, par conséquent, une forme de continuité.

Revenons maintenant au possessif :

*6a) Dans son$_i$ lit, Pierre$_i$ passe ses meilleurs moments.*

*6b) ? Dans le lit de Pierre$_i$, il$_i$ passe ses meilleurs moments.*

*6c) ? Dans le lit de Pierre$_i$, Pierre$_i$ passe ses meilleurs moments.*

*3a) Pour financer ses$_i$ études, Markus Schneider$_i$ fait le coursier dans les rues de Berlin en rollers.*

*3b) ? Pour financer les études de Markus Schneider$_i$, il$_i$ fait le coursier dans les rues de Berlin en rollers.*

*3d) ? Pour financer les études de Markus Schneider$_i$, Markus Schneider$_i$ fait le coursier dans les rues de Berlin en rollers.*

*4a) À la suite du sabotage de sa$_i$ combinaison de protection, une chercheuse$_i$ a été exposée au virus mortel qu'elle étudiait.*

*4b) ? À la suite du sabotage de la combinaison de protection d'une chercheuse$_i$, elle$_i$ a été exposée au virus mortel qu'elle étudiait.*

Seule la série a) qui se distingue par l'emploi cataphorique du possessif autorise une interprétation coréférentielle. On retrouve ainsi les mêmes contrastes et la description en termes de cadre s'applique ici aussi. La présence d'un cadre automome, saturé (*cf. dans le lit de Pierre, pour financer les études de Markus Schneider* etc.), est corrélée à l'établissement difficile d'un lien coréférentiel. Tout se passe comme si on ne s'attendait pas à ce que le repéré — le procès décrit dans le reste de la phrase — ouvre ce cadre pour en impliquer, par un lien référentiel, un de ses éléments. Si le cadre est fermé, il l'est à la coréférence aussi bien en termes anaphoriques (*cf.* 6b), 3b), 4b) que non anaphoriques (*cf.* 6c) et 3d). On va alors vers une disjonction référentielle avec une sorte de rupture entre le repéré et le repère. En revanche, un cadre non autonome (*cf.* la série a), donc un repère référentiellement non saturé, par l'entremise du calcul nécessaire à la saturation du possessif, est ouvert à la coréférence et engage une forme de continuité avec le reste de la phrase.

L'hypothèse nouvelle défendue — qui reste provisoire et incomplète — est que la construction du cadre engage par anticipation la construction référentielle. Si l'on souhaite établir un lien coréférentiel entre un élément du cadre et le sujet subséquent, la construction d'un cadre non autonome est adéquate alors que la construction d'un cadre autonome est pertinente pour une disjonction référentielle. Ce qui signifie, version plus textuelle, que la construction d'un cadre non autonome, par l'entremise du possessif cataphorique, indique par anticipation qu'il y a une forme de continuité entre l'information donnée par le cadre et celle fournie par le reste de la phrase alors qu'un cadre autonome — fermé à la coréférence — engage une disjonction référentielle.

## CONCLUSION

L'enquête n'est certes pas close. Mais on peut en retenir trois résultats. Le premier, d'ordre général : la cataphore possessive est une configuration anticipante pertinente à un niveau qui relève du système linguistique en général et non du seul choix du locuteur particulier. On a donc affaire à un véritable fait de langue (*cf.* Bar, 1967[16]), c'est-à-dire à une anticipation *objective* (*cf.* Kleiber, 2003 et à par.) liée au caractère intrinsèquement anticipatif de la configuration.

Le second résultat, plus particulier celui-ci, réside dans l'explication en termes de cadres de la cataphore possessive : la construction d'un cadre autonome, parce qu'elle rend difficile l'établissement de la coréférence, entraîne une lecture disjonctive alors que la mise en place d'un cadre non autonome donc ouvert, *via* la cataphore possessive, ouvre la voie à la coréférence en même temps qu'elle indique une forme de continuité discursive. Et ces deux premiers résultats ouvrent la voie au dernier : la cataphore possessive n'est pas seulement une anticipation de position, mais elle traduit une anticipation textuelle, puisqu'elle favorise l'enchaînement discursif.

### Références bibliographiques

Ariel, M. (1988). «Referring and accessibilité». *Journal of Linguistics, 24*, 65-87.
Ariel, M. (1990). *Acessing noun phrase and antécédents*. Routledge, New York.
Bar, F. (1967). «L'anticipation dans la phrase contemporaine». *Le français moderne, 35*, 2, 81-102.
Bally, C. (1950) (3ᵉ éd.). *Linguistique générale et linguistique française*. Franck (1ʳᵉ édition, 1932), Berne.
Bühler, K. (1934). *Sprachtheorie*. Fischer, Jena.

Carden, G. (1982). «Background anaphora in discourse contexte». *Journal of Linguistics*, *18*, 361-387.
Charolles, M. (1997). «L'encadrement du discours, univers, champs, domaines et espaces». *Cahier de recherche linguistique*, 6, Nancy, Landisco.
Guéron, J. (1979). «Relations de coréférence dans la phrase et dans le discours». *Langue française*, *44*, 42-79.
Gundel, J., Hedberg, N., Zacharski, R. (1993). «Cognitive status and the form of referring expressions in discourse». *Language*, *69*, 274-307.
Härmä, J. (1987a). «La cataphore pronominale en français». *Neophilologica Fennica*, Helsinki, XLV, 53-79.
Härmä, J. (1987b). «La cataphore en français et en finnois». In O. Välikangas (ed.), *Actes du 3ᵉ Colloque franco-finlandais de linguistique contrastive*, Helsinki, Université de Helsinki, 97-111.
Kesik, K. (1989). *La cataphore*, PUF, Paris.
Kleiber, G. (2003). «Dimensions de l'anticipation en linguistique», *Scolia*, *17*, 55-68.
Kleiber, G. (à par.). *Anticipation, mémoire et démonstratifs cataphoriques*.
Lakofff, G. (1976). *Pronouns and référence. Notes from the linguistic underground*. Ed. by James D. McCawley, 275-336, New York, Academic Press.
Langacker, R. (1969). «On pronominalization and the Chain of Command». In Reibel & Schane (Eds), *Modern Studies in English*, Prentice Hall, NJ.
Langacker, R.W. (1986). «An introduction to Cognitive Grammar». *Cognitive Linguistics*, *10*, 1-40.
Langacker, R.W. (1991). «Noms et verbes». *Communications*, *53*, 103-155.
Lavric, E. (1993). «Déterminants, cataphore et phrase». In G. Hilty (ed.), *Actes du XXᵉ Congrès international de linguistique et de philologie romanes*, Université de Zurich (6-11 avril), Vol. I., «La phrase», Tübingen/Basel, Francke, 383-394.
Lyons, J. (1980). *Sémantique linguistique*. Larousse, Paris.
Maillard, M. (1974). «Essai de typologie des substituts diaphorétiques». *Langue française*, *21*, 55-71.
Reinhart, T. (1976). *The syntactic domain of anaphora*. Thèse de Ph.D. inédite, MIT.
Reinhart, T. (1983). *Anaphora and semantic interpretation*. Croom Helm, Londres.
Roberts, C. (1987). *Modal subordination, ditributivity and anaphora*. Amherst, MA : University of Massachusetts dissertation.
Rohrer, C. (1968). «Das Verhältnis der Personalpronomen zu irhem Beziehungswort im Französischen». *Indogermanische Forschungen*, t. 73, 110-156.
Theissen, A. (à par.). *La cataphore possessive : une explication en termes de cadres discursifs*.
Van Hoek, K. (1995). «Conceptual points : a cognitive grammar account of pronominal anaphora constraints». *Language*, 310-340.
Ward, G., Sproat, R., McKoon, G. (1991). «A pragmatic analysis of so-called anaphoric islands». *Language*, *67*, 439-473.
Zribi-Hertz, A. (1996). *L'anaphore et les pronoms. Une introduction à la syntaxe générative*. Presses Universitaires Septentrion, Villeneuve d'Ascq.

# Notes

[1] Il s'agit de la version abrégée de la communication présentée lors du colloque.
* Un grand merci à Ignace.
[2] Mais la cataphore n'est pas pour autant une simple anaphore inverse, *cf.* Kesik (1989).
[3] On trouve notamment le SN possessif cataphorique dans des compléments circonstanciels (d'accompagnement, de temps, de lieu, de but, etc.), dans des subordonnées circons-

tancielles (de cause, de concession, etc.) ou dans les sites d'apposition. Le SN possessif accompagne alors des participes apposés précédant le *noyau* de la phrase (sujet + verbe) que l'on peut *grosso modo* assimiler à des subordonnées circonstancielles : Obsédée par son vieillissement, *une femme accepte de payer le prix fort pour accéder à l'éternité* (*TV Magazine*, mars 2003).

[4] Il existe toutefois des sites d'exceptions (*cf.* a) où l'emploi d'un possessif dans le sujet d'une proposition renvoie à un complément de la même proposition ou encore des sites (*cf.* b et c) où le possessif détermine le sujet tout en renvoyant à un complément de la même proposition :

*a) La véhémence de* son père *réjouit* Laurence (*Les belles images*, S. Beauvoir, 146, cité par Härmä, 1987a : 59).

*b)* Son père *sourit à* Laurence (*Les belles images*, S. Beauvoir, 59, cité par Härmä, 1987a : 59).

*c)* His mother *loves* John (Van Hoek, 1995).

Mais de tels emplois, quelle que soit l'explication proposée (*cf.* Lakoff, 1976; Härmä, 1987a; Roberts,1987; Van Hoek, 1995), sont tenus pour marginaux.

[5] Il est certes des cas où *celui-ci* ou *ce dernier* passent un peu mieux la rampe, mais cette substitution ne semble que rarement satisfaisante.

[6] Sauf à penser ici qu'il existe deux Markus Schneider, l'un qui finance les études, l'autre qui est coursier.

[7] *Cf.* Kleiber *Anticipation, mémoire, démonstratifs cataphoriques*, ici-même.

[8] Nous ajoutons l'expression en italique.

[9] La contrainte *c-commande* de Reinhart s'écarte en ce sens de la contrainte *Précède-Commande* de Langacker (1969), puisqu'elle ne tient pas compte de l'ordre d'occurrence du pronom et de l'antécédent et, partant, «l'ordre anaphorique antécédent n'est plus considéré comme marqué par rapport à l'ordre antécédent anaphorique» (Zribi-Hertz, 1996 : 57). Voir aussi Guéron (1979 : 53).

[10] Jusqu'ici, il s'agit de la première définition de la *c-commande* de Reinhart. Mais la contrainte de *c-commande* est mise en échec par des exemples du type de,

Dans son lit, Pierre passe ses meilleurs moments
Près de lui, Pierre a vu un serpent

ainsi que dans les exemples qui nous intéressent, puisque la contrainte (i) «le premier nœud à ramifications qui domine A domine aussi B» est trop restreinte. Pour traiter ces sites, Reinhart ajoute le point (ii) à sa définition apellée alors *c-commande étendue* (Zribi-Hertz,1996) ou *maximale commande*.

[11] Cette explication, comme nous l'avons souligné dans la note précédente, vaut aussi pour des contrastes du type *\*Près de Pierre$_i$, il$_i$ a vu un serpent / Près de lui$_i$, Pierre$_i$ a vu un serpent*.

[12] Voir aussi Guéron (1979).

[13] Les générativistes, on le rappelle, distinguent les *anaphores* des *pronoms*. L'anaphore équivaut à un processus intrapharastique commandé par la syntaxe et par une opération de liage. Ainsi, dans *Albert croit qu'il est intelligent*, *il* est une anaphore et sera appelé par certains une *anaphore liée*. En revanche, lorsque la forme pronominale ne se trouve pas soumise à une opération de liage comme dans *Albert est entré. Il portait un chapeau*, elle sera considérée comme un *pronom*/une *anaphore libre*, c'est-à-dire une anaphore qui ne résulte pas d'une opération syntaxique.

[14] Voir notamment Langacker (1986, 1991).

[15] *Cf.* la notion de *cadre de discours* de Charolles (1997).

[16] Bar (1967 : 81) note en effet que l'anticipation du possessif non seulement foisonne dans les textes les plus divers, mais représente aussi un processus référentiel ancien, puisqu'il remonte au latin classique.

# Chapitre 14
# Anticipation, mémoire et démonstratifs cataphoriques

Georges Kleiber

## INTRODUCTION

Cet article prolonge notre recherche sur l'anticipation en linguistique entreprise l'année dernière à l'occasion des *XIV$^{es}$ Rencontres Linguistiques en Pays Rhénan* (Kleiber, 2003 et à paraître a). Nous avions au cours de ce Colloque abordé la question de l'anticipation sous un angle très général en essayant de mettre en relief les principales dimensions qu'elle comporte avec, comme objectif, la mise sur pied d'une typologie raisonnée des anticipations linguistiques articulées sur les dimensions où elles se manifestent. Une des conclusions auxquelles nous sommes arrivé est que la diversité des phénomènes qui se laissent regrouper sous le large chapeau onomasiologique de l'anticipation nécessitait, pour ne pas la priver de toute pertinence, des analyses particulières précises des différentes expressions et constructions ainsi rassemblées. C'est à cette tâche que sera consacré le présent travail. Nous prendrons en effet comme objet d'étude une construction anticipante particulière, le démonstratif *anticipant* spécifique ou démonstratif *cataphorique* spécifique dont nous avions évoqué la particularité dans notre communication de l'an dernier et que nous avons abordé sous l'angle micro-/macro- dans Kleiber (à paraître b). Les exemples suivants nous serviront d'illustration :

(1) *Tu te souviens de ce prof qui ne donnait que des bonnes notes?*[1]

(2) *Il faisait très froid. La nuit n'était pas venteuse et on n'entendait pas ces sifflements aigus qui nous avaient impressionnés le premier soir* (Eco, *Le nom de la rose*, 391)

(3) *Comment donc était-il, ce montagnard qui nous fit peur dans une ruelle...?* (Sartre, *La Nausée*, cité par Gary-Prieur, 1998 : 47)

(4) *Tout à coup, elle aperçut une mouette qui traversait le ciel, emportée dans une rafale; et elle se rappela cet aigle qu'elle avait vu, là-bas, en Corse, dans le sombre val d'Ota* (Maupassant, *Une vie*, 74)

Notre entreprise se déroulera en quatre parties, d'inégale longueur. Une première partie rappellera tout d'abord les principales oppositions qui structurent le champ de l'anticipation. La deuxième mettra en relief les traits intrinsèques qui permettent de placer cet emploi cataphorique du démonstratif dans la classe des expressions ou constructions anticipantes. Nous examinerons ensuite dans la troisième successivement la position du locuteur et celle de l'interlocuteur. La quatrième et dernière essaiera, plus particulièrement, d'expliquer, en faisant intervenir la mémoire, quel est le processus référentiel effectivement accompli. Chemin faisant, on verra se déployer conjointement la problématique de la cataphore en général et celle du démonstratif cataphorique en particulier.

## 1. DIMENSIONS DE L'ANTICIPATION

Deux questions nous serviront de guide : en quoi l'emploi du démonstratif dans les exemples du type de (1)-(4) relève-t-il de l'anticipation et de quel type d'anticipation s'agit-il? Pour répondre à cette double interrogation, nous nous appuierons sur les principales distinctions qui structurent le champ de l'anticipation.

L'opposition fondamentale est celle entre anticipation passive et anticipation active. Anticiper, c'est prévoir (ou imaginer, éprouver) ce qui va se passer[2], mais c'est aussi agir en avance[3]. Il faut encore distinguer du côté du sens actif la simple action anticipante (*régler une dette par anticipation*) de la réaction provoquée par une anticipation «passive» (*cf.* le gardien de but qui «anticipe» le tir de l'avant-centre). Dans ce dernier cas, il y a en somme cumul du sens passif et du sens actif : si le gardien de but anticipe le tir de l'avant-centre adverse en plongeant en avance à droite, il prévoit que l'avant-centre va tirer à droite et, deuxièmement, il effectue un acte qui logiquement ne devrait avoir lieu qu'après le tir de l'avant-centre.

Appliquée au discours, cette opposition actif/passif se traduit par une opposition entre l'anticipation du locuteur ou anticipation de *production* et l'anticipation de l'interlocuteur ou anticipation de *compréhension*. L'anticipation active n'est pertinente que du côté du locuteur alors que l'anticipation passive ne l'est que du côté de l'interlocuteur. En effet, le locuteur sachant normalement quel va être le déroulement discursif qu'il produit, l'anticipation-prévision ne saurait être que triviale, donc non pertinente. Par contre, son statut d'émetteur lui permet d'anticiper activement, c'est-à-dire d'agir ou de réagir en avance. Inversement, l'anticipation-action ne s'applique guère au récepteur, étant donné que celui-ci, à moins de devenir à son tour locuteur, ne peut agir en avance, puisqu'il ne produit pas de discours[4]. En revanche, l'anticipation-prévision s'avère pertinente à son niveau, dans la mesure où il la construit à partir du discours déjà produit et qu'elle reste donc soumise à un degré de probabilité variable.

Une distinction supplémentaire s'impose. Il faut encore faire le départ entre ce qui relève véritablement du choix du locuteur et de l'interlocuteur et ce qui ressortit aux propriétés intrinsèques de l'expression ou de la construction (phrase comprise) produite par le locuteur ou interprétée par l'interlocuteur. Cette distinction permet de montrer que l'anticipation de production, comme celle de compréhension, peut avoir pour origine les propriétés intrinsèques d'une expression ou d'une construction, et elle peut alors être appelée d'une certaine façon *objective*, comme elle peut dépendre directement du choix du locuteur ou, à un degré moindre, de l'interlocuteur, et on peut l'appeler à ce moment-là *subjective*. Qu'on ne se méprenne point! Dans les deux cas, c'est bien le locuteur qui utilise l'expression ou la construction et c'est bien l'interlocuteur qui en effectue l'interprétation. La distinction est toutefois nécessaire si l'on entend saisir ce que des signes ou configurations linguistiques peuvent avoir d'inhéremment anticipatif, d'un point vue actif comme passif[5]. Il est inutile de souligner que si l'on entend saisir la dimension linguistique de l'anticipation, c'est à ce niveau-là qu'il convient prioritairement de se placer.

## 2. DES DÉMONSTRATIFS CATAPHORIQUES OU ANTICIPATIFS

Nous pouvons à présent retourner à nos emplois de l'adjectif démonstratif et voir en quoi et comment ils relèvent de l'anticipation. La première chose à noter est que le niveau subjectif ne se révèle guère pertinent. Ce sont les propriétés intrinsèques ou objectives de la construction, en l'occurrence un SN démonstratif, qui sont en jeu. Une variation de locuteur ou d'interlocuteur n'a en effet aucune conséquence sur le caractère anticipatif ou non de la configuration. Si celle-ci a un statut anticipatif, elle l'a de façon inhérente.

Voyons donc de plus près ce qu'il en est exactement de ces propriétés intrinsèques «anticipatrices» et comparons à cet effet l'emploi de l'adjectif démonstratif réalisé dans (1)-(4) aux autres emplois démonstratifs :
– ostensif comme dans (5) :

(5) *Cette voiture marche bien* (pour désigner la voiture sur laquelle pointe, par geste ou par le regard, celui qui prononce l'occurrence de *cette voiture*)

- situationnel non gestuel comme dans (6) :

    (6) *Cette voiture marche bien* (pour désigner la voiture dans laquelle se trouve celui qui prononce l'occurrence de cette voiture)

- situationnel indirect comme dans (7) :

    (7) *Ce train a toujours du retard* (pour renvoyer au train qui doit arriver sur le quai où se trouvent les interlocuteurs) (Kleiber, 1987 b)

- anaphorique comme dans (8) :

    (8) *Il y avait une fois tout loin d'ici un prince. Ce prince vivait dans un tout vieux château entouré de forêt*

Une des caractéristiques principales des démonstratifs, souvent oubliée aujourd'hui, est qu'il s'agit d'expressions vouées à la désignation ou, dit encore autrement, il y a toujours un référent à identifier. Ils sont *incomplets* (Corblin, 1987) et doivent donc satisfaire à ce que Hawkins (1978) a appelé fort justement la *contrainte d'appariement* (*matching constraint*) : ils exigent à chacune de leurs occurrences que l'on retrouve le référent visé. Si l'on considère sous cet angle les emplois de (5)-(8) on s'aperçoit que la saturation référentielle exigée se trouve réalisée en même temps que l'énonciation de la description démonstrative *Ce + N* et ne nécessite nulle information discursive supplémentaire ultérieure à celle-ci. La raison en est que dans tous ces emplois, le référent est déjà présent ou accessible au moment même de l'énonciation de l'occurrence du démonstratif. Dans le cas de l'emploi ostensif, la concomitance du geste avec l'énonciation du démonstratif fournit en principe le référent visé, soit directement — l'objet désigné gestuellement est le référent lui-même comme dans (5) — soit indirectement — l'objet désigné par ostension conduit au référent visé et il s'agit alors de ce que Quine (1971) appelle l'*ostension différée*. Avec les emplois situationnels non ostensifs, c'est la situation d'énonciation immédiate qui permet d'accéder, directement, comme dans (6), et indirectement, comme dans (7), au référent à apparier avec le démonstratif. Dans le dernier cas, celui de l'emploi anaphorique, c'est le contexte antérieur qui, par l'intermédiaire d'une mention préalable, nommée à cause de cela *antécédent*, a introduit dans la mémoire discursive, et donc rendu disponible pour l'appariement, le référent du démonstratif.

Rien de tel avec nos démonstratifs de (1)-(4) : au moment de l'énonciation du démonstratif, le référent n'est pas accessible. Il ne l'est ni par ostension, ni par la situation immédiate, puisque il ne s'agit pas d'emplois situationnels, gestuels ou non, directs ou indirects. Il ne l'est pas non plus par le contexte antérieur immédiat, puisqu'il n'y a pas, comme dans le cas de (8), un antécédent fournissant le référent nécessaire à l'appariement exigé par le démonstratif. Le contexte est pourtant vital : la saturation référentielle est effectuée non pas par le contexte amont, mais par le contexte aval, plus précisément par la relative subséquente. Comme tous les commentateurs l'ont noté, c'est la relative qui, en aval, «complète» le démonstratif. La preuve en est que sa suppression rend l'emploi du démonstratif bancal, les énoncés (9)-(12) suscitant une interrogation identificatoire du type *Quel N?* :

(9) ? *Tu te souviens de ce prof?*

(10) ? *Il faisait très froid. La nuit n'était pas venteuse et on n'entendait pas ces sifflements aigus.*

(11) ? *Comment donc était-il, ce montagnard...?*

(12) ? *Tout à coup, elle aperçut une mouette qui traversait le ciel, emportée dans une rafale; et elle se rappela cet aigle.*

On voit alors où réside l'anticipation de telles constructions. Par opposition à l'ordre anaphorique normal, où la source de l'expression référentielle précède tout logiquement cette expression, on a affaire ici à une sorte d'anaphore inverse[6] où la source, la relative, suit et non précède l'expression qui demande saturation. Par rapport à la source du démonstratif, il y a anticipation, puisque nos démonstratifs surviennent avant et non après cette source. Le démonstratif ne tire pas sa référence d'un contexte amont, mais d'un contexte aval qu'il anticipe ou annonce. De telles configurations référentielles où l'asymétrie référentielle entre l'antécédent Y et l'expression anaphorique X ne suit pas l'ordre linéaire Y-X, mais l'ordre inverse X-Y sont, on le sait, généralement rassemblées sous la dénomination bühlérienne de *cataphores* (Kesik, 1989)[7] ou sous le chapeau appellatif d'*anaphores anticipantes* (Lyons, 1980)[8], ou encore d'*anticipations par représentant* (Bally, 1950)[9]. Dubois (1965) oppose ainsi la fonction d'*anticipant* (rapport à un segment à venir) à celle de *référent* (rapport à un segment antérieur). La particularité de ces processus référentiels est de mettre en quelque sorte la charrue «anaphorique» avant les bœufs «antécédents» : au lieu de l'ordre anaphorique normal, qui consiste à présenter d'abord Y et ensuite seulement le X que sature ou complète Y, on anticipe en donnant par avance un X dont l'identification référentielle par Y ne se fait que postérieurement. Wilmet (1986 : 175) formule comme suit l'opposition : «anaphorique, elle (l'endophore) livre la solution avant le problème, cataphorique, elle pose une énigme qu'elle résout après coup».

## 3. SOUS L'ANGLE DE L'OPPOSITION LOCUTEUR/INTERLOCUTEUR

### 3.1. Du point de vue du locuteur

La formule de Wilmet invite à appréhender ce phénomène d'anticipation sous l'angle de l'opposition locuteur/interlocuteur. Du point de vue du locuteur, donc de celui qui a recours au démonstratif cataphorique, l'anticipation effectuée n'est guère pertinente au niveau mémoriel, puisque le locuteur sait quel est le référent visé. Au moment de l'énonciation du démonstratif, il a bien le référent visé en vue et n'a donc guère besoin de la proposition relative elle-même. S'il l'énonce quand même, c'est parce qu'il anticipe sur l'état mental présumé être celui de l'interlocuteur. L'emploi de la relative est rendu nécessaire parce que le locuteur présume que l'interlocuteur n'a autrement pas accès au référent visé.

On rappellera ici qu'un des courants qui prévaut actuellement dans le domaine des SN référentiels analyse et classe précisément les différents marqueurs référentiels selon les connaissances attribuées à l'interlocuteur. Alors qu'il y a une vingtaine d'années, on privilégiait le site de résidence du référent (texte, situation d'énonciation, etc.) pour caractériser les expressions référentielles, la dimension cognitive fait qu'aujourd'hui c'est avant tout le statut cognitif qu'ont les entités dans le modèle mental de l'interlocuteur qui sert de critère décisif. On comprend pourquoi. Comme l'interlocuteur doit normalement trouver ou retrouver le référent visé, il est tout naturel que le locuteur tienne compte — c'est là où se niche l'anticipation — de la place de cette entité dans le modèle discursif de l'interlocuteur et la manière dont elle figure. L'emploi d'un marqueur référentiel se trouve ainsi crucialement lié aux présuppositions du locuteur sur la récupérabilité ou encore accessibilité par l'interlocuteur du référent visé. Il s'ensuit des théories des SN référentiels comme la *théorie de l'accessibilité* d'Ariel (1990) ou encore, en plus sophistiqué, la *Hiérarchie du Donné* (*Giveness Hierarchy*) de Gundel, Hedberg et Zacharsky (1993 et 2000), qui répartissent les marqueurs référentiels selon le statut cognitif de l'entité visée dans le modèle mémoriel de l'allocutaire. Pour Ariel, par exemple, les démonstratifs marqueraient une accessibilité moyenne, les pronoms une accessibilité élevée et les descriptions définies longues une accessibilité basse. Il n'entre bien sûr pas dans nos intentions de discuter ici le bien fondé[10] de ces théories, mais uniquement de montrer que nos emplois démonstratifs cataphoriques ne s'inscrivent pas seulement dans la problématique de l'anticipation saisie au niveau des propriétés intrinsèques, mais s'y placent aussi par le biais des anticipations situées du côté du locuteur[11] *via* les présomptions qu'il a sur les connaissances de son allocutaire[12]. Et qu'il y a une certaine pertinence à dire qu'avec la construction anticipative *Ce +N + relative*, le locuteur anticipe sur les connaissances de son interlocuteur : il présume que son allocuteur ne peut accéder au référent et prévient donc cette absence d'accessibilité en recourant à la relative subséquente.

### 3.2. Du point de vue de l'interlocuteur

L'état mémoriel de l'interlocuteur n'est, bien entendu, pas le même que celui du locuteur : il ne sait pas, lui, au moment de l'énonciation du démonstratif, quel est le référent visé. Comme nous l'avons vu ci-dessus, dans cet emploi de démonstratif cataphorique, le référent n'est pas encore introduit dans sa mémoire discursive (il n'y a pas eu de mention antérieure dans le contexte antérieur immédiat) et il n'est pas accessible, ni d'une manière ou d'une autre, dans la situation d'énonciation immédiate. Pour lui, le référent que réclame le démonstratif reste en suspens (*cf.* l'énigme dont parle Wilmet ci-dessus) et nous avons affaire ici à une des trois opérations[13], que distingue Grunig (1993 et 2002), effectuées par la mémoire de travail[14], à savoir la suspension notée x? et définie comme suit : «Un élément *a* est suspendu pour un intervalle débutant au temps t si en ce temps t on est amené à le marquer (quelle qu'en soit la façon : indice ou affectation à une localisation spécifique) comme étant en attente pour un traitement complémentaire ultérieur» (Grunig, 1993 : 15)[15]. Nous laisserons de côté la suspension syntaxique[16] qu'entraîne le statut de déterminant de l'adjectif démonstratif et qui fait que l'élément ce est en attente d'un substantif. L'important dans le démonstratif cataphorique est la suspension référentielle qui survient au moment d'énonciation de ce N : l'élément *Ce N* est en attente dans la mémoire de travail de l'interlocuteur jusqu'à la saturation référentielle réclamée. Cette suspension se termine au temps t+i avec l'apport de la relative en i.

Cette suspension référentielle ou attente de traitement référentiel identificateur opérée dans la mémoire de travail découle du caractère cataphorique ou anticipant de l'emploi du démonstratif en question et se retrouve aussi avec les autres expressions référentielles cataphoriques, la différence se faisant, on le verra ci-dessous, lors de l'étape de résolution, par le traitement qui met fin à la suspension et qui varie selon le type d'expression cataphorique utilisé. Soulignons avec Grunig que la suspension ou mise en attente d'un élément est une opération qui a un coût cognitif : «On s'offre (...) la dépense (il y a coût) de mettre explicitement en attente cet *a* pour une suite à donner au traitement» (Grunig,

1993 : 15). Le fait de devoir garder en attente un élément a un certain coût cognitif, parce que le maintien en éveil qu'il implique, alors que le discours se poursuit, mobilise une attention qui n'est pas de mise avec les unités dont l'interprétation se trouve réglée avec leur énonciation. Ce coût est notamment plus grand que celui que génère l'ordre anaphorique standard qui suppose un référent déjà introduit dans la mémoire de travail qui doit être uniquement conservé ou rester actif pour être accessible et devenir le référent d'une expression anaphorique[17]. Il conduit directement à se poser, en relation avec le type d'expression utilisé, la question de l'utilité de la tournure cataphorique. Si le coût en est plus élevé, pourquoi y recourt-on quand même ? Un élément de réponse sera apporté lorsque nous analyserons ci-dessous de façon plus précise le processus référentiel accompli par nos démonstratifs cataphoriques. Pour le moment, justifions notre affirmation sur ce côté dispendieux des cataphores.

La différence de coût cognitif[18] se manifeste dans une liberté configurationnelle plus grande dans le cas des anaphores que dans celui des cataphores. Si l'on prend une expression susceptible d'emploi anaphorique et cataphorique, on s'aperçoit que son emploi anaphorique est soumis à des contraintes dépendancielles moins fortes que son emploi cataphorique (voir ici même Theissen pour le pronom personnel et le possessif). Son pouvoir s'étend tout naturellement à l'interphrastique, alors que le domaine de l'emploi cataphorique reste généralement limité à celui de la phrase. C'est dire aussi, en termes de temps ou de distance, que l'élément cataphorique mis en attente de référent ne peut pas l'être longtemps : la résolution de la suspension référentielle, c'est-à-dire le t+i, ne peut survenir trop longtemps après l'énonciation de l'expression cataphorique, précisément parce qu'il faut maintenir en attente l'élément en question. Ce qui se présente tout à fait différemment pour les cas d'anaphore, où l'absence de suspension au moment d'énonciation de l'antécédent pose tout à fait différemment le problème temporel de la survenue de l'expression anaphorique, confirmant par là, de nouvelle manière, qu'une cataphore n'est pas simplement une anaphore inverse. Si nous considérons sous l'angle dépendanciel et temporel le cas de nos démonstratifs cataphoriques, la chose apparaît claire : la relative dépend syntaxiquement[19] étroitement du point de vue de l'élément ce N et l'attente cataphorique ne dure pas longtemps, puisque le « suspens » est levé immédiatement après le constituant *Ce N* par l'intermédiaire de la relative contiguë[20].

Nous n'en avons pas encore fini avec la situation de l'interlocuteur. Nous venons de décrire la position d'attente dans laquelle le place une expression cataphorique et de souligner qu'une telle attention anticipante, c'est-à-dire dirigée sur un référent à venir n'était pas cognitivement économique pour lui. Mais, inversement, il faut aussi voir qu'elle génère en quelque sorte un gain interprétatif. La compréhension se trouve facilitée par l'anticipation de prédiction qu'occasionne l'expression cataphorique : l'interlocuteur sait au moment t de l'énonciation de l'expression cataphorique qu'un élément va survenir ultérieurement (t+i) qui va lui livrer le référent laissé en appel. En termes psychologiques, l'expression cataphorique représente une amorce (Grunig, 1999) pour une séquence de variables référentielles (contraintes par le type de l'expression anaphorique). Autrement dit, l'interlocuteur peut anticiper que la suite du discours va lui présenter, sans qu'il attende trop longtemps et dans des conditions configurationnelles dont le caractère contraint est également facilitateur (voir ci-dessus), le référent de l'expression cataphorique, de telle sorte que le coût du maintien en attente se trouve contrebalancé d'une certaine manière par le gain de l'anticipation de compréhension[21] qui en résulte. Nos démonstratifs cataphoriques sont à cet égard particulièrement frappants : la proximité immédiate et le lien syntactico-sémantique établi par la relative rendent la levée de suspension référentielle assez aisée, au point que, comme déjà signalé en note, certains n'y voient pas du tout un phénomène de cataphore ou d'anaphore anticipante.

## 4. COMMENT FONCTIONNENT LES DÉMONSTRATIFS CATAPHORIQUES SPÉCIFIQUES[22]

Nous avons à plusieurs reprises insisté sur la nécessité de prendre en compte les propriétés liées au type d'expression cataphorique utilisé et souligné que c'est la manière dont se résout l'attente référentielle déclenchée par la cataphore qui fait la différence entre les différentes expressions cataphoriques. Nous avons maintes fois depuis une vingtaine d'années eu l'occasion de rappeler qu'en matière de référence anaphorique et déictique, c'était le mode de donation du référent qui l'emportait. Il en va également ainsi pour nos démonstratifs cataphoriques. La mise en avant, nécessaire, de leur côté anticipant, n'épuise de loin pas leur analyse et ne permet nullement de saisir quelle est leur spécificité référentielle anticipative. L'article défini est en effet susceptible d'endosser la livrée cataphorique à la place du démonstratif :

(13) *Tu te souviens du prof qui ne donnait que des bonnes notes ?*

(14) *Il faisait très froid. La nuit n'était pas venteuse et on n'entendait pas les sifflements aigus qui nous avaient impressionnés le premier soir*

(15) *Comment donc était-il, le montagnard qui nous fit peur dans une ruelle...?*

(16) *Tout à coup, elle aperçut une mouette qui traversait le ciel, emportée dans une rafale ; et elle se rappela l'aigle qu'elle avait vu, là-bas, en Corse, dans le sombre val d'Ota*

comme le montre sa réaction similaire (*cf. Quel N?*) à celle du démonstratif lorsqu'on supprime la relative :

(17) ? *Tu te souviens du prof?*

(18) ? *Il faisait très froid. La nuit n'était pas venteuse et on n'entendait pas les sifflements aigus*

(19) ? *Comment donc était-il, le montagnard...?*

(20) ? *Tout à coup, elle aperçut une mouette qui traversait le ciel, emportée dans une rafale ; et elle se rappela l'aigle*

Il ne s'agit pourtant pas de la même opération référentielle, même si, bien entendu, le référent visé est le même. Ce qui diffère, c'est la donation des informations propositionnelles (21) données par les relatives :

(21) – *il y a un prof de maths qui ne donnait que de bonnes notes*
– *des sifflements aigus nous avaient impressionnés le premier soir*
– *un montagnard nous fit peur dan une ruelle*
– *elle avait vu un aigle, là-bas, Corse, dans le sombre val d'Ota*

Avec le démonstratif, elles sont présentées comme si elles faisaient partie des connaissances communes déjà partagées par le locuteur et l'interlocuteur, parce que le démonstratif, comme souligné ci-dessus, déclenche une opération d'appariement référentiel qui oblige à concevoir la relative sous l'angle d'une familiarité déjà acquise. Le défini suppose uniquement que l'on accepte l'information qu'il présente comme préconstruite, à savoir qu'il y avait pour le locuteur un prof de maths qui mettait des bonnes notes à toutes les copies. L'interprétation du défini ne nécessite donc nulle «sortie» du SN, tandis que celle du démonstratif oblige à concevoir l'information présentée dans le SN comme une information de la mémoire longue ou stable. Le défini entraîne l'*accommodation* (van der Sandt, 1992) dans la mémoire discursive de l'information présupposée, le démonstratif donne l'information apportée dans la mémoire discursive comme une information ancienne, déjà enregistrée, parce que ce n'est qu'à cette condition que l'appariement référentiel qui le caractérise trouve matière à s'appliquer, puisque le référent du SN démonstratif est à ce moment-là identifié comme étant celui impliqué dans l'information donnée comme déjà connue. L'appariement référentiel se fait avec un référent déjà présent dans la mémoire stable (ou encyclopédique) *via* la prédication donnée par la relative supposée déjà stockée dans cette mémoire.

On s'explique ainsi les «rappels» textuels éloignés qui, bien souvent, causent des ennuis aux commentateurs et sont soit faussement reconnues comme *anaphores* (Palm, 2001) ou à la source d'appellations hybrides, du type *ana-cataphore*, parce que le référent se trouve à la fois donné par la relative cataphorique et par une mention antérieure dans le texte. Or, ce qu'il faut bien voir avec ce type d'emploi, c'est que la relative ne fait que rappeler un événement stocké dans la mémoire longue et que ce rappel ou cette réactivation n'est absolument pas à assimiler au processus anaphorique classique de continuité référentielle dans la mémoire immédiate. Ainsi, dans l'exemple (2) :

> *Il faisait très froid. La nuit n'était pas venteuse et on n'entendait pas ces sifflements aigus qui nous avaient impressionnés le premier soir...* (Eco, *Le nom de la rose*, 391)

la relative *qui nous avaient impressionnés le premier soir* de la page 391 rappelle les sifflements entendus au début du roman et oblige donc le lecteur à retrouver dans sa mémoire longue textuelle l'événement en question avec à la clef l'appariement du référent du SN démonstratif avec les sifflements entendus à ce moment-là. À aucun moment, il ne s'agit d'anaphore, même si l'événement en question a été introduit par le texte. Lorsque survient le SN démonstratif, la mémoire active ou immédiate (ou encore courte) ne contient plus cet événement (heureusement d'ailleurs!). Il se trouve déjà stocké dans la mémoire encyclopédique de l'histoire racontée. La relative est nécessaire pour sortir de la mémoire immédiate et permettre la réactivation de l'événement en question. S'il y avait véritablement anaphore, la relative serait totalement superflue! L'ana-cataphore ni l'anaphore, du moins ici, n'ont pas de réalité[23].

Nous sommes à présent en mesure de mieux cerner[24] le processus référentiel accompli par nos démonstratifs «cataphoriques» spécifiques[25] des exemples (1)-(4). S'ils marquent bien une anticipation, puisqu'ils introduisent un référent nouveau dans la mémoire immédiate ou encore *modèle contextuel* ou *discursif* dont l'identité ne sera livrée qu'après coup, ce référent nouveau n'est malgré tout pas totalement nouveau, ce qui donne une tonalité toute particulière à l'anticipation réalisée. Il s'agit d'un référent supposé être (ou supposé pouvoir être) déjà disponible dans la mémoire longue, stable ou encyclopédique[26] qui se trouve réintroduit dans la mémoire active *via* l'expression d'une proposition portant sur ce référent, proposition supposée également faire partie du stock des propositions déjà acquises dans l'*univers de croyance* (Martin, 1987) de l'interlocuteur[27]. Le rôle de la relative est ainsi clair : c'est elle qui opère la sortie de la mémoire discursive et qui donne accès à la mémoire longue ou encyclopédique, cet «univers» où se trouvent stockées les propositions que nous pensons être vraies et celles que nous pensons être fausses. Et l'appariement avec cette information de la mémoire longue ou stable auquel convie le démonstratif a pour conséquence de réactiver cette information, de la rendre en quelque sorte à nouveau mémoriellement «présente», en somme à se la «re»présenter. C'est cette réactivation, c'est-à-dire cette remise en saillance mémorielle, d'un fait déjà «connu» de l'interlocuteur qui est à l'origine des analyses en termes de présence mémorielle du référent ou d'*exophore mémorielle* (Fraser & Joly, 1979).

## CONCLUSION

Cette analyse des démonstratifs cataphoriques spécifiques comme des anticipateurs qui s'appuient sur le «connu» de la mémoire à long terme pour introduire en avance un référent discursivement «nouveau» ramène à l'anticipation en général et nous permet, pour conclure, de rappeler un fait bien connu, à savoir que l'anticipation-prévision et l'anticipation-réaction s'appuient généralement — le paradoxe n'est qu'apparent — sur du déjà connu. Du déjà connu établi dans la mémoire à court terme, ou dans la mémoire à long terme (déclarative ou non déclarative). Faisons replonger notre gardien de but de l'introduction : s'il anticipe le tir de l'avant-centre en plongeant à droite avant le tir, c'est parce que son expérience de situations antérieures, donc la connaissance acquise en la matière, lui sert à juger celle dans laquelle il se trouve et le fait plonger à droite, que ce soit par réflexe ou, cas plus rare, étant donné les risques qu'il y aurait de réfléchir trop longtemps en la circonstance, de façon consciente. Ce qui n'est pas dit dans l'histoire, c'est s'il arrête le tir ou pas. Mais pour ça, on n'a plus besoin du linguiste, d'autres en font leur affaire et ils le font très bien.

## Références bibliographiques

Ariel, M. (1990). *Accessing Noun Phrase Antecedents*. London, Routledge.

Bally, C. (1950) (3ᵉ éd.). *Linguistique générale et linguistique française*. Berne, Franck (1ʳᵉ édition, 1932).

Chafe, W. (1994). *Discourse, Consciousness and Time. The Flow and Displacement of Conscious Experience in Speaking and Writing*. Chicago, Chicago University Press.

Corblin, F. (1987). *Indéfini, défini et démonstratif*. Paris, Droz.

Cornish, F. (2000). «L'accessibilité cognitive des référents, le centrage d'attention et la structuration du discours : une vue d'ensemble». *Verbum*, t. XXII, n° 1, 7-30.

Dubois, J. (1965). *Grammaire structurale du français : nom et pronom*. Paris, Larousse.

Fraser, T. & Joly, A. (1979). «Le système de la *deixis*. Esquisse d'une théorie d'expression en anglais». *Modèles linguistiques*, *1*, 97-157.

Fuchs, C. (1987). «Les relatives et la construction de l'interprétation». *Langages*, *88*, 95-127.

Gary-Prieur, M.-N. (1998). «La dimension cataphorique du démonstratif. Étude de constructions à relative». *Langue française*, *120*, 44-50.

Gary-Prieur, M.-N. (2001). «GN démonstratifs à référence générique : une généralité discursive». *French Language Studies*, *11*, 221-239.

Grosz, B. et al. (1995). «Centering : a framework for modeling the local coherence of discourse». *Computational Linguistics*, *21*, 2, 203-225.

Grunig, B.-N. (1993). «Charrges mémorielles et prédictions syntaxiques». *Cahiers de grammaire*, *18*, 13-29.

Grunig, B.-N. (1999). «Anticipation et compréhension». In Cortès, C. & Rousseau, A. (Eds), *Catégories et connexions*, Villeneuve d'Ascq, Presses Universitaires du Septentrion, 361-369.

Grunig, B.-N. (2002). «Complexité, régularité et mémoire». In Anis, J., Eskénazi, A. & Jeandillou, J.-F. (Eds), *Le signe et la lettre. Hommage à Michel Arrivé*, Paris, L'Harmattan, 227-239.

Gundel, J.K., Hedberg, N. & Zacharski, R. (1993). «Cognitive Status and the Form of Referring Expressions». *Language*, *69*, 274-307.

Gundel, J., Hedberg, N. & Zacharski, R. (2000). «Statut cognitif et anaphoriques indirects». *Verbum*, XXII, 1, 79-102.

Haruki, Y. (1990). «Le démonstratif de "notoriété" en français moderne». Université d'Osaka, *Gengo Bunka Kenkyû*, *16*, 77-95.

Hawkins, J.A. (1978). *Definiteness and Indefiniteness. A Study of Reference and Grammaticality Prediction*. London, Croom Helm.

Henry, A. (1991). «Anaphore, cataphore et... phore». *Travaux de linguistique*, *22*, 121-125.

Imoto, H. (2000). «La relation entre le sens démonstratif et l'effet de sens de notoriété». *Bulletin d'Études de Linguistique Française*, *34*, 14-26.

Kesik, M. (1989). *La cataphore*. Paris, PUF.

Kesik, M. (1991). «Contre la phore, tout contre...». *Travaux de linguistique*, *22*, 127-129.

Kleiber, G. (1981). *Problèmes de référence. Descriptions définies et noms propres*. Paris, Klinncksieck.

Kleiber, G. (1987a). *Relatives restrictives et relatives appositives : une opposition «introuvable»*. Tübingen, Niemeyer.

Kleiber, G. (1987b). «L'énigme du Vintimille ou les déterminants "à quai"». *Langue française*, *75*, 107-122.

Kleiber, G. (1992). «Entre anaphore et cataphore ou Existe-t-il des ana-cataphores?». *Travaux de linguistique*, *24*, 89-98.

Kleiber, G. (1994). *Anaphores et pronoms*. Louvain-la-Neuve, Duculot.
Kleiber, G. (2001). «Regards sur l'anaphore et sur la *Givenesss Hierarchy*». In Kronning, H. *et al.* (Eds), *Langage et référence*, Uppsala, Acta Universitatis Upsaliensis, 311-322.
Kleiber, G. (2003). «Dimensions de l'anticipation en linguistique». In «Stratégies et parcours. De l'anticipation à la didactique du FLE. Sciences Cognitives, Linguistique et Intelligence Artificielle», *Scolia*, *17*, 55-68.
Kleiber, G. (à paraître a). *Retour(s) sur... l'anticipation*.
Kleiber, G. (à paraître b). «Sémantique, référence et discours : le cas des démonstratifs cataphoriques spécifiques». In Auchlin, A. *et al.* (Eds), *Mélanges offerts à Eddy Roulet*, Québec, éditions Nota Bene.
Kleiber, G. (à paraître c). *Des démonstratifs bien énigmatiques : les démonstratifs cataphoriques génériques*.
Martin, R. (1987). *Langage et croyance. Les «univers de croyance» dans la théorie sémantique*. Bruxelles, Mardaga.
Le Ny, J.-F. & Gineste, M.D. (1995). *La psychologie*. Paris, Larousse.
Lerat, P. (1983). *Sémantique descriptive*. Paris, Hachette.
Lyons, J. (1980). *Sémantique linguistique*. Paris, Larousse.
Palm, L. (2001). «*Tu te souviens de ce professeur qui ne donnait que des bonnes notes?* Sur les emplois de *Ce + N* + subordonnée relative». In Kronning, H. *et al.* (Eds), *Langage et référence. Mélanges offerts à Kerstin Jonasson à l'occasion de ses soixante ans*, Uppsala, Acta Universitatis Upsaliensis, 475-483.
Quine, W.v.O. (1971). «The Inscrutability of Reference». In Steinberg, D. & Jakobovits, L.A. (Eds), *Semantics : an Interdiscciplinary Reader in Philosophy, Linguistics and Psychology*, Cambridge, Cambridge University Press, 142-156.
Sandt, van der, R.A. (1992). «Presupposition Projection as Anaphora Resolution». *Journal of Semantics*, *9*, 333-377.
Wilmet, M. (1986). *La détermination nominale*. Paris, PUF.
Wilmet, M. (1988). «À propos des relatives : une opposition controuvée». *Travaux de linguistique*, *16*, 163-175.
Wilmet, M. (1997). *Grammaire critique du français*. Paris/Bruxelles, Hachette/Duculot.

## Notes

[1] Exemple que nous avons utilisé à plusieurs reprises (Kleiber, 1987a : 75) et qui a donné lieu à un débat non encore clos (Wilmet, 1988 et 1997 : 243; Palm, 2001).

[2] Cette acception correspond plus ou moins au «mouvement de la pensée qui imagine ou vit d'avance un événement» du *Petit Robert*.

[3] Ce cas répond à plusieurs sens distincts recensés par les dictionnaires.

[4] À noter cependant que ceci n'est pas vrai si l'on considère l'activité anticipatrice du lecteur. Les expérimentations psycho-linguistiques sur les mouvements oculaires pendant l'activité de lecture montrent bien qu'il y a une projection des yeux en avant.

[5] Pour éclairer ce point, on rappellera que la même distinction intervient du côté de la référence où il faut également séparer l'acte de référence effectué par le locuteur (= *la référence du locuteur...*) au moyen d'une expression et les propriétés référentielles inhérentes de cette expression (*la référence de l'expression*) (Kleiber, 1981).

[6] Cette conception est bien entendu erronée. La cataphore, comme l'a montré Kesik (1989), ne se réduit pas à une anaphore inverse.

[7] L'adoption du terme *cataphore* a eu pour effet de reléguer au second plan, voire même parfois de masquer totalement, le fait qu'il s'agit d'anticipation. Kesik (1989 : 27) en est tout à fait conscient et, s'il préfère le terme de *cataphore* à celui d'*anticipation*, il n'oubliera pas, prévient-il, de recourir au «verbe *anticiper* pour caractériser le rôle des expressions cataphoriques».

[8] Voir aussi Lerat (1983 : 79) qui considère la cataphore comme «une anaphore inverse, c'est-à-dire anticipante».

[9] Il y a anticipation par représentant lorsqu'un «représentant ou une ellipse se rattachent à un signe énoncé postérieurement» (Bally, 1950 : 171).

[10] Voir Kleiber (1994 et 2001) pour une présentation critique de la théorie de l'accessibilité et de la *Hiérarchie du Donné*.

[11] La théorie du *centrage d'attention* est une théorie des expressions référentielles qui se place, elle, du côté de l'interlocuteur (Grosz *et al.*, 1995; Walker *et al.*, 1998; et Cornish, 2000).

[12] Soulignons toutefois que si l'on considère l'anticipation sous l'angle du choix, elle tend à perdre dans l'opération sa pertinence première, puisque tout choix d'une micro-unité par le locuteur peut alors être vu comme une marque d'anticipation de la part du locuteur destinée à prévenir une «bonne» réception de son interlocuteur.

[13] Les deux autres opérations sont le *point d'appui potentiel* (noté $x0$) et l'*activation* (notée $x+$).

[15] La mémoire de travail «est supposée avoir pour double fonction de conserver l'information et de la traiter, plus précisément de la conserver aussi longtemps qu'il est nécessaire pour qu'elle soit traitée» (Le Ny & Gineste, 1995 : 193). Elle se sépare de la mémoire courte par son pouvoir plus grand : «Sans avoir le caractère illimité de la mémoire à long terme, la mémoire de travail n'a pas une capacité aussi trivialement bornée que la mémoire à court terme, dont l'empan mnémonique se limite à la conservation de 7 items» (Grunig, 2002 : 227).

[15] Voir aussi : «La notation $x?$ indique qu'un élément x est à conserver en mémoire par l'auditeur (ou lecteur) jusqu'à l'apparition du terme auquel le connecter, et qu'en quelque sorte il réclame» (Grunig, 2002 : 228).

[16] Grunig envisage surtout les appels connexionnels syntaxiques.

[17] En fait, ce n'est pas un simple archivage, comme peut le laisser croire notre présentation. Les choses sont, on le sait, beaucoup plus complexes et font intervenir de façon cruciale la toujours mal connue notion de saillance.

[18] Qu'il conviendrait évidemment de mesurer à l'aide de tests psycho-linguistiques.

[19] S'agit-il d'une appositive, d'une restrictive ou d'une relative d'un autre type. Le statut de la cette relative «cataphorique» n'est pas clair. Fuchs (1987) considère qu'avec l'adjectif démonstratif l'opposition appositive/restrictive se trouve *brouillée*. Pour Gary-Prieur (1998 : 45), «ces relatives ne sont ni restrictives ni descriptives».
[20] C'est, entre autres, ce point qui explique pourquoi il n'y a pas unanimité pour voir dans ces constructions démonstratives des expressions cataphoriques. Voir par exemple Kesik (1989) qui n'en fait pas des cataphoriques.
[21] Bien évidemment qu'il faudrait des tests psycho-linguistiques pour étayer nos dires, mais...
[22] Nous reprenons ici une partie de Kleiber (à paraître a et b).
[23] Voir Kleiber (1992) et le débat sur l'ana-cataphore mené par Henry (1991) et Kesik (1991).
[24] Pour une étude détaillée, voir Kleiber (2003).
[25] Les cataphoriques génériques ou démonstratifs de *notoriété* constituent un cas particulièrement remarquable de ce type de démonstratifs :
*Tous les éducateurs s'accordent à se plaindre de ces adolescents à qui l'on n'a jamais dit «non» et qui du coup n'ont plus de repères ni de valeurs* (DNA, 3/08/02).
Voir Haruki (1990), Imoto (2000), Gary-Prieur (2001) et Kleiber (à paraître c).
[26] Mémoire à long terme *déclarative* par opposition à la mémoire à long terme *non déclarative*, qui est une mémoire procédurale (celle des réflexes et des automatismes) qui ne peut être exprimée verbalement.
[27] On pourrait en quelque sorte penser au «rafraîchissement» que peuvent connaître les concepts *semi-actifs* de Chafe (1994), qui figurent dans la conscience périphérique, soit parce qu'ils appartiennent à un «set of expectations associated with a schema», soit parce que ce sont d'anciens concepts actifs qui n'ont pas été réactivés.

CINQUIÈME PARTIE

# HISTOIRE ET ANTICIPATION

# Chapitre 15
# Anticipation dans la parole, assimilation, «bases articulatoires» et modèles phonétiques : un aperçu historique

Jean-François P. Bonnot et Dominique Keller

**TEMPS, ANTICIPATION ET HISTOIRE**

Exilé à New York durant la seconde guerre mondiale, Jakobson (1976, p. 112-113) acheva sa cinquième leçon à l'école libre des hautes études par une profession de foi certes toute structuraliste, mais présentant l'immense avantage de rassembler en peu de mots quelques-uns des éléments fondamentaux d'une question qui avait déjà suscité la réflexion de très nombreux grammairiens, orthoépistes et rhétoriciens depuis au moins trois siècles : «L'opinion qu'en soi le phonème, et plus généralement le signe linguistique et la langue entière, sont en dehors du temps n'est justifiée qu'autant qu'il s'agit du temps physique mesurable. Par contre, le temps en tant que relation remplit dans le système des valeurs linguistiques, à partir de l'ensemble de la langue jusqu'au simple phonème, un rôle essentiel. Tout en déclarant que la science de la langue travaille sur des valeurs, la doctrine saussurienne n'a pas pris en considération le fait que, dans un système de valeurs, le facteur temps lui aussi devient une valeur». Même si les auteurs classiques ne disposaient pas des outils leur permettant de mettre systématiquement en regard des faits phoniques les structures linguistiques abstraites, beaucoup de leurs intuitions en matière de stratégies d'anticipation et d'assimilation se révéleront exactes et seront confirmées par les travaux modernes, quoique la plupart du temps de façon indirecte.

Notre contribution s'inscrit donc principalement dans le cadre de l'histoire de la phonétique et de la parole. Partant des analyses de quelques célèbres «hommes de cabinet» — car l'étude des faits phoniques restera longtemps purement introspective —, on consacrera une première partie à l'examen des rencontres de sons dans la séquence verbale, puis on abordera les relations de fusion entre éléments séquentiels, plus particulièrement dans le cadre syllabique. Il nous a paru important de donner pour terminer un rapide coup de projecteur sur la dimension diachronique et contrastive de l'assimilation, puisqu'il y est fréquemment fait allusion dans les traités et grammaires. Dans tous ces cas, les stratégies d'anticipation sont évidemment à l'œuvre : à l'aube du XX$^e$ siècle, au carrefour de la tradition philologique et historique et de l'expérimentation physiologique et acoustique, l'attentif observateur qu'était l'abbé Rousselot (1925, p. 969 et 1100), ayant affirmé que «rechercher les évolutions phonétiques [...], c'est bien la plus douce tâche du phonéticien», ajoutait que «la syllabe n'a rigoureusement d'existence physiologique que dans les monosyllabes isolés. [...] Cependant, nous avons le sentiment d'un mouvement correspondant à la syllabe; [...] c'est que l'effort essentiel seul est conscient, non la préparation de cet effort ni l'influence qu'il peut avoir sur le mouvement suivant». Et, en effet, de nombreuses recherches ont montré depuis que les stratégies d'anticipation — que l'on privilégie les propriétés auto-organisationnelles (Sock, 2001; Vaxelaire *et al.*, 1999) ou un contrôle externe, ou encore, comme nous le pensons actuellement, un système «mixte» — gèrent et synchronisent les différents niveaux de production, visant d'abord à tirer profit de la variabilité de l'appareil phonatoire et des articulateurs. Cette mouvance, «programmée» ou non, est fréquemment génératrice de changements phonétiques. Rousselot (*ibid.*, p. 1106) poursuivait d'ailleurs par une remarque restée célèbre : «Considérée dans l'organe où elle se produit, l'évolution se manifeste par un défaut de coordination ou de précision dans les mouvements : prolongation ou anticipation du mouvement ou du repos, amoindrissement ou exagération de l'effort nécessaire. L'excès est rare; le défaut est la règle». Nous verrons qu'en amont, on n'est pas loin des «modes articulatoires» de Court de Gébelin et, en aval, de la notion de «base articulatoire» qui eut son heure de gloire dans les années 60 du siècle dernier.

## CACOPHONIE, COLLISIONS DE PHONÈMES ET NORME

À partir du XVII$^e$ siècle, dans le cadre de la description des registres stylistiques, le dire, saisi dans sa mouvance, se retrouvera sur le devant de la scène (Bonnot, 2002). En effet, si la parole n'est pas perçue dans sa dimension temporelle, comme un flux orienté sensible au contexte, la phrase ne peut être décrite que d'une manière monolithique. Il faut reconnaître que, la plupart du temps, les auteurs classiques s'inscriront dans une démarche normative, dans laquelle le discours est perçu et analysé comme un ensemble de composantes polyphoniques fluides, aussi bien dans les dimensions articulatoire que prosodique — une place «naturelle» étant attribuée à chaque mot et presque à chaque son. Le chaos phonétique, qui se manifeste par des distorsions du timbre et de la quantité des voyelles, par des modifications des lieux d'articulation, par une appréciation fautive des rapports entre consonnes dites «fortes» et «faibles», mais aussi par des phénomènes de sandhi prohibés, modifiant l'initiale ou la finale d'un mot, est d'abord présenté comme le fait d'utilisateurs majoritairement provinciaux, incultes et plébéiens. L'usage prestigieux non seulement ne heurte pas, mais en outre n'est pas heurté : la cacophonie fréquemment évoquée dans les traités reste exceptionnelle et doit toujours être abondamment justifiée. À propos de la préposition à, Vaugelas (1647, p. 414) recommande de dire «commença à» et non «commença de», «comme disent les Gascons et plusieurs autres provinciaux, et même quelques Parisiens, soit par contagion, ou pour adoucir la langue ôtant la cacophonie des deux à, ne se souvenant pas de cette maxime sans exception, qu'il n'y a jamais de mauvais son qui blesse l'oreille, lorsqu'un long usage l'a établi». Observation à rapprocher de cette métaphore du Père Lamy (1675, p. 179), orfèvre en matière de rhétorique : «En prononçant plusieurs voyelles de suite, il arrive presque la même chose que lorsque l'on marche sur du marbre poli, la trop grande facilité donne de la peine, on glisse et il est difficile de se retenir. En prononçant ces deux mots hardi écuyer [...] le son de cette voyelle i se confond avec la voyelle e par où commence le mot suivant, ce qui empêche que les oreilles ne soient satisfaites, ne pouvant distinguer assez clairement ces deux différents sons».

Les allusions aux faits d'assimilation et aux «collisions de phonèmes» sont légion dans les grammaires, du XVIe siècle à nos jours, et certains auteurs font preuve d'une grande finesse dans l'analyse de ce que l'on nommait alors les «rencontres de lettres». Ainsi, L.-A. Alemand (1688, p. 22), au détour d'une remarque de sa *Guerre civile des François sur la langue* — ouvrage sur le modèle de Vaugelas, s'interroge sur l'orthographe d'absinthe; faut-il mettre un h, mais surtout, doit-on écrire un p ou un b? Alemand choisit la seconde option, tout en remarquant que, si Ménage recommande le p, c'est sans doute parce que «l'on ne distingue guère si l'on prononce un b, ou un p, dans ce mot, je crois que l's qui suit immédiatement en est cause : il semble même (car il faut être de bonne foi), ajoute-t-il, qu'on prononce plutôt un p qu'un b». De même, l'abbé Tallemant (1698, p. 88-90) traite avec une belle perspicacité stylistique la question de la liaison ou de l'enchaînement simple de *ils* pluriel devant voyelle. Il retient trois prononciations, dont l'une a disparu à l'heure actuelle : la première, sans effacement consonantique, est réservée au style soutenu et à la lecture des vers (l et s maintenus, ce dernier sous forme de [z] : ils ont dit); elle est, écrit Tallemant, «entièrement bannie du discours ordinaire dans lequel on penche toujours à retrancher». La seconde, qui supprime l's final (il(s) ont dit) ne semble pas, à juste titre, avoir son approbation. Quant à la dernière, avec effacement de l et maintien de s sous forme de [z], Tallemant propose une explication conforme aux règles phonotactiques du français parlé : «Au singulier et même au pluriel, quand il n'y a point de voyelle, il se prononce comme s'il n'y avait qu'un i, i dit par tout, i racontent qu'un jour, et quand il se trouve une voyelle, cet i s'accompagne de l's et on la prononce comme un z [...] is ont dit, is ont fait [...]».

## SYLLABES, LIMITES DE SEGMENTS ET COARTICULATION

Bien qu'il ne s'agisse pas d'une véritable approche phonétique moderne, certains grammairiens, dès la seconde moitié du XVIIIe siècle, traiteront la question avec un vocabulaire et une mise en perspective presque actuels. Dès 1747, Girard (p. 326) avait bien vu que «L vient d'un mouvement d'organes si coulant et si liant qu'elle peut, sans peine et sans embarras, se joindre à une autre consonne pour faire ensemble identité de prononciation quoique combinée de deux différentes articulations, comme dans ces mots, blanc, clair, flûte, glose, plis». Dans le même ordre d'idées, l'abbé Antonini, quelques années plus tard, observera qu'après un bref laps de temps, dans la syllabe ba, le b n'est plus audible et que l'on ne perçoit plus que le a, s'interrogeant avant la lettre sur ce problème fondamental de savoir où commencent et où finissent les segments. Antonini (1753) signale également l'existence potentielle d'un vocoïde de transition entre b et l dans la syllabe bla : «Si l'on y fait quelque attention, on verra que la voyelle a dans bla n'est modifiée que par l, et que le son b tombe sur un e muet qui est presque imperceptible, à cause de la rapidité avec laquelle il est prononcé». Notant le même phénomène, dans ses *Remarques diverses sur la prononciation et sur l'orthographe*, Harduin (1757, p. 57) s'interroge sur «les articulations doubles», et sur la définition de la syllabe qui, «suivant la définition de M. Restaut [est] ce qui se fait entendre en un seul instant, et qui, ou ne peut pas, ou ne doit pas se partager». Et d'ajouter que dans le mot armé, deux syllabations sont possibles, ar-mé ou a-rmé. Harduin opte finalement pour la seconde solution, arguant du fait que l'émission de r dans ar- implique l'insertion d'un schwa épenthétique beaucoup plus long que dans r(e)mé. Il s'ensuit «[que] chaque son sur lequel on s'arrête d'une manière un peu sensible, [...] paraît former ou terminer une syllabe; [...] on fait distinctement trois syllabes en épelant ar-mé, au lieu qu'on n'en fait pas distinctement plus de deux, en épelant a-rmé». On remarquera en passant que certaines théories modernes de la syllabe — qui, au demeurant, ne doivent que fort peu de choses aux auteurs «classiques» — défendront des positions analogues. Pour Kent (1976), promoteur de l'hypothèse «d'organisation CV de la syllabe», des configurations telles que VC, VCC, CCV, CCCVC, sont obtenues à partir de combinaisons CV où la voyelle ou la consonne a été réduite. On ajoutera que le même type de stratégie est attesté en diachronie : selon Hock (1986, p. 137), par exemple, la forme proto-indoeuropéenne *po:tlom > forme prélatine *po:klum > latin po:culum, une resyllabification intervenant entre l'occlusive et le [l].

Reprenant une problématique analogue en 1760, Harduin (1760, p. 6-7) commentera les modifications articulatoires transitionnelles dans un opuscule intitulé *Dissertation sur les voyelles et les consonnes* : «Quand il faut prononcer da, on commence par tirer des poumons une quantité d'air suffisante pour servir de matière à cette syllabe; ensuite, on porte à la racine des dents supérieures le bout de la langue, qu'on en retire sur le champ, pour la remettre dans son état le plus ordinaire, tandis qu'on ouvre fort la bouche, sans en changer autrement la forme naturelle. Si l'on veut prononcer di, l'opération commence de même; mais en la finissant, on retient la langue près du palais, de manière que la partie de la bouche où l'air doit passer ait moins de capacité de haut en bas, mais se trouve plus élargie que si l'on prononce un a». On tient là une définition introspective, naturellement empreinte de naïveté pour l'expérimentaliste contemporain, mais qui, lexique spécialisé mis à part, pourrait fort bien figurer dans un manuel des années 50 du XX$^e$ siècle. Harduin ajoute avec la même sagacité qu'en elle-même, l'occlusive ne produit aucun effet perceptuel, sa nature ne se révélant qu'à la faveur du son vocalique qui le suit, «plus ou moins éclatant». L'abbé Bouliette (1788, p. 59) s'inscrit dans la même perspective, insistant sur la dissociation des traits dans la perception et proposant une fort ingénieuse analogie avec les couleurs : «La consonne n'articule que le commencement de la voyelle qu'elle affecte et qu'elle modifie et, par conséquent, elle semble la précéder en quelque sorte, parce que c'est le son de la consonne qui frappe d'abord l'oreille; de même que la couleur d'un habit semble précéder l'homme qui le porte, parce que cette couleur est ce qui frappe d'abord les yeux dans l'instant qu'on commence à apercevoir cet homme».

Mais c'est sans doute chez Beauzée (1767, p. 40) que l'on trouvera les plus belles notations; le grand grammairien consacre en effet une importante partie de son essai aux «éléments de la parole». Nous retiendrons ici un passage en rapport avec notre sujet : il s'agit des diphtongues, dont il signale qu'elles ne «sont point dans la nature primitive de la parole». Rejoignant Harduin, qu'il cite, et préfigurant les théories sur la coarticulation, Beauzée observe «1° que l'organe doit produire en une seule émission, et que l'oreille doit entendre en un seul temps deux voix distinctes quoique successives; 2° que la voix prépositive doit pouvoir se prêter à une rapidité assez grande pour s'associer en quelque sorte avec la voix postpositive, qui est seule susceptible d'une durée marquée et que l'on nomme en musique tenue ou port de voix». C'est là une analyse particulièrement pertinente, qu'il complète par quelques réflexions sur les interactions entre parties d'organes, considérant qu'il faut tenir compte, d'une part, des configurations requises pour la production des deux éléments, et, d'autre part, de ce qu'il nomme «la flexibilité habituelle de l'organe», en rapport avec la connaissance de la langue. Comme l'ouvrage de Beauzée, le *Traité de la formation méchanique des langues du Président de Brosses* (1765, p. 125) met en exergue les contraintes articulatoires. De Brosses fait intervenir la notion d'«esprit», afin de désigner les caractéristiques articulatoires majeures d'un segment phonétique : «Il arrive souvent aussi qu'un organe se sert subitement de deux esprits qui lui sont habituels; ou qu'il emploie, quoique avec moins de facilité, l'esprit habituel d'un autre organe; ou que deux organes s'emploient en même temps à articuler si vite qu'on dirait que la voyelle n'a passé que par une seule filière». D'une certaine manière, on trouve déjà en filigrane des idées qui seront largement développées dans les années 60 du XXe siècle, par exemple par Öhman (1966) qui, dans un travail aussi brillant que controversé, estimait que la langue (l'organe) peut être décrite comme étant composée de «trois systèmes articulatoires séparés», les occlusives de l'anglais et du suédois étant censées coarticuler «librement» avec les voyelles de l'entourage. De ce fait, les commandes de l'apex et du dos laisseraient libres d'autres sous-ensembles de muscles, permettant d'anticiper le segment vocalique.

Toutefois, même si l'idée de transition, de rapidité de passage d'une articulation à une autre les préoccupe, c'est en vain que l'on chercherait chez les grammairiens des XVIIe et XVIIIe siècles une réflexion approfondie sur le thème du contrôle temporel, ou à tout le moins, de la gestion des durées, dont on sait qu'ils forment une des composantes essentielles des processus d'anticipation et d'assimilation. Bien entendu, la rhétorique accordant une place majeure à l'agencement harmonieux des sons, on trouve des commentaires sur les durées de syllabes successives à l'intérieur d'un même groupe et par conséquent sur les interactions complexes qui jouent au sein d'une séquence rythmique : «Un discours est agréable, estimait Lamy (1675, p. 230), lorsque les temps de la prononciation des syllabes qui le composent peuvent être mesurés par des mesures exactes, que le temps par exemple d'une syllabe est exactement ou le double ou le triple de celui d'une autre syllabe». L'opinion mérite d'être rapprochée de celle d'un auteur contemporain, J.G. Martin, qui suggérait en 1972 que la parole peut être décrite comme une activité rythmique hérarchisée, l'essentiel résidant dans l'organisation temporelle relative, impliquant que le «locus» de chaque élément est déterminé par les «loci» de l'ensemble des éléments de la séquence, que ceux-ci soient en contact direct ou non; dans cette optique, les patrons rythmiques sont définis comme des alternances d'unités marquées et non marquées, les premiers étant nommés «accents» et étant programmés de façon prioritaire par rapport à l'ensemble de l'énoncé.

## PHYSIOLOGIE DE LA PHONATION, ANTICIPATION ET PRÉDISPOSITIONS ARTICULATOIRES

Outre ces développements de type «phonétique», certains grammairiens classiques, dans le cadre du traitement des contacts de sons, se sont intéressés de façon plus précise aux aspects physiologiques de la phonation, s'engageant même parfois dans une réflexion pré-scientifique sur les phases de programmation et de production de la parole. Marguerite Buffet (1668, p. 97) remarque par exemple que «la langue est placée au-dessous du cerveau qui est le siège du jugement, pour témoigner que nos paroles doivent être rares et concertées par la raison auparavant que de les produire». Quoique son ouvrage ait été publié en cette même année 1668 que celui de Mademoiselle Buffet, Cordemoy (p. 17) observe de façon plus pénétrante «qu'il y a tant de communication et de rapport entre les nerfs de l'oreille et ceux du larynx, que dès que quelque son agite le cerveau, il coule aussitôt des esprits vers les muscles du larynx, qui les disposent comme il faut qu'ils soient pour former un son tout semblable à celui qui vient de frapper le cerveau; et quoique je conçoive bien qu'il est besoin de quelque temps pour faciliter ces mouvements des muscles de la gorge, en sorte que les sons qui excitent le cerveau pour la première fois ne peuvent aisément être exprimés par la gorge, néanmoins, je conçois bien aussi qu'à force de les repérer, on peut faire que le cerveau, qui en est souvent ébranlé aux mêmes endroits, envoie tant d'esprits par les nerfs qui s'insèrent aux muscles de la gorge, qu'enfin ils meuvent aisément tous les cartilages qui servent à cette action, comme il est nécessaire qu'il soient remués pour former des sons semblables à ceux qui ont ébranlé le cerveau». On voudra bien pardonner cette citation un peu longue, car Cordemoy donne ici, en peu de mots, un résumé des principales phases de la production de la parole, et tout particulièrement des mécanismes qui précèdent l'émission. L'auteur du *Discours physique de la parole* met parfaitement en évidence les étapes successives des processus efférents; il met aussi l'accent sur l'apprentissage et sur la constitution progressive d'une image motrice, constituée par comparaison avec un stimulus perceptuel, et sur la conversion en un ensemble de gestes articulatoires qui devront être améliorés au cours de l'acquisition du langage.

Cordemoy fait encore valoir que «[certaines parties de] la bouche peuvent être si mal disposées, que ne se remuant pas assez aisément, et ne se rapportant pas les unes aux autres avec une justesse assez entière, la voix sera mal articulée». De ce fait, puisque la dynamique organique est soumise à des contraintes de coarticulation très importantes, il était tentant de poser la question en termes de sensibilité au contexte linguistique et de tracer le profil anatomo-physiologique des populations utilisant telle ou telle langue. Ainsi, l'abbé Bouhours (1671, p. 65), dans *Les Entretiens d'Ariste et d'Eugène*, n'hésite pas à faire dire à Eugène que le «français est infiniment éloigné de la rudesse de toutes les langues du nord, dont la plupart des mots écorchent le gosier de ceux qui les parlent et les oreilles de ceux qui les écoutent. Ces doubles w, ces doubles ff, ces doubles kk, qui règnent dans toutes ces langues-là; toutes ces consonnes entassées les unes sur les autres sont horribles à prononcer et ont un son qui fait peur. Le mélange des voyelles et des consonnes dans le français fait un effet tout contraire». L'intention est ici clairement affichée : il s'agit de marquer la préséance du français sur toutes les autres langues, et non seulement sur les langues germaniques. Toutefois, tout en tenant un discours polémique, Bouhours perçoit assez bien certaines différences; il insiste sur les spécificités de la phonotactique des langues, et sur le fait, par exemple, que le français «a de la peine à souffrir la rencontre des voyelles qui ne se mangent point». Dès lors, la voie était ouverte à toutes les spéculations, et il ne pouvait être exclu, selon les plus hardis, que l'explication de tels phénomènes résidât dans la nature des peuples et dans leur écosystème. Court de Gébelin observera en 1776 que «tous les peuples n'ont pas un même penchant à faire un usage pareil des sons et des intonations que fournit l'instrument vocal [...]. On peut diviser les peuples à cet égard en plusieurs classes; les uns qui aspirent, d'autres qui sifflent, des troisièmes qui chuintent, des quatrièmes qui labialisent, etc. [...]. C'est ce que nous appelons les modes de l'instrument vocal. [...]. Ces modes proviennent de la facilité extrême qu'on a de prononcer également de l'extrémité extérieure de l'instrument vocal, de son extrémité intérieure, du milieu de la bouche, etc., en sorte que, suivant que la voix fait effort sur l'un ou sur l'autre de ces points, la prononciation est différente» (p. 74-77). Voilà des formulations qui se retrouveront, presque inchangées, chez les phonéticiens modernes, jusque dans les années soixante. Ainsi, Pierre Delattre (1966) parlait, d'ailleurs à juste titre, de l'antériorité du français, et Carton, qui reprit la notion en 1974, observait que «beaucoup de patois du Nord-Est semblent "venir du fond de la gorge", mais on ne peut pas dire cela du français normal [sic], qui paraît "pointu" à des Canadiens français» (p. 130). Ces considérations peuvent aussi être mises en rapport avec les théories actuelles sur la sensibilité au contexte linguistique, les langues gérant de façon assez diverse les phénomènes coarticulatoires, en fonction de la présence ou de l'absence d'un accent de mot, libre ou fixe, de propriétés particulières de la protrusion labiale ou de la présence de voyelles nasales, etc.

## BASE ARTICULATOIRE, ASSIMILATIONS ET CHANGEMENT PHONÉTIQUE

De ce fait, dès la fin du XIX$^e$ siècle, on verra prendre corps la dangereuse notion de base articulatoire, qui deviendra pour longtemps inséparable des études sur la coarticulation. L'idée s'enracinera d'une part dans des travaux de physiologie générale, ayant notamment leur origine chez Broca et ses élèves, et, d'autre part, dans des recherches de type philologique. C'est ainsi que bien des chercheurs postuleront une différence de force musculaire selon les «races»; on retrouve l'idée non seulement chez les physiologistes, par exemple chez Manouvrier et Féré, mais également chez les spécialistes d'une anthropolinguistique naissante (très marquée par les méthodes de l'école de Paris) comme Hovelacque et Hervé (1887). Féré (1887, p. 4-5) rapporte que «le naturaliste Péron avait, dès 1800-1804, constaté que les indigènes de la Nouvelle-Hollande et les Malais de l'île Timor offraient une puissance d'effort musculaire beaucoup moindre que celle des marins français [...] M. Manouvrier a fait la même remarque sur la plupart des sauvages exhibés au Jardin zoologique d'acclimatation». D'autre part, on postule des différences significatives, non seulement dans le volume cérébral, mais aussi dans la forme du crâne. Dès lors, la base articulatoire — pour autant que la notion soit en elle-même viable, ce dont nous doutons fortement — est présentée comme un sous-ensemble des structures neuro-musculaires et de la géométrie supposée du tractus vocal; il s'ensuit que la base diffère selon les langues, non pas en fonction de critères proprement linguistiques, mais selon des critères anatomo-physiologiques. Or, comme les processus d'assimilation et de dissimilation forment une des composantes majeures du changement phonétique, on fera appel, jusqu'à une date récente, à des explications «physiques» — qui, bien que n'ayant la plupart du temps rien de raciste, restent très sujettes à caution — au détriment d'explications «sociales» ou purement structurelles.

Martinon (1913, p. 204), au début du XXe siècle, note que les phénomènes «d'accommodation» ou «d'assimilation» «sont spontanés et involontaires. [Ils ne se produisent] que dans un débit très rapide. Ils sont extrêmement curieux pour le savant». Cette curiosité allait rapidement devenir un engouement inquiétant dans une petite partie de la communauté des phonéticiens et linguistes de l'entre-deux guerres, notamment aux Pays-Bas. Pour certains chercheurs, parmi lesquels on citera plus particulièrement le célèbre Jacques van Ginneken, de Nimègue, et la fondatrice de l'institut de phonétique d'Amsterdam, Louise Kaiser, ce n'est pas l'économie générale du système, l'agencement des oppositions, etc., qui importent d'abord, mais les propriétés «héréditaires» de la parole (Bonnot & Boë, 1999, 2001, 2003). Dans un livre de 1943, dans lequel il reprend en la modifiant la théorie développée dans *Ras en taal* (1935), van Ginneken définit le substrat comme un ensemble de caractéristiques génétiques propres à un peuple, qui conditionnerait les changements phonétiques. Dans le chapitre consacré à la «dialectologie anthropologique», il s'entoure de cautions scientifiques d'importance, parmi lesquelles celles de Meillet et de Vendryes, qui ont incidemment laissé échapper le mot «hérédité», dans l'un ou l'autre de leurs travaux, mais, surtout en ce qui concerne Vendryes, n'en ont jamais fait une exploitation systématique. De façon beaucoup plus malencontreuse, van Ginneken porte une appréciation très élogieuse sur l'un des ouvrages de von Eyckstedt, rédacteur en chef de la revue nazie *Zeitschrift für Rassenkunde* et intitulé *Rasse, Volk, Erbgut in Schlesien* [Race, peuple et patrimoine héréditaire en Silésie]. Il cite également plusieurs collaborateurs de l'école d'anthropologie raciale de Breslau (1943, p. 57 *sq.*). Pour faire court, disons que van Ginneken estimait que le territoire des Pays-Bas était peuplé par quatre «races» (nordique, baltique, alpine, méditerranéenne). La race nordique (40%) aurait présenté une tendance à l'ouverture buccale, un palais haut et une prédilection pour les articulations postérieures. Ces propriétés supposées auraient favorisé d'une part une importante sonorité vocalique initiale décroissant rapidement du début vers la fin de l'émission, et, d'autre part, une augmentation parallèle de la «tension musculaire». Van Ginneken trouvait là une explication de la tendance des syllabes à être fermées par une consonne ou un groupe de consonnes, et à débuter par une voyelle (op, of, al, ikke, Otto, etc.). Des consonnes initiales auraient naturellement été «importées» par la suite, à partir des langues slaves, mais elles seraient restées très instables. Le maître de Nimègue explique ainsi la nature de l'assimilation en limite syllabique, régressive dans les langues slaves et progressive dans les langues germaniques : «Dans les langues slaves, note-t-il, la consonne initiale autochtone l'emporte toujours sur la consonne finale précédente, et, de ce fait, l'assimilation est régressive. Mais, dans les langues germaniques, c'est précisément le contraire : c'est la consonne finale qui dirige le processus, et c'est pourquoi l'assimilation est progressive. Nos dialectes néerlandais de l'Est manifestent cependant une claire concurrence des deux tendances assimilatrices» (*ibidem*, p. 69-70).

Il n'est guère utile de préciser que de telles explications «raciales» de faits linguistiques attestés — contrairement à l'indo-européen, qui possédait les deux types syllabiques, le proto-slave n'autorisait que les syllabes ouvertes — sont évidemment dénuées de bon sens. En outre, il n'est pas possible, à long terme, de prédire la direction d'un changement phonétique, même si l'on peut en appréhender certaines manifestations «sociales» en temps réel, comme l'ont fait Labov et avant lui Gauchat. Il n'existe pas de causalité interne et, comme le fait remarquer Hock (1986, p. 639), on ne peut pas postuler de causalité unidirectionnelle. Il semble donc raisonnable, en particulier dans le traitement diachronique de l'assimilation, de se fonder sur les tendances relationnelles entre éléments du système plutôt que sur des indices physiques, extrêmement difficiles à isoler et à mettre en congruence avec les observations linguistiques. On peut certes déterminer une hiérarchie de l'«affaiblissement», fondée sur la fameuse «hiérarchie de sonorité» (occlusives, fricatives, nasales, liquides, semi-voyelles, voyelles), qui permet un étiquetage de la gamme des changements fréquents, de ceux qui sont rares et de ceux qui, possibles, ne sont pas attestés. Il n'en reste pas moins largement illusoire de caractériser tel ou tel changement en l'associant à un ensemble d'indices phonétiques. Ainsi, Straka (1979, p. 118) — conséquences idéologiques mises à part, bien entendu — commettait en 1963 la même erreur que van Ginneken en supposant que «la différence entre [le tchèque et le français] provient surtout, semble-t-il, d'une différence de tension générale du résonateur buccal, plus lâche dans le premier, plus forte dans le second, mais aussi, sans doute, de ce que les mouvements articulatoires eux-mêmes sont, dans le premier cas, plus mous, dans le second, plus énergiques». En effet, si nous admettons volontiers (Bonnot, 2001), avec Liljencrants et Lindblom (1972), et Schwartz *et al.* (1997), que les niveaux les plus périphériques permettent de mettre en évidence, sur un plan très général, les principes d'émergence des systèmes phonologiques, et que l'on peut dériver des faits linguistiques à partir d'éléments non linguistiques, il reste difficile de défendre les mêmes principes de prééminence de la substance en ce qui concerne les faits de coarticulation, car il faut tenir compte d'un recodage des faits phoniques par la langue. Recodage qui, naturellement, n'a rien à voir avec une «prédisposition» innée des locuteurs d'une langue donnée à articuler mollement ou fermement, mais avec une interprétation linguistique, structurelle, de tendances universelles.

## Références bibliographiques

Alemand, L.-A. (1688). *Nouvelles observations, ou guerre civile des François sur la langue*. Paris, J.-B. Langlois.

Antonini, A. (1753). *Principes de la grammaire française, pratique et raisonnée*. Paris, chez Duchesne.

Beauzée, N. (1767). *Grammaire générale*. Paris, J. Barbou.

Bonnot, J.-F.P. (2001). «Évolution des représentations phonologiques ou : comment l'esprit vient à la matière». In D. Keller, J.-P. Durafour, J.-F.P. Bonnot, R. Sock (Eds), *Percevoir : monde et langage*. Sprimont, Mardaga, 271-283.

Bonnot, J.-F.P. (2002). «La logique floue de la conscience linguistique entre normalisation et hétérogénéité de l'oral dialectal». Actes du XXIIe Colloque d'Albi : *L'oralité dans l'écrit... et réciproquement*, Toulouse, CALS/CPST, 181-191.

Bonnot, J.-F.P. & Boë, L.-J. (1999). «So where should the 4th ICPhS take place? And why did it never occur?». Actes du 14e Congrès International des Sciences Phonétiques, vol. 2, San Francisco, 1325-1328.

Bonnot, J.-F.P. & Boë, L.-J. (2001). «Stéréotypes et théorie phonétique dans l'entre-deux guerres : le poids des dominantes idéologiques sur les champs pluridisciplinaires». XXIe Colloque d'Albi : *Langages et signification : le stéréotype : usages, formes et stratégies*, Toulouse, CALS, 107-116.

Bonnot, J.-F.P. & Boë, L.-J. (2002). «Genèse des premiers Congrès internationaux de Phonétique (1932-1938) : à propos de quelques dérives idéologiques». In G. Kleiber & N. Le Querler (Eds), *Traits d'union*, Caen, Presses Universitaires de Caen, 237-250.

Bonnot, J.-F.P. & Boë, L.-J. (2003). «Les corpus dialectaux aux Pays-Bas dans la première moitié du xxe siècle : interprétations phonétiques, phonologiques et anthropologiques». Colloque *Linguistique et corpus : types de données et comparaison des langues*, ENS Lettres et Sciences Humaines Lyon, 4-7 septembre.

Bouhours, D. (1671). *Entretiens d'Ariste et d'Eugène, par un gentilhomme de province*. Paris, S. Mabre-Cramoisy.

Bouliette, abbé (1788). *Traité des sons de la langue françoise et des caractères qu'elles représentent*. Paris, Chez Varin.

Brosses, Ch. de (1765). *Traité de la formation méchanique des langues*. Paris, Saillant, Vincent, Desaint.

Buffet, M. (1668). *Nouvelles observations sur la langue française*. Paris, Cusson & Bourbon.

Carton, F. (1974). *Introduction à la phonétique du français*. Paris, Bordas.

Cordemoy, G. de (1668). *Discours physique de la parole, dédié au Roy*. Paris, Florentin Lambert, 1668.

Court de Gébelin, A. (1776). *Histoire naturelle de la parole*. Paris, chez l'auteur, chez Boudet, chez Valleyre.

Delattre, P. (1966). *Studies in French and comparative phonetics*. La Haye, Mouton.

Féré, Ch. (1887). *Sensation et mouvement, études de psychomécanique*. Paris, Alcan.

Girard, G. (1747). *Les vrais principes de la langue françoise ou la parole réduite en méthode*. Paris, Le Breton.

Harduin A.X. (1757). *Remarques diverses sur la prononciation et sur l'orthographe*. Paris, Prault.

Harduin, A.-X. (1760). *Dissertation sur les voyelles et les consonnes*. Amiens, Lambert.

Hock, H.H. (1986). *Principles of historical linguistics*. Amsterdam, Mouton De Gruyter.

Hovelacque, A. & Hervé, G. (1887). *Précis d'anthropologie*. Paris, Delahaye & Lecrosnier.

Hovelacque, A. (1887). *La linguistique*. Paris, Reinwald, 4ᵉ édition.

Jakobson, R. (1976). *Six leçons sur le son et le sens [1942-1943]*. Paris, Minuit.

Kent, R.D. (1976). «Syllabic complexity and syntagmatic rules for syllable production». *Quarterly Journal of Experimental Psychology, 28*, 483-489.

Lamy, B. (1675). *De l'art de parler*. Paris, chez André Pralard.

Liljencrants, J. & Lindblom, B. (1972). «Numerical simulation of vowel quality systems : the role of perceptual contrast». *Language, 48*, 839-862.

Manouvrier, L. (1884). «La fonction psycho-motrice». *Revue philosophique*, n° de juin.

Martin, J.G.,(1972). «Rhythmic (hierarchical) *vs* serial structure in speech and other behavior». *Psychological Review, 79*, 487-509.

Martinon, Ph. (1913). *Comment on prononce le français*. Paris, Larousse.

Öhman, S. (1966). «Coarticulation in VCV utterances». *JASA, 39*, 151-166.

Rousselot, P.-J. (1925). *Principes de phonétique expérimentale*, tome 2 [texte de 1901-1908]. Paris, Didier.

Schwartz, J.-L., Boë, L.-J., Vallée, N., Abry, C. (1997). «The dispersion-focalization theory of vowel systems». *Journal of Phonetics, 25*, 255-286.

Sock, R. (2001). «La théorie de la viabilité en production-perception de la parole». In D. Keller, J.-P. Durafour, J.-F.P. Bonnot, R. Sock (Eds), *Percevoir : monde et langage*, Sprimont, Mardaga, 285-316.

Straka, G. (1979). «La division des sons du langage en voyelles et consonnes peut-elle être justifiée?» [1963]. Repris in *Les sons et les mots*, Paris, Klincksieck, 59-141.

Tallemant, P. (1698). *Remarques et décisions de l'Académie françoise*. Paris, J.B. Coignard.

Van Ginneken, J. (1935). *Ras en taal*. Amsterdam, Noord-Hollandsche uitgevers maatschappij.

Van Ginneken, J. (1943). *De studie der Nederlandsche streektalen*. Amsterdam, Elsevier.

Vaugelas, C., Favre de (1647). *Remarques sur la langue françoise, utiles à ceux qui veulent bien parler et bien escrire*. Paris, Veuve Jean Camusat et Pierre Le Petit.

Vaxelaire, B., Sock, R., Bonnot, J.-F.P., Keller, D. (1999). «Anticipatory labial activity in the production of french rounded vowels». Actes du 14ᵉ Congrès International des Sciences phonétiques, San Francisco, 53-56.

# Chapitre 16
# L'anticipation dans la pensée de l'Égypte antique
## À propos du texte de la Théologie memphite

Claude Traunecker*

Dans une certaine égyptologie, il est de bon ton de déplorer l'incapacité des anciens Égyptiens à s'élever vers une pensée réellement philosophique ou scientifique, apanage déclaré des Grecs. Leur réputation de civilisation mystique, avec leurs temples obscurs et vapeurs d'encens sur un fond de momies, pyramides et trésors enfouis les a desservis dans cette matière. Leur vaste littérature religieuse avec ses textes déroutants pour un esprit moderne, au demeurant souvent difficile d'accès, ne plaide guère en faveur d'une pensée philosophique dominée par la raison. L'approche analogique, l'importance des rituels, la structure magique des cérémonies de culte, l'imbrication du religieux et du sacré dans la sphère politique et économique, tout cela renvoie au profane une image d'une Égypte exclusivement tournée vers la symbolique mystique, se contentant du merveilleux et de l'irrationnel.

Pourtant, celui qui se penche avec attention sur ces textes dans leur langue originale ne tarde pas à déceler l'étonnante puissance de réflexion des anciens Égyptiens. Vivant dans un monde à la fois généreux et fragile, ils étaient, plus que tous leurs voisins, véritablement obsédés par le problème des origines et de la continuité. Leur survie dépendait du régime des crues du Nil et d'une bonne gestion du pays. Les récits de la création du monde sont nombreux, et surtout très divers. Certes, leurs approches du problème de l'instant premier du monde sont fort éloignées

* Université Marc Bloch, Institut d'Égyptologie, UMR 7044.

de celle de nos scientifiques actuels, mais elles présentent le grand avantage de ne pas être exclusives les unes des autres. La pensée analogique qui consiste à puiser dans le monde sensible du vivant des modèles pour imaginer l'inconnu sans aucune contrainte rationnelle supporte parfaitement la superposition des images même paradoxales. Ces métaphores et images ne sont pas des actes de foi, voire des croyances dans le sens judéo-chrétien, mais comme des icônes logiques, explicatives des coulisses encore inaccessibles de l'Univers. C'est au détour d'une de ces tentatives d'explication du monde que nous pouvons surprendre les Égyptiens se livrant à une réflexion scientifique sur les rapports entre la pensée et l'action. La «pierre de Chabaka» en est le plus brillant exemple.

## LA PIERRE DE CHABAKA

Depuis 1805 figure dans les collections égyptiennes du British Museum un bloc de basalte très étrange[1]. Cette pièce monumentale[2] affiche, finement gravées dans la pierre, soixante-trois colonnes de texte hiéroglyphique agencées en lecture rétrograde[3] (voir fig. 1). Une inscription horizontale en deux lignes couronne l'ensemble. La première reproduit la titulature du pharaon Chabaka (XXV$^e$ dynastie, 715-701 avant J.-C.) La seconde donne l'origine du texte reproduit : «*Sa Majesté a fait graver cet écrit à nouveau dans la demeure de Ptah-qui-est-au-sud-de-son-mur après que Sa Majesté l'ai trouvé en tant qu'œuvre des anciens rongé par les vers (de sorte) qu'on ne le connaît pas entièrement du début jusqu'à la fin*».

Ainsi donc, au début du VIII$^e$ siècle avant notre ère, un érudit a découvert dans un coin de bibliothèque sacerdotale un papyrus en piteux état aux premières et dernières pages perdues. Lisant ce rouleau attaqué par les vers, aux pages pleines de lacunes, il découvrit un récit de la création du monde si extraordinaire, si original qu'il décida de sauver ce document pour la postérité en le fixant dans une pierre dure et en l'exposant dans le temple de Ptah à Memphis. Cet érudit était-il le roi Chabaka en personne, comme le proclame le texte d'introduction? Peut-être, mais en tout cas, c'est le roi qui fut le commanditaire de cette opération de sauvegarde. Hélas, le destin a voulu que ce texte connaisse une seconde mort, heureusement partielle, car au Moyen Age, la «Pierre de Chabaka» a été utilisée par des paysans comme dormant d'une meule de sorte que plus de la moitié du texte est perdue[4].

Le texte de la pierre de Chabaka s'articule en trois sections :

1. La moitié gauche contient le récit du mythe de la bipartition de l'Egypte en deux royaumes, la Haute et la Basse Egypte régis par Seth et

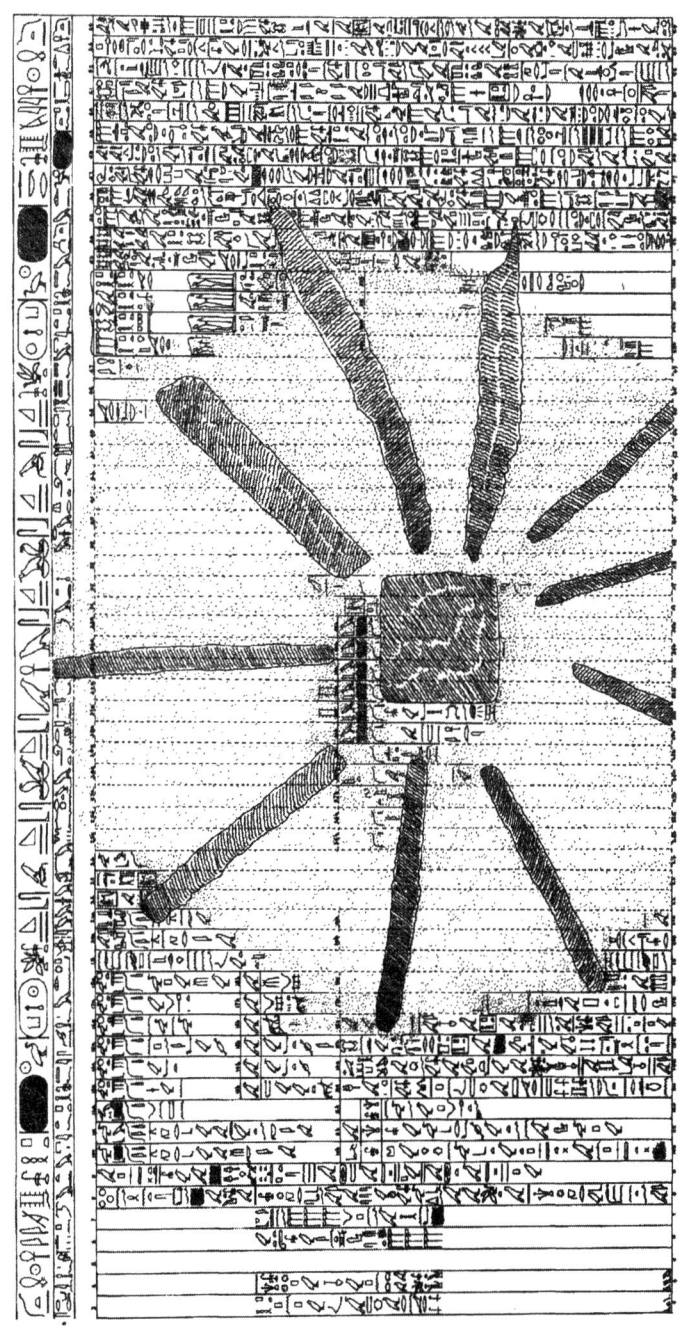

Horus, finalement réunis sous la seule autorité d'Horus à Memphis (col. 1 à 24). Mais ce texte n'a pas survécu aux frottements de la meule.
2. Les treize colonnes après la partie détruite (col. 49 à 61) livrent un texte qui occupe une place à part dans la littérature égyptienne. Il est connu sous le nom de «Théologie Memphite».
3. Les quatre dernières colonnes du texte (61-64) donnent un des rares récits mythiques faisant allusion à la noyade d'Osiris, son sauvetage par Isis et Nephthys, son enterrement et l'intronisation de son fils Horus en tant que roi de tout le pays à Memphis.

Ce document a suscité de nombreuses traductions et commentaires[5]. Jusqu'à récemment, il était admis que le papyrus original remontait à l'Ancien Empire (V$^e$ dynastie 2500-2350 av. J.-C.) et qu'il fallait compter «la Théologie Memphite» parmi les témoignages les plus anciens de la pensée religieuse égyptienne[6]. En 1974, F. Junge, en se fondant sur des éléments linguistiques et stylistiques, le datait de la XXV$^e$ dynastie (716-656 avant J.-C.). La note bibliophilique de Chabaka ne serait qu'une mise en scène historisante d'un penseur contemporain s'exprimant dans une langue archaïsante[7]. À sa suite, d'autres chercheurs ont attribué aux prêtres ramessides la composition de ce chef d'œuvre de pensée analytique[8]. Assez récemment, Eric Iversen a proposé de revenir à la datation la plus ancienne[9].

Je me garderai bien de conclure de manière définitive en ce qui concerne la date du texte de la Théologie Memphite. L'approche naturaliste et extraordinairement moderne fait penser aux expériences du Nouvel Empire. Les formes subtilement archaïsantes et l'inventivité de l'ensemble de la pierre de Chabaka sont bien en accord avec la richesse intellectuelle de la XXV$^e$ dynastie, grande période d'innovation et de recherche. Cependant, l'archaïsme de la langue et la forme du texte plaident fortement pour la datation ancienne. J'ajouterais que le lecteur de textes religieux plus récents que je suis est étonné par l'absence des outils intellectuels courants à partir du Nouvel Empire (les baou s'incarnant dans les statues de culte, les jeux de mots, les poncifs pour la description du monde, etc.). J'aurais donc tendance à croire le roi Chabaka sur parole et suivre les conclusions de J. Allen qui suggère de rattacher ce document aux spéculations des prêtres du Moyen Empire[10] (vers 2000 à 1750 av. J.C.).

La «Théologie Memphite» dresse un portrait du dieu Ptah, démiurge et créateur du monde. Il ne s'agit pas d'un simple récit cosmogonique, mais bien d'une véritable réflexion sur la nature et les processus créatifs du monde animé. Le document est écrit dans une langue difficile, la forme est complexe, souvent déroutante. On a même pensé à une dramaturgie religieuse[11]. Mais son originalité réside dans le développement du concept de «Cœur et Langue», soit la pensée anticipatrice de l'action.

## PTAH, «CŒUR ET LANGUE» À L'ORIGINE DU MONDE

Historiquement, Ptah est une divinité très ancienne. La tradition en fait un dieu lié à l'artisanat et à la confection des images. Le dessein de l'auteur du texte de la Pierre de Chabaka est d'imaginer la création du monde en partant des modèles cognitifs et d'action qui prévalent à la réalisation d'une œuvre artisanale : sa conception, qui est du ressort du cœur (haty), et sa réalisation, qui s'effectue par la langue (nes). Ce vocabulaire, qui peut nous surprendre, s'explique si l'on sait que les anciens Égyptiens ignoraient le rôle du cerveau et plaçaient les fonctions intellectuelles dans le cœur[12]. Le cœur est le siège de la mémoire et de la conscience. S'évanouir était exprimé par la belle métaphore «avaler son cœur». Quant à la puissance de la langue, il faut savoir que les Égyptiens aimaient à accorder une vertu performative à la parole : il en va ainsi des paroles des dieux démiurges, mais aussi des paroles des officiants liturgistes, sans compter celles des magiciens. De plus, dans un pays socialement très structuré, la position idéale est celui d'un maître reconnu disposant d'une large entourage domestique et familial : il suffisait d'ordonner et la chose était accomplie. L'action est avant tout une énonciation[13].

L'acte créatif de Ptah démiurge est donc décomposé, selon les théologiens memphites, en deux phases : la conception (cœur) qui anticipait l'action (langue)[14]. Serge Sauneron a parfaitement souligné l'originalité de Ptah : «Dieu "intellectuel" créant par l'action combinée de son cœur (son esprit et sa volonté) et de sa langue (son verbe efficace)»[15]. «Cœur et Langue» est un concept, outil philosophique au service des théologiens de Memphis. Mais l'auteur anonyme de ce texte a largement dépassé les habituels procédés de la pensée mythologique. Il a élevé ces observations éthologiques au niveau d'une théorie générale dont il va détailler les conséquences tant dans le réel que dans le virtuel.

Reprenons le texte de la pierre de Chabaka. J'ai pensé qu'il n'était pas inutile de brosser un tableau complet du contenu de ce texte en traduisant à nouveau certains passages afin de mettre en perspective les éléments qui peuvent retenir l'attention des lecteurs de cet ouvrage sur l'anticipation. Pour saisir la portée de ce document, il était important de mettre en valeur son architecture et de souligner la succession des idées.

Aussi ai-je subdivisé le document en huit sections. En considérant que nous sommes en présence d'un enseignement, il n'est pas choquant de résumer le contenu de chacune de ces huit sections en une affirmation synthétique : les huit titres ci-dessous permettent de suivre la doctrine et sa force démonstrative.

## LE TEXTE DES COLONNES 48 À 61 DE LA PIERRE DE CHABAKA : THÉOLOGIE ET ÉTHOLOGIE COGNITIVE

### §1. « Cœur et langue » préexiste à l'action du Démiurge (col. 48-54)

Le début est perdu, et les premières colonnes, très mutilées, sont difficiles à comprendre. Elles énumèrent, semble-t-il, les dieux qui sortent de Ptah et sont des formes purement conceptuelles du dieu memphite. Parmi elles figure «*Ptah l'ancien, "cœur et langue" de la compagnie divine*». Puis le texte affirme que Ptah «*le très ancien*» est «*celui qui est venu à l'existence en tant que cœur, celui qui est venu à l'existence en tant que langue, sous l'apparence d'Atoum*». Ce Ptah «*le très ancien*» a pouvoir (sekhem) sur «*tous les dieux et leur ka*»[16]. Enfin, il est dit que par le cœur Ptah a créé Horus, sorte d'archétype de la royauté et par la langue, Thot, dieu de l'intellect et de l'organisation efficace.

Qui est Atoum ? Atoum est le dieu qui marque le passage crucial entre le non existant (tm) et l'existant[17]. Cette antonymie est caractéristique d'une entité liminaire placée entre le tout et le rien, entre l'existant et l'inexistant. Sorte de notion limitrophe entre le monde de la précréation (sans consistance, sans limites, sans lumière, sans contenu) et la création se développant à partir d'un être unique, existant est l'Unique solitaire. À ce titre, lui attribuant le modèle de la reproduction humaine de nombreux textes le décrivent extrayant de lui-même avec sa main la semence d'où sortiront les premiers dieux. Mais ici, les théologiens memphites suggèrent que le concept «cœur et langue» était préexistant à Atoum comme une sorte de potentialité universelle et incréée. Cette approche est typique des Égyptiens qui aiment à poser la question du «pourquoi du pourquoi». Quelle est donc la force diffuse dans la précréation, dans le non existant qui permet de basculer dans l'existant ? À cette question, toujours d'actualité tant chez les physiciens que les théologiens d'aujourd'hui, les Égyptiens ont apporté plusieurs réponses. Le chapitre 261 des Textes des Sarcophages, par exemple, affirme et montre que c'est la force magique (heka) qui préexiste à toute chose[18]. La dualité Horus/Thot en face de celle de Cœur/Langue est cohérente : Horus représente la royauté, donc le pouvoir de décision du maître responsable, et Thot la faculté exécutive, organisatrice de la volonté royale par la parole et l'écrit. Horus, l'anticipation politique, Thot, l'action performatrice de la parole, il apparaît clairement que sur la pierre de Chabaka, les noms de dieux appartiennent à un vocabulaire conceptuel, sinon philosophique.

§2. « Cœur et langue » s'observe chez tous les êtres vivants (col. 54)

*Il se trouve que « Cœur et Langue » ont pouvoir sur tous les membres de par l'enseignement qu'ils existent en tout corps et en toute bouche de tous les dieux, de tout homme, de tout animal[19], de tout être rampant et de (tout) vivant, par la pensée et par les paroles ordonnant toute chose qu'il désire.*

En matière de préliminaire à sa démonstration, le texte annonce l'universalité du couple «Cœur et Langue» conception/action dans tout le monde vivant. L'évidence est celle de la présence de ces deux organes dans les corps vivants. Les membres soumis à leur pouvroir sont ceux d'un corps vivant commandé par la volonté individuelle. Mais, précise cette longue phrase, «Cœur et Langue» agissent par la pensée et la parole. Le terme «pensée» (kaat) dérive d'une racine verbale signifiant «concevoir dans son cœur» s'opposant en plusieurs contextes aux verbes «parler» et «faire»[20]. Il s'agit donc d'une pensée anticipatrice comme le confirme la particule dérivée «ka» qui exprime le futur en égyptien classique[21]. Plus tard, au Nouvel Empire, par extension de sens, le même terme peut signifier «dire» et plus particulièrement «nommer»[22]. À l'époque gréco-romaine, on trouve des exemples où le terme «ka» s'applique aux lèvres qui nomment quelque chose[23].

Intéressant est également le classement du monde des vivants : les êtres imaginaires omnipuissants (les dieux), puis les hommes, les quadrupèdes et les vers ou insectes. Dans d'autres textes où les Égyptiens tentent de décrire le vivant, les catégories sont définies en partie selon le milieu de vie : après les dieux et les hommes figurent le grand et petit bétail, tout ce qui vit dans les airs (oiseaux), tout ce qui vit dans les eaux (poissons), tout ce qui vit dans la terre (vers, serpents et insectes). Apparaît également dans ce texte l'usage de la racine «mrj», aimer, désirer, dans le sens de l'expression d'une volonté affirmée.

§3. «Dents et lèvres» permettent de passer à l'acte (col. 55)

*Sa compagnie divine est devant lui,*
 *ce sont les dents (c'est la semence d'Atoum)*
 *ce sont les lèvres (ce sont les mains d'Atoum)*

*car si la compagnie divine d'Atoum est venue à l'existence par sa semence et ses doigts, la compagnie divine c'est aussi les dents et les lèvres de cette bouche qui détermine toutes choses et dont sont sortis de Chou et de Tefnout et qui a donné naissance à l'Ennéade.*

Ce passage un peu obscur s'éclaircit si l'on admet que la seconde partie est une glose explicative où l'auteur essaie de concilier en les superposant les systèmes d'Atoum (cosmogonie par la masturbation) et de Ptah (anticipation et énonciation), et ceci dans le but de montrer que si le premier est ponctuel, le second est incréé et antérieur à tout.

La difficulté réside dans la définition de la première compagnie divine citée. S. Schott pensait qu'il s'agissait d'une désignation générale des dents et des lèvres[24]. Le texte précisant que cette compagnie divine est «devant lui», je proposerai de voir en elle une métaphore égyptienne pour désigner les compagnons fonctionnels du dieu dans sa volonté créative. J'y verrai en quelque sorte la désignation des outils à sa disposition, c'est-à-dire «dents et lèvres» rendant possible l'articulation des paroles performatrices. Cette lecture est compatible avec l'approche de S. Schott et nous avons vu au paragraphe précédent que les lèvres peuvent être associées spécifiquement à la pensée anticipatrice.

L'organe créateur est cette bouche avec ses outils spécifiques que sont les dents et les lèvres permettant l'énonciation. Chou et Tefnout est le premier couple sorti d'Atoum, suivront Geb et Nout et enfin la famille osirienne Osiris, Seth, Isis Nephthys, l'ensemble formant l'Ennéade héliopolitaine[25]. C'est cette Ennéade (lit. compagnie divine) qui est citée en dernier. Ainsi, la bouche créative est aussi à l'origine des dieux héliopolitains.

Ce passage suppose que les anciens Égyptiens connaissaient parfaitement le rôle des lèvres et des dents dans le processus d'énonciation. On peut s'étonner que la langue ne soit pas citée dans ce passage. Cette substitution s'explique, à mon sens, par cette tournure particulière de l'esprit des penseurs égyptiens fascinés par les constructions termes à termes. Au binôme main ou doigts/semence de l'acte créateur d'Atoum, il fallait opposer un autre binôme rendant compte de l'action de Ptah prononçant les paroles performatrices : mieux que la langue seule, lèvres et dents étaient tout indiquées en la matière.

Peut-être même pourrait-on introduire dans cette approche la notion de justesse de l'énonciation par une bonne articulation. Le mouvement des lèvres et des dents étant très visible dans le phénomène articulatoire, ces deux organes ont été choisis pour souligner la justesse des mots prononcés par le créateur[26]. Certains textes liturgiques et magiques insistent sur la bonne articulation des paroles rituelles[27].

### §4. Le « cœur » coordonne les informations des sens et produit la pensée (col. 56)

*les yeux voient, les oreilles entendent, le nez respire le souffle*
*et ils sont élevés vers le cœur*
  *et c'est lui (le cœur) qui fait que sortent toutes conclusions (ârqyt)*
  *c'est la langue qui proclame (whm) les desseins (kaa) du cœur.*

Les informations des trois sens (vue, ouïe, odorat) sont centralisées par le cœur (l'intellect) qui fait la synthèse et en tire les conséquences[28]. La racine « ârq » est en rapport avec la fin, l'achèvement d'une chose (le dernier jour du mois, métaphore pour la mort en tant que fin et aboutissement de la vie), la cessation d'un processus (avec un infinitif : cesser de...), mais aussi « résolution » et « serment »[29]. Par extension, le verbe ârq désigne l'action de la bouche ou du cœur du sage, de l'être raisonnable, ou, dans le sens transitif, « comprendre quelque chose »[30]. Le terme whm, dont le sens fondamental est « répéter », signifie ici « exprimer, transmettre une volonté »[31]. Quant à kaa pour « desseins », « volonté », il faut distinguer ce terme de « sekherou » également souvent traduit par « dessein » mais plus particulièrement dans le sens de l'expression de la volonté préétablie de personnages de puissance, dieux, rois ou même particuliers concernant leurs sujets[32]. La volonté kaa de la pierre de Chabaka relève quant à elle de la conscience individuelle et du libre-arbitre de tout être pensant devant une situation donnée.

### §5. Aussi « Cœur et Langue » justifie du libre-arbitre des dieux et des hommes (col. 56-57)

*C'est ainsi que sont nés tous les dieux, ainsi qu'Atoum et sa compagnie*
*et que sont venus à l'existence toutes les paroles divines*
*(hiéroglyphes)*
  *par la pensée du cœur et l'ordre de la langue*
*C'est ainsi qu'ont été faits les kaou et déterminés les hemesout*
  *qui ont créé toute subsistance et offrandes par cette parole*
  *qui ont créé ce qui est aimable, c'est ce qui donne la vie à celui qui est calme*
  *qui ont créé ce qui est détestable, c'est ce qui donne la mort à celui qui transgresse.*

À partir de la colonne 56, le texte est ponctué à sept reprises par la particule proclitique archaïque sw[33], «ainsi, c'est ainsi», comme si la seconde partie du texte exposait les conséquences du processus «Cœur/Langue» dans l'ordre du monde égyptien. Par Cœur et Langue sont nés tous les dieux, y compris le démiurge Atoum et les textes sacrés, expression de leur volonté. Cette lecture confirme l'antériorité de Cœur et Langue sur le créateur[34].

Les kaou et les hemesou sont des entités, les unes masculines, les autres féminines en rapport, dès les Textes de Pyramides avec la production de nourriture[35]. D. Meeks les définit comme «les compléments naturels des kaou qu'elles accompagnent souvent et avec lesquels chacune d'entre elles réalise la symbiose : principe fécondant (ka)/principe fécondé (hémésout)[36]. Elles interviennent au moment de la naissance et commandent le destin du nouveau-né[37]. Ainsi, selon les théologiens memphites, Ptah met en place la fécondité et la destinée humaine, mais également le bien et le mal. L'homme a le choix entre les voies possibles. La formule 1130 des Textes des Sarcophages va dans le même sens. Le dieu déclare qu'il a créé les hommes égaux, qu'il ne les a pas autorisés à faire le mal mais «*leurs cœurs ont contrevenu à ce que j'avais dit*»[38]. Donc, la transgression n'est pas une fatalité inscrite dans les plans des dieux mais bien une décision du «cœur» de l'individu[39].

### §6. Aussi «Cœur et Langue» est-il à l'origine de tous les arts et productions (col. 57-58)

*C'est ainsi que sont crées tous travaux (kat) et toute œuvre d'artisan (hemat)*
*Tout ce que font les mains, les déplacements des jambes,*
*les mouvements de tous les membres*
*sont soumis à son ordre et à la parole* (l'expression) *de sa pensée*
*qui émerge par la langue et facilite toute chose.*

Après les dieux, leur naissance, leur pensée, les hommes et leur destin, les théologiens memphites montrent comme Cœur et Langue préside à toute production matérielle. Le premier terme s'applique volontiers à des entreprises collectives, chantiers et constructions. Le second concerne généralement des objets. Mêmes les gestes simples de l'artisan sont soumis au processus d'anticipation/action.

### §7. Aussi Ptah est-il le plus puissant de tous les dieux (col. 58-59)

*Or l'on nomme Ptah «celui qui fait tout et fait venir à l'existence les dieux»*

*C'est Ta-tenen qui donne naissance aux dieux, toute chose sort de lui en tant que subsistances et offrandes divines et de toute bonne chose. Ainsi est-il admis*[40] *que sa puissance -phty est plus grande que (celle) de tout dieu.*

Ta-tenen, «la terre qui se soulève», est une forme de Ptah. Cette entité chtonienne est responsable des produits du sol nécessaires à la vie des hommes et, par le culte, des dieux.

La force-pehty est la force physique. C'est celle des dieux violents qui interviennent dans le sensible. Ainsi, Seth, «grand de force-pehty», est le dieu à l'origine des aspects incontrôlés de l'univers : orages, tempêtes, etc. L'auteur, en associant Ptah à cette force, voulait exprimer non pas la violence de l'action divine, mais sa présence tangible dans notre sensible, en tant que concept régissant nos actions.

**§8. Ainsi, grâce à Ptah, existent les villes, les dieux, leurs temples, leurs cultes et le roi (col. 59-61)**

*C'est ainsi que Ptah se repose après avoir accompli toute chose ainsi que toute parole divine.*
*il a donné naissance aux dieux, il a fait les villes, il a fondé les nomes, il a placé les dieux dans leurs chapelles, il a fait se multiplier leurs pains (?), il a fondé leurs chapelles, il a reproduit leur corps à leur satisfaction.*
*C'est ainsi que les dieux entrent dans leur corps en toutes sortes de bois, en toute sorte de pierre noble, en toute sorte de matériau manufacturé*[41] *(faïence)*
*toutes choses qui croissent sur lui et par lesquels ils viennent à l'existence.*
*C'est ainsi que sont glorifiés par lui tous les dieux et leurs kaou également avec (khenem) le seigneur des Deux Terres.*

Les dernières colonnes décrivent le monde tangible, l'Égypte dans sa réalité sociale sous la responsabilité du Roi, le seigneur des Deux Terres, comme une œuvre de Ptah, heureux (autre traduction possible) de ce qu'il a fait. Ici aussi, la progression est subtile. Le ciment de la création est le culte, ce qui implique des temples, lieux de dépôt sécurisé d'une image habitée par la puissance divine[42]. Pour cela, l'intervention de l'artisan-prêtre est capitale : il faut qu'il possède la connaissance des apparences et formes divines[43]. Mais surtout, son action est entièrement sous-tendue par le principe de Ptah «Cœur/langue». Par ce principe, la pensée qui décide de la forme et du matériau et par la puissance performatrice des paroles de consécration, les dieux sont présents dans des objets et reçoivent l'hommage des vivants. Les matériaux sont classés par règne : végétal, minéral, minéral artificiel. Ces matériaux viennent du sol, de Ptah-Tatenen. La dernière phrase montre le culte des dieux en place et fait allusion au rôle du Roi

## L'ANTICIPATION COMME PRINCIPE DE L'EXISTANT

Après cette lecture de l'ensemble du texte, la démarche démonstrative apparaît clairement. Après la première affirmation de principe, selon laquelle «Cœur et Langue» non seulement préexiste à la création, mais est la condition nécessaire à celle-ci (§1), l'auteur se lance dans une série d'observations, tirées du réel pour décrire les processus de fonctionnement de «cœur et langue» et d'anticipation commun à tous (§2), puis l'action par l'énonciation (§3), et enfin le processus cognitif (§4).

Puis le phénomène étant bien connu désormais, l'auteur en décrit sa prééminence dans le monde qui nous entoure : les dieux ordonnateurs, le destin humain, la conscience du choix (§5) et sa prééminence à toute production humaine (§6). Les cinq affirmations descriptives (2, 3, 4, 5, 6) sont au cœur de la démonstration et laissent une place très réduite à la théologie et au mythe proprement dit. Elles sont remarquablement graduées, allant du mystère de l'origine du monde à celle de la production d'un simple objet. Puis la mythologie reprend ses droits. Dans les deux derniers volets (§7 et 8), les théologiens memphites ramassent de la donne en faisant de Ptah le moteur secret du monde. En relisant une dernière fois ce texte étonnant, on peut se demander si l'idée profonde qui traverse tout cet ensemble n'est pas celle de l'antériorité de la pensée sur la matière, de Ptah sur Atoum.

L'exemple de la Pierre de Chabaka montre que les anciens Égyptiens pouvaient, quand il le voulaient, fort bien philosopher et créer un vocabulaire spécifique à cet usage. Ces idées, mêlant observation et bon sens, raisonnements, approches symboliques, savoirs théologiques, traditions lexicographiques et sacerdotales, n'ont guère eu, il faut bien l'avouer, de répercussions. Le culte de Ptah va prendre une importance capitale à l'époque ramesside et son rôle de dieu créateur sera exalté, mais sans que le principe Cœur/Langue soit évoqué nettement[44]. Si l'expression memphite de l'anticipation n'est pas affichée dans les grands textes religieux[45], elle était présente sous d'autres formes dans la pensée égyptienne. Ainsi, par exemple, sur une paroi du petit temple de Thot à Qasr el Agouz[46], au pied de la montagne thébaine, le dieu de l'intellect est accompagné de ses quatre assesseurs : Sia et Hou, Maa et Sedjem, c'est-à-dire : pensée et parole, vue et ouïe. Cette théologie bien connue était largement répandue. Il n'en est pas de même du document de Chabaka qui nous est parvenu miraculeusement.

Imaginons un instant que le fermier égyptien propriétaire du moulin qui fut fatal au premier texte ait eu l'idée, après tout légitime, d'améliorer sa machine, en agrandissant la partie tournante de la meule ! Pour quelques piastres supplémentaires, la subtile démonstration des penseurs memphite disparaissait à tout jamais, dissoute dans la farine !

## Références bibliographiques

Allen, J.P. (1988). *Genesis in Egypt. The Philosophy of Ancient Egyptian Creation Accounts.* Yale Egyptological Studies, New Haven.

Assmann, J. (1997). «Das "Denkmal memphitischer Theologie" als Auslegung der heliopolitanischen Kosmogonie». Dans *Rezeption und Auslegung im Alten Testament und in seinem Umfeld*, Editeur Kratz R.G. et Krüger T., Orbis Biblicus et Orientalis, n° 153, Freiburg, Suisse.

Barucq, A., Daumas, F. (1980). *Hymnes et prières de l'Égypte ancienne.* Éditions du Cerf, Paris.

Bardinet, T. (1990). *Dents et mâchoires dans les représentations religieuses et la pratique médicale de l'Égypte ancienne.* Editrice Pontificio Istituto Biblico, Rome.

Barguet, P. (1986). *Les textes des sarcophages égyptiens du Moyen Empire.* Les éditions du Cerf, Paris.

Breasted, J.H. (1901). «The philosophy of a Memphite priest». Dans *ZÄS, 39*, 39-54.

Breasted, J.H. (1902). «The mythological text from Memphis again». Dans *PSBA, 24*, 300.

Breasted, J.H. (1933). *The Dawn of Conscience.* New York, p. 29-42.

Daumas, F. (1980). «Quelques textes de l'atelier des orfèvres dans le temple de Dendara». Dans *Livre du centenaire*, Institut Français d'archéologie Orientale, Le Caire, 1980, p. 109-118.

Derchain, P. (1981). «Cosmogonie en Égypte pharaonique». Dans *Dictionnaire des Mythologies*, Flammarion, Paris.

Derchain, P. (1990). *L'Atelier des Orfèvres à Dendara et les origines de l'Alchimie.* CdE 65, Bruxelles, p. 219-242.

El Qal'a : Pantalacci, L., Traunecker, C. *Le temple d'el-Qal'a*, 2 volumes, IFAO, Le Caire, 1990, 1998.

Erichsen, W., Schott, S. (1954). *Fragmente memphitischer Theologie in demotischer Schrift* (Pap. demot. Berlin 13603), Akademie der Wissenschaften und der Literatur. Abhandlungen der geistes- und sozialwissenschaftlichen Klasse. n° 7, Wiesbaden, pp. 299-394.

Erman, A. (1911). «Ein Denkmal memphitischer Theologie». Dans *SPAW*, p. 916-950.

Harris, J.R. (1961). *Lexicographical Studies in Ancient Egyptian Minerals*, Berlin.

Helck, W. (1970). «Zwei Einzelprobleme der thinitischen Chronologie». *MDAIK, 26*, 83-85.

Hornung, E. (1986). *Le dieux de l'Egypte, le Un et le Multiple.* Édition française Le Rocher.

Iversen, E. (1990). «The cosmogony of the Shabaka text». In *Studies in Egyptology presented to M. Lichtheim*, Winona Lake, p. 485-493.

Junge, F. (1973). «Zur Fehldatierung des sog. Denkmals memphitischer Theologie, oder Der Beitrag der ägyptischen Theologie zur Geistesgeschichte der Spätzeit». Dans *MDAIK, 29*, p. 195-204.

Junker, H. (1940). «Die Götterlehre von Memphis». *APAW. Phil.-hist. Kl.*, n° 23, Berlin.

Junker, H. (1941). «Die politische Lehre von Memphis». *AFAW, Phil.-hist. Kl.*, n° 6, Berlin.

Kaplony, P. (1966). «Die Handwerker als Kulturträger Altägyptens». Dans *Asiatische Studien, 20*, Bern, p. 101-125.

Kaplony, P. (1977). «Hemuset». Dans *Lexikon der Ägyptologie*, Harrasowitz, Wiesbaden, II, col. 1117-1119.

Koch, K. (1993). *Geschichte der ägyptischen Religion*, Stuttgart/Berlin/Köln, p. 377.

Koch, K. (1965). *Wort und Einheit des Schöpfergottes in Memphis und Jerusalem, Zeitschrift für Theologie und Kirche.* Tübingen, 62, p. 251-293.

Lalouette, C. (1987). *Textes sacrés et textes profanes de l'ancienne Égypte*, Paris.

Lexa, F. (1925). *La magie dans l'Égypte antique.* Geuthner, Paris.

Meeks, D. (1971). «Génies, anges et démons en Égypte». Dans *Sources Orientales*, p. 19-83.

Morenz, S. (1957). *Eine «Naturlehre» in den Sargtexten.* WZKM 54, p. 119-129.

Pavlova, O. (1993). «Praedestinatio and Liberum Arbitrium in the Memphite Theology». Dans *Ancient Egypt and Kush.* In Memoriam Korostovtsev, p. 306-334.

Read, F.W. (1902). «A mythological text from Memphis : a reply to criticism». Dans *PSBA, 24*, 206-216.

Ritner, R.K. (1993). *The Mecanic of Ancient Egyptian Magical Practice*, Chicago.

Sandman Holmberg, M. (1946). *The God Ptah.*

Sauneron, S., Yoyotte, J. (1954). «La naissance du monde selon l'Égypte ancienne». Dans *Sources Orientales, 1*, Éditions du Seuil, Paris.

Sauneron, S. (1960). «La différentiation des langages». Dans *BIFAO, 60*, 1960, p. 31-40.

Schögl, H.A. (1980). «Der Gott Tatenen». *Orbis Biblicus et Orientalis, 29*, Freiburg, Suisse.

Schott, S. (1938). «Die beiden Neunheiten als Ausdruck für "Zähne" und "Lippen"». Dans *ZÄS, 74*, p. 94-96.

Sethe, K. (1928). «Das "Denkmal memphitischer Theologie", das Schabakostein des Britischen Museums». *UGAÄ, 10*, 1, Leipzig.

Shaw, I., Nicholson, P. (1996). *British Museum Dictionary of Ancient Egypt.* The American University in Caire Press, Le Caire, p. 74.

Te Velde, H. (1982). «Ptah» dans *Lexikon der Ägyptologie.* Harrasowitz, Wiesbaden, IV, col. 1177-1180.

Te Velde, H. (1988). «Some Remarks on the Mysterious Language of the Baboons». Dans *Essay Dedicated to Pro. M.S.H. G. Heerma van Voss*, p. 129-137.

Thissen, H.-J. (1994). «Horapollinis Hieroglyphika. Prolegomena». Dans *Aspekte spätägyptischer Kultur*, Festschrift Winter, 255-263.

Traunecker, Cl. (1989). «Le "Château de l'Or" de Thoutmosis III et les magasins nord du temple d'Amon». Dans *CRIPEL, 11*, Lille, p. 89-111.

Traunecker, C. (1993). «Les résidents des rives du Lac Sacré, le cas d'Ankhefenkhonsou». Dans *CRIPEL, 15*, p. 83-93.

Traunecker, C. (2001). *The Gods of Egypt.* Édition augmentée, traduction D. Lorton, Ithaca, New York.

Traunecker, C. (1992). *Les dieux de l'Égypte.* Coll. Que Sais-je, PUF, Paris.

van Dijk, J. (2001). «Ptah». Dans *The Oxford Encyclopedia of Ancient Egypt*, ed. Redford, D., New York, III, p. 75.

Voltaire 1764 (1964). *Dictionnaire Philosophique.* Garnier Flammarion, Paris.

Wb : Erman A., Grapow H. (1982). *Wörterbuch der Aegyptischen Sprache.* 5 volumes, réédition 1982, Akademie Verlag, Berlin.

Wilson, J.A. (1950). Dans *Ancient Near Eastern Texts*, Princeton, p. 4-6.

## Notes

[1] Inventaire BM 498.
[2] Hauteur 92 cm, longueur 137 cm. Le facsimilé encore en usage a été publié par Breasted, J.H. (1901). Pour une photographie, voir Shaw I, Nicholson P. (1996), p. 74.
[3] Le sens de lecture de chaque colonne est de la droite vers la gauche, mais la première colonne n'est pas à droite mais celle de l'extrême gauche. La sucesssion des colonnes est donc inverse du sens de lecture à l'intérieur de chaque colonne.
[4] 41 des 63 colonnes sont perdues.
[5] Breasted, J.H. (1901, 1902); Read, F.W. (1902); Erman, A. (1911); Sethe, K (1928); Breasted, J.H. (1933); Junker H. (1940 et 1941); Wilson J.A. (1950); Sauneron, S. & Yoyotte, J. (1954); Lalouette, C. (1987); Allen, J.P. (1988); Iversen, E. (1990); Assmann, J. (1997).
[6] Junker H. (1939); Junker H. (1941); Sandman Holmberg, M. (1946).
[7] Junge, F. (1973). voir aussi les remarques de P. Derchain (1981), note 3, qui n'exclut pas une influence plus ancienne.
[8] Schlögl, H.A. (1980), p. 110-117, pas avant Ramsès II; Te Velde (1982); Koch K. (1993), p. 377, 382, avec des réserves; Shaw, I., Nicholson, P. (1996), p. 74, 133, les auteurs reviennent à la datation Ancien Empire; Assmann, J. (1997), p. 136; van Dijk W. (2001). Helck J. (1970) pensait que l'original pouvait être une stèle en basalte de la Ve dynastie!
[9] Iversen, E. (1990), p. 490.
[10] Allen, J.P. (1988), p. 46-47. Les Textes des Sarcophages décrivent les forces qui parcourent la précréation. Leur esprit est très proche du texte de la Théologie Memphite.
[11] Sethe, K. (1928). Cette hypothèse est plausible pour ce que l'on devine de la première partie de la Pierre de Chabaka, mais elle est peu probable pour la Théologie Memphite qui paraît plus comme une sorte de traité religieux.
[12] Traunecker C. (1992), p. 24. Lors de la momification, le cœur était laissé dans le corps. Alors que les autres viscères, retirés du corps dans les heures suivant le décès, étaient traités avec soin, le cerveau, normalement extrait par les narines, ne bénéficiait d'aucune attention particulière. Le fait n'a pas échappé à Voltaire qui ironise sur ce peuple qui espère en une survie lobotomisée : «L'idée de ressusciter sans cervelle fait soupçonner que les Egyptiens n'en avaient guère de leur vivant; mais il faut considérer que la plupart des anciens croyaient que l'âme est dans la poitrine» (Voltaire 1764 (1964), p. 337).
[13] Sur la conception d'une langue, le rôle de l'organe et la langue des dieux : Sauneron, S. (1960); Te Velde, H. (1988); Traunecker, C. (1992/2001), p. 39-40.
[14] Voir entre autres Morenz, S. (1957).
[15] Sauneron, S., Yoyotte, J. (1959), p. 62.
[16] Le ka est un élement de la personnalité, soit divine, soit humaine, qui représente son état de vie dans une perspective évolutive : pour les hommes, c'est la santé, pour les dieux, leur subsistance par le culte. voir Traunecker, C. (1992), p. 26 et 39.
[17] En égyptien, tm sert à marquer la négation de l'infinitif mais aussi à désigner la totalité. Sur Atoum, voir Hornung, E. (1986), p. 57, 294, et index. Sur la distinction entre créateur et démiurge en Égypte et dans la Bible, voir Koch, K. (1965).
[18] Allen, J.P. (1988), p. 37; Barguet, P. (1986), p. 490.
[19] Littéralement «tout quadrupède».
[20] Wb V, 83 (6).
[21] Wb V, 84 (5-14).
[22] Wb V, 85 (14, 15) 86 (4, 5).
[23] Wb V, 86 (6).

[24] Schott, S. (1938), p. 94-95. Cet auteur cite des passages des textes des pyramides où les deux compagnies sont une désignation des mâchoires et des dents. Dans des contextes plus récents, les dents et les lèvres sont en rapport avec l'alimentation et non l'énonciation («je me lave, je purifie ma bouche, j'aiguise mes dents», Texte des sarcophages, voir *Recueil des Travaux*, 29, 1907, p. 153, Chapitre 178 du Livre des Morts). Pour Junge (1973, p. 199-200), «dents et lèvres» sont l'expression réduite de la puissance créatrice de Ptah, il complète le passage en «dents et lèvres de Ptah» et pense que la compagnie divine est le produit de l'action des dents et de lèvres

[25] Traunecker, C. (1992), p. 82.

[26] Pourrait-on imaginer un démiurge présentant par une malformation buccale un défaut de prononciation? Les conséquences seraient catastrophiques!

[27] Expression «ferme de bouche». Voir Wb V, 629 (8-9) et El Qal'a II, n° 175, p. 165; Ritner, R.K. (1993); Lexa, F. (1925), I, p. 101.

[28] M. Lichtheim (1975, p. 56, n. 11) s'est demandé si la position de ce passage ne serait pas la conséquence d'une erreur de scribe. On le verrait bien à la suite du §2.

[29] Wb I, 212 (3, 9, 16, 17).

[30] Wb I, 212 (11, 12, 14).

[31] Sur l'usage de whm dans le sens de «proclamer», voir Traunecker, C. (1993).

[32] Le dieu Khonsou, par exemple, possède une forme particulière, probablement oraculaire, appelée «celui qui accomplit les desseins dans Thèbes».

[33] Wb IV, 59 (14). Gardiner A. Grammar §240.

[34] Je propose de lire le groupe tm sans déterminatif comme une graphie abrégée du nom d'Atoum. Pour une même lecture, voir Allen, J. (1988), p. 43, et Assmann, J. (1997), p. 43.

[35] Kaplony, P. (1977), col. 1118.

[36] Meeks, D. (1971), p. 40.

[37] La construction du texte suggère que ce sont bien les kaou et hemsout qui déterminent le bien et mal : voir Allen, J. (1988), p. 93. Iversen, E. (1990), p. 486-7, adopte la même interprétation.

[38] Barguet, P. (1986), p. 662 (CT VII, 462-464). Cette transgression est essentiellement cultuelle et donc sociale (autels divins non alimentés, mauvaise gestion du pays, etc.) et non morale.

[39] Voir l'excellent article d'Olga Pavlova (1993) qui commente ce passage en comparaison avec la formule 1130 des Textes des Sarcophages. Cet auteur pense que le texte de la Théologie Memphite date de l'Ancien Empire (p. 321).

[40] Textuellement «trouvé et reconnu». Iversen (1990), p. 487, comprend l'expression comme une affirmation doctrinale.

[41] Harris, J.R. (1961), p. 200.

[42] Pour la production des images et leur animation, voir Daumas, F. (1980); Traunecker, Cl. (1989), p. 106-109; Derchain, P. (1990).

[43] Le prêtre artisan aux périodes anciennes, voir Kaplony, P. (1966).

[44] Barucq, A., Daumas, F. (1980), p. 385-415. Le papyrus démotique de Berlin n° 13603 (époque ptolémaïque) développe une théologie cosmogonique de Ptah, mais hors du concept Cœur/Langue : Erichsen, W., Schott, S. (1954), p. 376-385.

[45] Erman puis Junker (1940, p. 73) avaient noté un passage d'Horapollon (I, 21) où l'hiéroglyphe signifiant crue du Nil était décrit comme un cœur accompagné d'une langue. Cependant, l'explication donnée est très différente du texte memphite (le cœur est l'organe essentiel du corps comme le Nil est la part essentielle de l'Égypte, et la langue est un organe constamment humide). Horapollon est un auteur grec de l'antiquité tardive, probablement apocryphe, qui décrit les hiéroglyphes. Voir Thissen (1994).

[46] Scènes n° 115 et 119, salle des offrandes. L'Institut d'égyptologie de l'Université Marc Bloch a entrepris depuis 2001, en collaboration avec l'Institut Français d'Archéologie Orientale du Caire, la fouille et l'édition épigraphique de ce monument.

# Liste des mots-clefs

acoustique
actif
action
anaphore
anaphorique
antique
apprentissage
articulateur(s)
articulatoire
attention
audible
autochronique

bifurcation
biomécanique

cadre
carte
catalogue
cataphore
cervelet
chabaka
cible
coarticulation
co-énonciation
cœur
cognitif
cognition
cognitive
commande motrices
compréhension
conception
connexionnisme
conscience
constitution
contrôle
coréférence
cortex
co-texte

démonstratif
dieu ptah
discours

discursive
dynamique

Égypte
élocution
émergence
émetteur
énonciation
épistémologie
extension

focus
forme

génétique
gestalt
geste
guidage

interlocuteur
interne

kinésthésiques

langue
locuteur

mémoire
memphite
microgénèse
modèle
modélisation
moteur
motifs
mouvement

neurons
neurosciences

objets
ontologie
ordinaux

parole
partition
passif
perception
phénoménologie
planification
possessif
présent
procédural
production
profils
protension
psychologie

ratage
ratés
réafférences
récepteur
référence
référenciation
référent
référentiel
réseaux
rétention

saturation

sémantique
semiosis
sens
sensi-moteur
sensorielles
signaux
signe
signifiant
signifié
simulées
statique
sujet
systèmes

tâche
temps
thèmes
théologie
timing

valeur
visée
visible
visuelle
vitesse

# Liste des auteurs cités

Abbott L.F.
Abry C.
Ackermann H.
Adams S.G.
Adelman S.
Adu Manyah K.
Alain C.
Albus J.S.
Alemand L.-A.
Alexandre F.
Allen J.P.
Amari S.I.
Anderson A.W.
Anderson W.G.
Andreewsky E.
Antonini A.
Arbib M.
Ariel M.
Aristote
Asci A.
Assmann J.
Athenes S
Atsushi Y.
Authier J.

Baciu M.
Badin P.
Bailly G.
Balkenius C.
Bally C.
Bar F.
Bard C.
Bardinet T.
Barguet P.
Barto A.G.
Barucq A.
Beauzée N.
Bednar J.A.
Bell-Berti F.
Benguerel A.P.
Benkirane R.
Ben-Zur H.
Berrian R.W.

Bertenthal B.I.
Berthoz A.
Bishop C.M.
Bisiacchi, P.
Boë L.-J.
Bonnet C.
Bonnot J.-F.
Bougrain L.
Bouhours D.
Bouliette abbé
Boyce S.E.
Brandt P.A.
Breasted J.H.
Brefcynski J.A.
Brock G.
Brosses Ch. de
Brunfaut E.
Buchner H.
Buffet M.
Bühler K.
Burgess P.
Burnod Y.
Semenza C.

Cadiot P.
Calliope
Canault M.
Caramazza A.
Carden G.
Carsetti
Carton F.
Catán L.
Cathiard M.-A.
Chafe W.
Chainay H.
Chaminade T.
Charolles M.
Chary C.
Chauvin Y.
Choe T.
Cohen N.J.
Cohen M.H.
Coin V.

Coisy V.
Coltheart M.
Connan P.Y.
Conrad K.
Corblin F.
Cordemoy G. de
Cornish F.
Coseriu E.
Cottrell G.
Court de Gébelin A.
Cowan H.A.
Craik K.J.W.
Cutting J.E.
Czigler I.

Damasio A.
Daum I.
Daumas F.
David Jr. E.E.
David D.
Dayan P.
Decety J.
Delattre P.
Denes P.B.
Denes G.
Depraz N.
Derchain P.
DeYoe E.A.
Doya K.
Dubois C.
Dubois J.
Ducloy J.
Dugas C.
Duncan J.
Durafour J.P.

Edelman G.M.
Elisei F.
Emslie H.
Englebert
Engwall O.
Erichsen W.
Erman A.
Eslinger P.

Fadiga L.
Fant G.
Feinstein M.H.
Feldman A.G.
Feltz B.
Ferbach-Hecker V.
Féré Ch.
Fetz E.E.
Fleury M.
Fogassi L.
Forget R.
Fox Keller E.
Fraser T.

Frezza-Buet H.
Frith C.D.
Fromkin V.
Frykholm G.
Fuchs C.
Fuchs S.
Fujimoto I.
Fuster J.M.

Gadet F.
Gallagher G.
Gallese V.
Garabieta I.
Garcia-Colera A.
Garrett M.
Gary-Prieur M.-N.
Gelfer C.E.
Gibson J.J.
Girard B.
Girard G.
Girosi F.
Godard D.
Goel V.
Gomi H.,
Gordon A.M.
Gorfein D.
Gracco V.
Grafman J.
Grapow H.
Gribble P.L.
Grosz B.
Grunig B.-N.
Guedet M.
Guéron J.
Gundel J.K.
Gurwitsch A.

Hardcastle W.J.
Harduin A.X.
Harlow J.
Härmä J.
Harris J.R.
Harris K.S.
Haruki Y.
Hawkins J.A.
Hebb D.O.
Hedberg N.
Heidegger M.
Heilman K.M.
Helck W.
Hellige J.B.
Henke W.L.
Henry A.
Henry F.M.
Hertz J.
Hervé G.
Hewlett N.
Hilty G.

Hiroshi F.
Hirsch F.
Hobbs J.R.
Hoc J.-M.
Hock H.H.
Hogan N.
Honda K.
Hoole P.
Hopfield J.J.
Hoppe R.
Hornung E.
Houde R.A.
Hovelacque A.
Hubel D.
Huneman P.
Husserl E.

Imoto H.
Inhoff A.W.
Iriki A.
Iversen E.

Jackson M.T.T.
Jakobson R.
Janet P.
Jeannerod M.
Job R.
Johansson G.
Joly A.
Jordan M.I.
Junge F.
Junker H.

Kaelbling L.P.
Kaladjian A.
Kandel S.
Kant
Kaplan B.
Kaplony P.
Katz D.
Kawato M.
Kehler A.
Keller D.
Kelso J.A.S.
Kent R.D.
Kesik K.
Kesik M.
Kess J.
Klapp S.T.
Klatt D.
Kleiber G.
Koch K.
Koechlin E.
Kohonen T.
Koriat A.
Kozlowski L.T.
Krakow R.A.
Kramer S.J.

Krogh A.
Kyoto S.

Laboissière R.
Laca B.
Ladefoged P.
Lagorgette D.
Lakofff G.
Lallouache T.
Lalouette C.
Lamarre Y.
Lambert D.
Lambrecht K.
Lamirel J.C.
Lamy B.
Langacker R.
Larrivee P.
Lashley K.
Lassègue J.
Lavric E.
Le Bidois R.
Lebas F.
Lerat P.
Lexa F.
Liljencrants J.
Lindblom B.
Lindgren R.
Littman M.L.
Lœvenbruck H.
Löfqvist A.
Louis-Dam A.
Lubker J.F.
Lyons J.

Mac Kenzie C.L.
Maddieson I.
Maeda S.
Maeda Y.
Maillard M.
Manning L.
Manouvrier L.
Marcel A.J.
Marchal A.
Marr D.
Marret R.
Marteniuk R.G.
Martin J.G.
Martin R.
Martinez A.
Martinon Ph.
Masaki S.
Masatoshi I.
Matthies M.
Maunsell J.H.R.
McClelland J.
McKoon G.
Meary, D.
Meeks D.

Ménard O.
Merleau-Ponty M.
Miikkulainen R.
Miller R.
Milner J.-C.
Moore A.W.
Mooshammer C.
Moreaud, O.
Morén J.
Morenz S.
Morin E.
Munhall K.
Murthy E.N.

Nakamura, Y.
Nelson W.L.
Nespoulous J-L.
Neumann O.
Nicholson P.
Ninomiya N.
Noë A.
Norman D.
Nussbaum A.

Ochipa C.
Odisio M.
Öhman S.
Okuda J.
O'Regan J.K.
Orliaguet J-P
Ostry D.J.

Paillard J.
Palluel R.
Palm L.
Palmer R.G.
Palmer S.E.
Pantalacci L.
Parisse C.
Patashnik O.
Pavlova O.
Payan Y.
Pelorson X.
Perkell J.
Perrier P.
Petit J.L.
Petitot J.
Pierrard M.
Piotrowski D.
Poggio T.
Poincaré H.
Polanyi M.
Prinz W.
Profitt B.R.

Quine W.v.O.

Rastier F.

Read F.W.
Reiko F.
Reinhart T.
Requin J.
Rescorla R.A.
Réveret L.
Riegel M.
Ritner R.K.
Rizzolatti G.
Roberts C.
Rogers D.E.
Rohrer C.
Rosenbaum D.A.
Rosenthal V.
Rosier L.
Rossari C.
Rothi L.
Rougier N.
Roulet E.
Rousselot P.-J.
Roy J.P.
Rumelhart D.E.
Runeson S.
Ryuta K.

Salanskis J.-M.
Sander F.
Sandman H.
Sandt van der R.A.
Sanguineti V.
Sartori G.
Sauneron S.
Savariaux C.
Schmajuk N.A.
Schnedecker C.
Schneider W.
Schögl H.A
Schott S.
Schultz W.
Schwartz J.-L.
Searle J.R.
Segebarth C.
Semenza C.
Semjen A.
Sethe K.
Shallice T.
Shaw I.
Shimada Y.
Sirosh J.
Small S.
Sock R.
Spetner N.B.
Sproat R.
Squire L.R.
Stellings N.A.
Stelmach G.E.
Stetson R.H.
Stevens K.N.

Straka G.
Stucchi N.
Sutton R.S.
Suzuki R.
Svirsky M.A.

Takashi T.
Tallemant P.
Tanenhaus M.
Tasmowski L.
Te Velde H.
Teasdale N.
Terzuolo C.A.
Theissen A.
Thissen H.-J.
Thom R.
Tiberghien G.
Tiede M.
Tillmann H.
Toshikatsu F.
Traunecker C.

Uno Y.

Valsiner J.
van der Veer R.
van Dijk J.
Van Essen D.
Van Ginneken J.
Van Hoek K.
Van Raemdonc D.
Vanoverberghe V.
Varela F.
Vaugelas C.

Vaxelaire B.
Veland R.
Victorri B.
Visetti Y.M.
Viviani P.
Voltaire
von der Malburg C.

Wagner A.R.
Ward G.
Weisme G.
Werner H.
Wiesel T.N.
Wildgen W.
Wilmet M.
Wilson J.A.
Winkler I.
Woldorff M.G.
Wolpert D.M.
Woods D.L.
Wyatt E.P.

Ydewalle G.
Yoyotte J.

Zacharski R.
Zandipour M.
Zeki S.
Zemb J.M.
Ziert A.
Zribi-Hertz A.

## PRÉSENTATION DES AUTEURS

Frédéric Alexandre
CORTEX, INRIA Lorraine/LORIA-CNRS

Jean-François P. Bonnot
Laboratoire de Phonétique - LASELDI, Université de Franche-Comté

Jean-Pierre Durafour
Romanisches Seminar, Université de Tübingen

Catherine Fuchs
Lattice - CNRS UMR 8094, ENS, Paris

Dominique Keller
Laboratoire de Psychobiologie du Comportement Moteur et des Sports
Université Marc Bloch

Georges Kleiber
EA 1339 LDL-Scolia, Université Marc Bloch

Lilianne Manning
Laboratoire de Neurosciences Comportementales et Cognitives
(UMR 7521), Université Louis Pasteur, Strasbourg

Jean-Pierre Orliaguet
Laboratoire de Psychologie et Neuro-cognition, Université Pierre Mendès France
UMR CNRS 5105 GRENOBLE

Marc Jeannerod
Institut des Sciences Cognitives, UMR 5015 CNRS UCB Lyon 1

Jean-Luc Petit
Université Marc Bloch - Strasbourg II & Laboratoire de Physiologie de la Perception et de l'Action, UMR 9950, College de France, CREA UMR 7656 Ecole Polytechnique

Pascal Perrier
Institut de la Communication Parlée
INPG & Université Stendhal, Grenoble

Victor Rosenthal
INSERM - Paris

Catherine Schnedecker
EA 1339 LDL-Scolia, Université Marc Bloch
Institut Universitaire de France

Rudolph Sock
Institut de Phonétique de Strasbourg, EA 3403
Université Marc Bloch
Claude Traunecker
UMR 7044 Institut d'Egyptologie, Université Marc Bloch
Anne Theissen
EA 1339 LDL-Scolia, Université Marc Bloch
Béatrice Vaxelaire
Institut de Phonétique de Strasbourg, EA 3403, Université Marc Bloch
Yves-Marie Visetti
Lattice - CNRS UMR 8094, ENS, Paris

# Table des matières

Présentation .................................................................................................. 5

PREMIÈRE PARTIE
## PHILOSOPHIE ET ANTICIPATION

Chapitre 1
**Perception comme anticipation : vie perceptive et microgenèse**............ 13
*Victor Rosenthal*

Chapitre 2
**Anticipations linguistiques et phases du sens** ......................................... 33
*Yves-Marie Visetti*

Chapitre 3
**De l'hétérogénéité et de l'adventicité du sens. Anticipation téléologique en sémantique génétique** ....................................................... 53
*Jean-Pierre Durafour*

Chapitre 4
**L'anticipation : phénoménologie et substrats neurobiologiques** ............ 69
*Jean-Luc Petit*

DEUXIÈME PARTIE
## PSYCHOLOGIE ET ANTICIPATION

Chapitre 5
**Le cerveau, organe de la représentation** ................................................. 89
*Marc Jeannerod*

Chapitre 6
**Anticipation et mémoire prospective : l'approche de la neuropsychologie cognitive** ...................................................................................................... 99
*Lilianne Manning*

Chapitre 7
**Quels modèles neuronaux comme base de l'anticipation ?** .................... 109
*Frédéric Alexandre*

TROISIÈME PARTIE
**PAROLE, GRAPHO-MOTRICITÉ ET ANTICIPATION**

Chapitre 8
**Perception visuelle du mouvement humain : de l'anticipation motrice à l'anticipation perceptive** ............................................................................ 127
*Jean-Pierre Orliaguet*

Chapitre 9
**Le diable perceptif dans les détails sensori-moteurs anticipatoires** ..... 141
*Rudolph Sock, Béatrice Vaxelaire et al.*

Chapitre 10
**Modéliser le physique pour comprendre le contrôle : le cas de l'anticipation en production de parole** ...................................................... 159
*Pascal Perrier et al.*

QUATRIÈME PARTIE
**SÉMANTIQUE ET ANTICIPATION**

Chapitre 11
**La co-énonciation, carrefour des anticipations linguistiques** ................ 181
*Catherine Fuchs*

Chapitre 12
**Effets des genres discursifs sur l'usage des SN(pro-)nominaux ordinaux** ............................................................................................................. 193
*Catherine Schnedecker*

Chapitre 13
**Comment enchaîner en anticipant : remarques sur la cataphore possessive** ........................................................................................................... 207
*Anne Theissen*

Chapitre 14
**Anticipation, mémoire et démonstratifs cataphoriques** ........................ 221
*Georges Kleiber*

CINQUIÈME PARTIE
**HISTOIRE ET ANTICIPATION**

Chapitre 15
**Anticipation dans la parole, assimilation, «bases articulatoires» et modèles phonétiques : un aperçu historique** ........................................ 239
*Jean-François P. Bonnot et Dominique Keller*

Chapitre 16
**L'anticipation dans la pensée de l'Égypte antique** ................................ 253
*Claude Traunecker*

*Imprimé en Belgique par Pierre Mardaga, Liège.*

# CHEZ LE MÊME ÉDITEUR

PSYCHOLOGIE ET SCIENCES HUMAINES
collection publiée sous la direction de MARC RICHELLE

1 Dr Paul Chauchard : LA MAITRISE DE SOI. $9^e$ éd.
7 Paul-A. Osterrieth : FAIRE DES ADULTES. $21^e$ éd.
9 Daniel Widlöcher : L'INTERPRETATION DES DESSINS D'ENFANTS. $13^e$ éd.
11 Berthe Reymond-Rivier : LE DEVELOPPEMENT SOCIAL DE L'ENFANT ET DE L'ADOLESCENT. $13^e$ éd.
22 H.T. Klinkhamer-Steketée : PSYCHOTHERAPIE PAR LE JEU. $4^e$ éd.
24 Marc Richelle : POURQUOI LES PSYCHOLOGUES? $6^e$ éd.
25 Lucien Israel : LE MEDECIN FACE AU MALADE. $5^e$ éd.
27 B.F. Skinner : LA REVOLUTION SCIENTIFIQUE DE L'ENSEIGNEMENT. $3^e$ éd.
38 B.-F. Skinner : L'ANALYSE EXPERIMENTALE DU COMPORTEMENT. $2^e$ éd.
40 R. Droz et M. Rahmy : LIRE PIAGET. $7^e$ éd.
42 Denis Szabo, Denis Gagné, Alice Parizeau : L'ADOLESCENT ET LA SOCIETE. $2^e$ éd.
43 Pierre Oléron : LANGAGE ET DEVELOPPEMENT MENTAL. $2^e$ éd.
49 T. Ayllon et N. Azrin : TRAITEMENT COMPORTEMENTAL EN INSTITUTION PSYCHIATRIQUE
59 Jacques Van Rillaer : L'AGRESSIVITE HUMAINE
64 X. Seron, J.L. Lambert, M. Van der Linden : LA MODIFICATION DU COMPORTEMENT
65 W. Huber : INTRODUCTION A LA PSYCHOLOGIE DE LA PERSONNALITE. $7^e$ éd.
66 Emile Meurice : PSYCHIATRIE ET VIE SOCIALE
68 P. Sifnéos : PSYCHOTHERAPIE BREVE ET CRISE EMOTIONNELLE
69 Marc Richelle : B.F. SKINNER OU LE PERIL BEHAVIORISTE
70 J.P. Bronckart : THEORIES DU LANGAGE
71 Anika Lemaire : JACQUES LACAN. $8^e$ éd. revue et augmentée.
72 J.L. Lambert : INTRODUCTION A L'ARRIERATION MENTALE
73 T.G.R. Bower : DEVELOPPEMENT PSYCHOLOGIQUE DE LA PREMIERE ENFANCE. $4^e$ éd.
74 J. Rondal : LANGAGE ET EDUCATION
75 Sheila Kitzinger : PREPARER A L'ACCOUCHEMENT
76 Ovide Fontaine : INTRODUCTION AUX THERAPIES COMPORTEMENTALES
77 Jacques-Philippe Leyens : PSYCHOLOGIE SOCIALE. nouvelle édition 1997
78 Jean Rondal : VOTRE ENFANT APPREND A PARLER $3^e$ éd.
79 Michel Legrand : LE TEST DE SZONDI
80 H.J. Eysenck : LA NEVROSE ET VOUS
81 Albert Demaret : ETHOLOGIE ET PSYCHIATRIE
82 Jean-Luc Lambert et Jean A. Rondal : LE MONGOLISME. $4^e$ éd.
84 Xavier Seron : APHASIE ET NEUROPSYCHOLOGIE
85 Roger Rondeau : LES GROUPES EN CRISE?
86 J. Danset-Léger : L'ENFANT ET LES IMAGES DE LA LITTERATURE ENFANTINE
87 Herbert S. Terrace : NIM. UN CHIMPANZE QUI A APPRIS LE LANGAGE GESTUEL
88 Roger Gilbert : BON POUR ENSEIGNER?
89 Wing, Cooper et Sartorius : GUIDE POUR UN EXAMEN PSYCHIATRIQUE
90 Jean Costermans : PSYCHOLOGIE DU LANGAGE
91 Françoise Macar : LE TEMPS, PERSPECTIVES PSYCHOPHYSIOLOGIQUES
92 Jacques Van Rillaer : LES ILLUSIONS DE LA PSYCHANALYSE. $4^e$ éd.
93 Alain Lieury : LES PROCEDES MNEMOTECHNIQUES
94 Georges Thinès : PHENOMENOLOGIE ET SCIENCE DU COMPORTEMENT
95 Rudolph Schaffer : COMPORTEMENT MATERNEL
96 Daniel Stern : MERE ET ENFANT, LES PREMIERES RELATIONS. $3^e$ éd.
98 Jean-Luc Lambert : ENSEIGNEMENT SPECIAL ET HANDICAP MENTAL
99 Jean Morval : INTRODUCTION A LA PSYCHOLOGIE DE L'ENVIRONNEMENT

100 Pierre Oleron et al. : SAVOIRS ET SAVOIR-FAIRE PSYCHOLOGIQUES CHEZ L'ENFANT
101 Bernard I. Murstein : STYLES DE VIE INTIME
102 Rondal/Lambert/Chipman : PSYCHOLINGUISTIQUE ET HANDICAP MENTAL
103 Brédart/Rondal : L'ANALYSE DU LANGAGE CHEZ L'ENFANT. $2^e$ éd.
104 David Malan : PSYCHODYNAMIQUE ET PSYCHOTHERAPIE INDIVIDUELLE
105 Philippe Muller : WAGNER PAR SES REVES
106 John Eccles : LE MYSTERE HUMAIN
107 Xavier Seron : REEDUQUER LE CERVEAU
108 Moreau/Richelle : L'ACQUISITION DU LANGAGE. $5^e$ éd.
109 Georges Nizard : ANALYSE TRANSACTIONNELLE ET SOIN INFIRMIER
110 Howard Gardner : GRIBOUILLAGES ET DESSINS D'ENFANTS, LEUR SIGNIFICATION. $3^e$ éd.
111 Wilson/Otto : LA FEMME MODERNE ET L'ALCOOL
112 Edwards : DESSINER GRACE AU CERVEAU DROIT. $9^e$ éd.
114 Blancheteau : L'APPRENTISSAGE CHEZ L'ANIMAL
115 Boutin : FORMATION ET DEVELOPPEMENTS
116 Húsen : L'ECOLE EN QUESTION
117 Ferrero/Besse : L'ENFANT ET SES COMPLEXES
118 R. Bruyer : LE VISAGE ET L'EXPRESSION FACIALE
119 J.P. Leyens : SOMMES-NOUS TOUS DES PSYCHOLOGUES?
120 J. Château : L'INTELLIGENCE OU LES INTELLIGENCES?
121 M. Claes : L'EXPERIENCE ADOLESCENTE
122 J. Hayes et P. Nutman : COMPRENDRE LES CHOMEURS
123 S. Sturdivant : LES FEMMES ET LA PSYCHOTHERAPIE
124 A. Pomerleau et G. Malcuit : L'ENFANT ET SON ENVIRONNEMENT
125 A. Van Hout et X. Seron : L'APHASIE DE L'ENFANT
126 A. Vergote : RELIGION, FOI, INCROYANCE
127 Sivadon/Fernandez-Zoïla : TEMPS DE TRAVAIL, TEMPS DE VIVRE
129 Hamers/Blanc : BILINGUALITE ET BILINGUISME
130 Legrand : PSYCHANALYSE, SCIENCE, SOCIETE
131 Le Camus : PRATIQUES PSYCHOMOTRICES
132 Lars Fredén : ASPECTS PSYCHOSOCIAUX DE LA DEPRESSION
133 Mount : LA FAMILLE SUBVERSIVE
135 Dailly/Moscato : LATERALISATION ET LATERALITE CHEZ L'ENFANT
136 Bonnet/Tamine-Gardes : QUAND L'ENFANT PARLE DU LANGAGE
137 Bruyer : LES SCIENCES HUMAINES ET LES DROITS DE L'HOMME
138 Taulelle : L'ENFANT A LA RENCONTRE DU LANGAGE
139 de Boucaud : PSYCHOLOGIE DE L'ENFANT ASTHMATIQUE
140 Duruz : NARCISSE EN QUETE DE SOI
143 Debuyst : MODELE ETHOLOGIQUE ET CRIMINOLOGIE
144 Ashton/Stepney : FUMER
145 Winkel et al. : L'IMAGE DE LA FEMME DANS LES LIVRES SCOLAIRES
146 Bideau/Richelle : PSYCHOLOGIE DEVELOPPEMENTALE
147 Schmid-Kitsikis : THEORIE CLINIQUE ET FONCTIONNEMENT MENTAL
148 Guggenbühl/Craig : POUVOIR ET RELATION D'AIDE
149 Rondal : LANGAGE ET COMMUNICATION CHEZ LES HANDICAPES MENTAUX
150 Moscato et al. : FONCTIONNEMENT COGNITIF ET INDIVIDUALITE
151 Château : L'HUMANISATION OU LES PREMIERS PAS DES VALEURS HUMAINES
152 Avery/Litwack : NEE TROP TOT
154 Kellens : QU'AS-TU FAIT DE TON FRERE?
155 Rondal/Henrot : LE LANGAGE DES SIGNES. $2^e$ éd.
156 Lafontaine : LE PARTI PRIS DES MOTS
157 Bonnet/Hoc/Tiberghien : AUTOMATIQUE, INTELLIGENCE ARTIFICIELLE ET PSYCHOLOGIE
158 Giovannini et al. : PSYCHOLOGIE ET SANTE
159 Wilmotte et al. : LE SUICIDE
160 Giurgea : L'HERITAGE DE PAVLOV

161 Ionescu : MANUEL D'INTERVENTION EN DEFICIENCE MENTALE N° 1
162 Ionescu : MANUEL D'INTERVENTION EN DEFICIENCE MENTALE N° 2
163 Pieraut-Le Bonniec : CONNAITRE ET LE DIRE
164 Huber : PSYCHOLOGIE CLINIQUE AUJOURD'HUI
165 Rondal et al. : PROBLEMES DE PSYCHOLINGUISTIQUE
166 Slukin : LE LIEN MATERNEL
167 Baudour : L'AMOUR CONDAMNE
168 Wilwerth : VISAGES DE LA LITTERATURE FEMININE
169 Edwards : VISION, DESSIN, CREATIVITE. $3^e$ éd.
170 Lutte : LIBERER L'ADOLESCENCE
171 Defays : L'ESPRIT EN FRICHE
172 Broome Walace : PSYCHOLOGIE ET PROBLEMES GYNECOLOGIQUES
173 Aimard : LES BEBES DE L'HUMOUR
174 Perruchet : LES AUTOMATISMES COGNITIFS
175 Bawin-Legros : FAMILLES, MARIAGE, DIVORCE
176 Pourtois/Desmet : EPISTEMOLOGIE ET INSTRUMENTATION EN SCIENCES HUMAINES. $2^e$ éd.
177 Sloboda : L'ESPRIT MUSICIEN
178 Fraisse : POUR LA PSYCHOLOGIE SCIENTIFIQUE
179 Ruffiot : PSYCHOLOGIE DU SIDA
180 McAdams/Deliège : LA MUSIQUE ET LES SCIENCES COGNITIVES
181 Argentin : QUAND FAIRE C'EST DIRE...
182 Van der Linden : LES TROUBLES DE LA MEMOIRE
183 Lecuyer : BEBES ASTRONOMES, BEBES PSYCHOLOGUES : L'INTELLIGENCE DE LA $1^{re}$ ANNEE
184 Immelmann : DICTIONNAIRE DE L'ETHOLOGIE
186 Fontana : GERER LE STRESS
187 Bouchard : DE LA PHENOMENOLOGIE A LA PSYCHANALYSE
188 Chanceaulme : MOURIR, ULTIME TENDRESSE
189 Rivière : LA PSYCHOLOGIE DE VYGOTSKY
190 Lecoq : APPRENTISSAGE DE LA LECTURE ET DYSLEXIE
191 de Montmolin/Amalberti/Theureau : MODELES DE L'ANALYSE DU TRAVAIL
193 Grégoire : EVALUER L'INTELLIGENCE DE L'ENFANT
194 Gommers/van den Bosch/de Aguilar : POUR UNE VIEILLESSE AUTONOME
195 Van Rillaer : LA GESTION DE SOI
196 Lecas : L'ATTENTION VISUELLE
197 Macquet : TOXICOMANIES ET FORMES DE LA VIE QUOTIDIENNE
198 Giurgea : LE VIEILLISSEMENT CEREBRAL
199 Pillon : LA MEMOIRE DES MOTS
200 Pouthas/Jouen : LES COMPORTEMENTS DU BEBE : EXPRESSION DE SON SAVOIR ?
201 Montangero/Maurice-Naville : PIAGET OU L'INTELLIGENCE EN MARCHE
202 Colin A. Epsie : LE TRAITEMENT PSYCHOLOGIQUE DE L'INSOMNIE
203 Samalin-Amboise : VIVRE A DEUX
204 Bourhis/Leyens : STEREOTYPES, DISCRIMINATION ET RELATIONS INTERGROUPES
205 Feltz/Lambert : ENTRE LE CORPS ET L'ESPRIT
206 Francès : MOTIVATION ET EFFICIENCE AU TRAVAIL
207 Houziaux : EDUCATION DU PATIENT ET ORDINATEUR
208 Roques : SORTIR DU CHOMAGE
209 Bléandonu : L'ANALYSE DES REVES ET LE REGARD MENTAL
210 Born/Delville/Mercier/Snad/Beeckmans : LES ABUS SEXUELS D'ENFANTS
211 Siguan : L'EUROPE DES LANGUES
212 de Bonis : CONNAITRE LES EMOTIONS HUMAINES
213 Retschitzki/Gurtner : L'ENFANT ET L'ORDINATEUR
214 Leyens/Yzerbyt/Schadron : STEREOTYPES ET COGNITION SOCIALE
215 Tiberghien : LA MEMOIRE OUBLIEE
216 Wynants : L'ORTHOGRAPHE, UNE NORME SOCIALE
217 Rondal : L'EVALUATION DU LANGAGE
218 Moreau : SOCIOLINGUISTIQUE, CONCEPTS DE BASE

219 Rouquette : LA CHASSE À L'IMMIGRÉ
220 Grubar/Duyme/Cote et al. : LA PRÉCOCITÉ INTELLECTUELLE DE LA MYTHOLOGIE À LA GÉNÉTIQUE. 2ᵉ éd.
221 Pomini et al. : THÉRAPIE PSYCHOLOGIQUE DES SCHIZOPHRÉNIES
222 Houdé et al. : DESCARTES ET SON ŒUVRE AUJOURD'HUI
223 Richelle : DÉFENSE DES SCIENCES HUMAINES
224 Leclercq : POUR UNE PÉDAGOGIE UNIVERSITAIRE DE QUALITÉ
225 Gillis : L'AUTISME ATTRAPÉ PAR LE CORPS
226 Pithon : LES TENDANCES ACTUELLES DE L'INTERVENTION PRÉCOCE EN EUROPE
227 Montangero : RÊVE ET COGNITION
228 Stern : LA FICTION PSYCHANALYTIQUE
229 Grégoire : L'ÉVALUATION CLINIQUE DE L'INTELLIGENCE DE L'ENFANT
230 Otte : LES ORIGINES DE LA PENSÉE
231 Rondal : LE LANGAGE : DE L'ANIMAL AUX ORIGINES DU LANGAGE HUMAIN
232 Gauthier : POUVOIR ET LIBERTÉ EN POLITIQUE - ACTUALITÉ DE SPINOZA
233 Zazzo : UNE MÉMOIRE POUR DEUX
234 Rondal : APPRENDRE LES LANGUES
235 Keller : PERCEVOIR : MONDE ET LANGAGE
236 Richard : PSYCHIATRIE GÉRIATRIQUE
237 Roussiau/Bonardi : LES REPRÉSENTATIONS SOCIALES
238 Liénard : L'INSERTION : DÉFI POUR L'ANALYSE, ENJEU POUR L'ACTION
239 Santiago-Delefosse : PSYCHOLOGIE DE LA SANTÉ
240 Grosjean : VICTIMISATION ET SOINS DE SANTÉ
241 Edwards : DESSINER GRÂCE AU CERVEAU DROIT
242 Borillo/Goulette : COGNITION ET CRÉATION
243 Ranwet : VICTIMES D'AMOUR
244 Bénesteau : MENSONGES FREUDIENS
245 Jacob : LA CURIOSITÉ
246 Coquelle : LE PSY ET LE POLITIQUE
247 Colletta : LES ÉMOTIONS
248 Mantz-Le Corroller : QUAND L'ENFANT DE SIX ANS DESSINE SA FAMILLE
249 Rosier : PSYCHOLOGIE DE LA PERSONNALITÉ
250 Bourguignon : QUESTIONS ÉTHIQUES EN PSYCHOLOGIE
251 Defays : LE FRANÇAIS LANGUE ÉTRANGÈRE ET SECONDE
252 Emilien : L'ANXIÉTÉ SOCIALE
253 Henriques : LA FORMATION DES RAISONS
254 Colletta : LE DÉVELOPPEMENT DE LA PAROLE CHEZ L'ENFANT ÂGÉ DE 6 À 11 ANS

*Manuels et Traités*

Droz-Richelle : MANUEL DE PSYCHOLOGIE. 5ᵉ éd.
Rondal-Esperet : MANUEL DE PSYCHOLOGIE DE L'ENFANT. Nlle éd.
Rondal-Seron : LES TROUBLES DU LANGAGE. Nlle éd.
Fontaine-Cottraux-Ladouceur : CLINIQUES DE THERAPIE COMPORTEMENTALE. 2ᵉ éd.
Godefroid : LES CHEMINS DE LA PSYCHOLOGIE. 2ᵉ éd.
Seron-Jeannerod : NEUROPSYCHOLOGIE HUMAINE. 2ᵉ éd.